일본 사상사

-과거를 통해 미래를 응시하다-

스에키 후미히코 지음 | 김수희 옮김

AK

일러두기

1. 이 책의 외국 인명·지명·서명은 국립국어원 외래어 표기법에 따라 표기하였다.

2. 책 제목은 『 』, 논문 제목은 「 」, 잡지 등은 《 》로 표시하였다.

3. 본문에 (-역주)로 표시한 주석을 포함, 본문 하단 주 모두 역자 주석이다.

4. 이 책은 산돌과 Noto Sans 서체를 이용하여 제작되었다.

들어가며

오랜 세월 동안 일본인들은 과거 자신들이 가지고 있던 사상을 진지하게 고민해야 할 대상으로 여기지 않았다. 사상이나 철학이라면 서양에서 수입된 것을 가리킬 뿐이었으며 서구에서 도입된 최신 유행의 개념을 마치 자기 생각인 양 그럴싸하게 흉내 내는 학자가 사상가랍시고 귀한 대접을 받기 일쑤였다. 사상이나 철학은 일부 호사가의 애호품이거나 유행을 좇는 패션으로 충분했고, 그런 것과는 하등의 상관없이 나라도, 사회도 돌아가고 있었다.

그런데 참으로 딱한 일이 생겼다. 최근 2, 30년 동안 서구 사상계조차 막다른 한계에 도달해 수입할 만한 최신 사상이 고갈되기 시작했다. 시대는 급변했고 일본 국내건 세계건 온갖 문제가 일거에 밀어닥쳐 모든 이들이 우왕좌왕하고 있다. 표면적으로 그럴듯한 사상만으로 더는 버텨낼 수 없는 시대가 드디어 오고야 만 것이다. 지금이야말로 진정한 사상이나 철학이 필수 불가결한 상태이다. 자신들이 서 있는 곳을 확인하며 땅에 발을 제대로 딛고 서서, 진정으로 머나먼 미래까지 내다볼 수 있는 사상이 절실히 필요하다. 누군가에게서 받아온 것이 아니라, 자기 자신의 과거를 스스로 꼼꼼히 되짚어보는 과정을 통해 필연적으로 도출된 사상이어야 한다.

당혹스러움에 휩싸여 황급히 과거 일본에 존재했던 사상가들에게 눈을 돌리게 된다. 도겐道元이니 모토오리 노리나가本居宣長가 느닷없이 주목을 받게 된다. 하지만 사상사의 거대한 맥락과 무관하게 밑도 끝도 없이 불쑥, 역사 속에 존재하던 특정 사상가를 끌어내 본들 결국 겉으로만 그럴싸하게 보일 뿐이다. 앞뒤를 다 자르고 자신에게 유리한 부분만 들이밀고 있는 형국이면서, 마치 모든 것을 이해하고 있는 양 포장한 것에 불과하다. 사상사의 전체적 흐름을 제대로 파악해 그 안에서 개별적 사상이 어떤 위치를 차지하고 어떤 장단점이 있는지 적절하게 이해할 필요가 있다. 예를 들어 서양철학이라도 뜬금없이 아우구스티누스만, 혹은 데카르트만 읽었다 한들 그들이 철학사적으로 어떤 위치에 서 있는지를 이해하지 못한다면 올바른 이해라고 할 수 없다.

일본 사상사가 절실히 필요해지는 순간이다. 일본의 사상이 어떤 흐름 속에 전개되어왔는지, 설령 지나치게 엉성하고 대략적인 이해에 불과하다고 해도 거대한 청사진을 머릿속에 그려 넣은 다음 개별 사상을 받아들여야 한다. 최근 일본 사상사를 개괄적으로 설명해주는 책이 조금씩 나오기 시작하고 있다. 하지만 개별 사상을 단순히 기계적으로 나열해놓은 것에 불과하거나 전체의 거대한 흐름이 쉽사리 이해되지 않는 경우가 대부분이다. 일본의 과거에는 패치워크처럼 다양한 사상들이 현란하게 서로 이어져 있는데, 안타깝게도 그런 사상들이 무질서하게 사방에 흩어져 있는 것처럼 보여서 전체상이 좀처럼 떠오르지 않는다.

　이 책은 그런 사상들이 결코 무질서하게 제각각 존재하는 것이 아니라, 전체적으로 어떤 구조를 가지고 거대한 흐름을 형성하고 있다는 가설 아래, 그 전체상을 그려보고자 한 시론적인 스케치이다. 신서라는 한정된 지면 관계상 개별적 사상에 깊이 파고들어 가 상세히 논할 여유는 없었다. 하지만 역설적인 의미에서, 개별 문제에 깊게 들어가지 않았기 때문에 비로소 보이기 시작하는 것들도 있다. 전체적 흐름을 마치 '부감도'처럼 거시적으로 내려다보기에는 오히려 이런 접근방법이 좀 더 효율적일 수도 있다. 고대에서 현대에 이르는 천 수백 년간을 숨 가쁘게 내달리는 것은 무모하게 보일지도 모른다. 그러나 설령 무모하고 이런저런 오류가 동반되더라도 이렇게나마 하나의 시각을 먼저 제시해두면 다음에 올 사람이 이것을 비판하거나 완전히 별개의 루트를 개척할 수도 있다. 그렇게 버려지는 하나의 돌이 될 수 있다면 기꺼이 그렇게 되고 싶은 심정이다.

이 책이 어떤 형태의 틀을 세워 일본 사상사의 전체적 흐름을 이해하려고 하고 있는지, 그 방법론에 대해서는 1장을 살펴봐 주시길 바란다. 간단히 말하자면 왕권과 신불神仏이 대비되는 양쪽의 기둥이 되고 있으며, 문화나 생활이 양자의 긴장 관계 속에서 영위된다는 도식이다. 그런 것들이 서로 어떤 관계를 맺고, 어떻게 변화하는지를 주목해가다 보면 자연스럽게 시대적 변화를 살펴볼 수 있을 것이다. 일본인은 결코 사상이라는 존재를 소홀히 하며 적당히 대충 살아오지 않았다. 각각의 시대적 과제에 대해 진지하게 고민하며 어떻게 살아야 할지를 모색해왔다. 앞서 살아왔던 사람들의 삶을 되돌아보고 그것을 양식으로 삼았을 때 비로소 다음 시대를 구축해갈 거대한 조감도를 얻을 수 있을 것이다. 너무도 당연한 이런 이치를 여태껏 잊고 살아왔다. 그것을 제대로 이어가려는 첫걸음을 내딛는 것이 이 책이 지향하는 바이다.

목차

1장 일본 사상사를 어떻게 파악할까

1 일본 사상사를 바라보는 입장

일본에는 과연 철학이 없었던가?

"예로부터 오늘에 이르기까지 일본엔 철학이 존재하지 않았다"라는 발언은 나카에 조민中江兆民이 후두암 선고를 받은 후 쓴『여명 일년반一年有半』(1901) 중에 나온 저명한 문구이다. 프랑스 철학을 연구한 나카에 조민은 당시 일본에 존재했던 '철학자'에 대해 "태서泰西(서양-역주) 아무개의 학설을 그대로 수입"한 것이라며 매서운 질타를 가했다. 하지만 조민은 동시에 "철학이 없는 인민은 무슨 일을 하건 깊이가 없기에 천박함을 면할 길 없다"라며 철학의 필요성을 누구보다 절실히 인식하고 있었다.

조민이 남긴 이런 문구는 이후 널리 인구에 회자되는데, 안타깝게도 정작 중요한 조민의 간절한 소망은 상실된 채, 일본에는 철학이 없노라는 표현만이 기정사실로 수용되었다. 주요 제국대학에서 철학이라면 응당 서양

철학이 그 대상이 되었고 마치 구차스러운 변명처럼 그것을 보완한 형태로 '지나支那(중국) 철학'이나 '인도철학' 강좌가 개설되었다. 하지만 결국 '일본 철학'에 대해서는 아무도 입을 열려고 하지 않았다.

서양철학에 준하는 것을 일본에서 찾으려 했을 때, 좀처럼 발견되지 않는 것은 사실일지도 모른다. 그러나 종종 오해되고 있는 것처럼 일본인들이 원칙 없이 대충 살았던 것은 결코 아닐 것이다. 세계와 인간을 어떻게 파악해야 하고, 어떻게 살아가야 하며, 어떤 정치가 바람직한지, 진지한 사색을 거듭해왔다. 단, 보편적인 논리와 이성적인 방식으로 구축된 서양철학의 존재 양식과 약간 다를 뿐이다. 그런데도 서양과 비슷한 형태의 철학이 없다는 이유만으로 앞서간 사람들의 영위가 무시되고 그에 관한 연구가 방치되어왔던 셈이다.

일본 사상사 연구의 여명

그런 가운데 일본인의 사고방식을, 적용 범위가 한정된 서양 형식의 '철학'이 아니라, 좀 더 유연하게 다양한 형태를 허용하는 '사상'이라는 관점에서 재정립하고, 그것을 역사적으로 해명하려는 움직임이 다이쇼大正 시대

전후로 생겨나기 시작했다. 그 시작을 알린 것은 쓰다 소키치津田左右吉의 『문학에 나타난 우리 국민사상의 연구文学に現はれたる我が国民思想の研究』 전4권(1916~1921)이었다. 쓰다 소키치는 사상사 연구의 소재로 이론적 텍스트가 아니라 '문학'을 이용한다는 방법을 택했다. 개념적, 추상적 이론이 아니라 생활 심정의 변천에 중점을 둔 사상변천사를 추구했기 때문이다. 쓰다 소키치는 '귀족문학의 시대'(스이코推古 천황 시대 전후~『신코킨와카슈新古今和歌集』 성립 무렵), '무사문학 시대'(이후 에도 시대 초기까지), '평민문학 시대'(간분 겐로쿠寬文元禄~메이지 10년대) 등 세 시기로 나눠 일본 사상사를 역사적 흐름에 따라 서술했다. 쓰다 소키치는 와세다대학 교수로 재직하며 심대한 영향을 끼쳤다.

이후 와쓰지 데쓰로和辻哲郎, 무라오카 쓰네쓰구村岡典嗣 등에 의해 점차 일본 사상사가 학문 분야로 확립되기에 이르렀다. 『일본 정신사 연구日本精神史研究』(1926)를 통해 문학·미술·종교 등으로 연구영역을 확장한 와쓰지는 훗날 도쿄제국대학 윤리학연구실을 거점으로 『일본 윤리 사상사日本倫理思想史』 전2권(1952)을 저술했다. 무라오카 쓰네쓰구의 『모토오리 노리나가本居宣長』(1911)도 높은 평가를 받았다. 무라오카 쓰네쓰구는 도호쿠東北제국대학에서 일본 사상사학의 기초를 구축한 후『일본 사상사 연구日本思想史硏究』전4권(1930~1949) 등 일련의 연구 성과를 축적했다. 도호쿠 대학은 이런 전통을 이어받아 주요 국립대학 중 유일하게 일본 사상사 강좌를 개설했고 오늘날에 이를 때까지 해당 분야를 선도하고 있다.

쇼와 시대 전기에는 국가주의가 고양되는 분위기 속에서 일본 사상에 대한 관심도 커져 갔다. 이에 따라 황국사관에 선 히라이즈미 기요시平泉澄 등이 큰 영향을 끼쳤는데, 다른 한편에서는 마르크스주의의 입장에서 '일본 철학사'라는 관점을 도입한 연구가 진행되었다. 대표적인 성과로 나가타 히로시永田広志의『일본 철학사日本哲学史』(1937) 등의 역작이 있다. 마르크스주의에서 출발한 사이구사 히로토三枝博音는『일본 철학 전서日本哲学全書』전12권(1936~1937)을 통해 기초자료를 출판하는 한편,『일본의 사상 문화日本の思想文化』(1937) 등의 연구 성과도 발표했다. 황국주의로 기울어지는 시대 상황 속에서 일본의 전통을 합리적인 시선으로 냉정하게 재평가하려던 작업이었다.

마루야마 마사오와 전후의 일본 사상사 연구

전후의 새로운 일본 사상사 연구를 리드한 사람은 마

루야마 마사오丸山眞男였다. 마루야마는 전쟁 중 진행했던 연구를 총괄한 형태로『일본 정치 사상사 연구日本政治思想史研究』(1952)를 간행해 큰 충격을 주었다. 옛 성인이 사회제도를 만들었다고 파악한 오규 소라이荻生徂徠의 시각에 주목하며, 이를 통해 '자연'이 아니라 인간의 '작위'를 중시했던 '근대적 사고'의 맹아를 포착하려 했던 학설이었다. 근대란 과연 무엇인지, 메이지유신 이전에 일본에 독자적인 근대화의 가능성이 존재했는지, 이런 문제들에 대해 하나의 해답을 제시하고자 했다. 마루야마의 학설은 이후에 전개되는 사상사 연구에 심대한 영향을 끼쳤다. 마루야마는 도쿄대학 법학부를 거점으로 '일본 정치 사상사' 영역을 확립하는 동시에, 전후의 진보적 지식인의 선두에 섰다. 그리고『현대정치의 사상과 행동現代政治の思想と行動』전2권(1956~1957)을 통해 태평양전쟁 이전에 존재했던 일본 파시즘의 사상적 분석 작업에 착수했다. 훗날『충성과 반역忠誠と反逆』(1992)을 통해 일본문화의 '고층古層' 개념을 제시하며 전통사상의 이해에 큰 반향을 일으키기도 했다.

전후엔 전쟁 이전의 황국사관이나 국체론에 대한 반발로 마르크스주의 등의 영향을 받게 되어 진보적 역사관이 침투했다. 사상사 분야에서도 '불교사 연구'에서 '근대사상 연구'로 전환한 이에나가 사부로家永三郎 등이 활약했다. 1970년대를 중심으로『일본 사상 대계日本思想大系』전67권(1970~1982),『일본의 명저日本の名著』전50권(1969~1982),『일본의 사상日本の思想』전20권(1968~1972) 등 원전이나 번역 등과 관련된 대규모 시리즈가 나와 사상사 연구의 기초가 확립되었다. 이후 이런 자료들을 바탕으로 일본 사상사 연구가 활발해지면서 견실한 연구 성과가 축적되고 있다. 1968년에는 일본 사상사 학회가 설립되었다. 기관지《일본 사상사학日本思想史学》이 간행되었고 이외에도《계간 일본 사상사季刊日本思想史》도 간행되고 있다. 근년에는『이와나미 강좌 일본의 사상岩波講座日本の思想』전8권(2013~2014),『일본 사상사 강좌日本思想史講座』전5권(2012~2015) 등을 통해 최신 연구 성과가 집약되고 있다. 또한『일본 사상사 사전日本思想史辞典』(2001) 등의 사전류도 출판되고 있다.

일본 사상사의 난점

이처럼 일본 사상사 분야는 착실하게 연구 성과를 축적해가고 있으며 해외 연구자도 적지 않다. 하지만 그만큼 연구 대상이나 연구 방법이 다양해졌기 때문에 오히려 표준적 이해가 성립되었다고는 결코 말할 수 없는 상태가 되었다. 제각각의 개별적 지식이 아니라 전체적인 흐름이나 동향을 어떻게 파악해야 좋을지 명확하지 않다. 일본 사상사 연구는 왜 이토록 어려운 걸까.

가장 큰 이유는 일본 사상이 외래 사상을 근간에 두고 있는 데다, 그것을 변용함으로써 형성되고 있기 때문이다. 전근대의 경우 그 기반은 대부분 중국에서 유래한다. 그런 까닭에 그 기반이 불교일 경우도 있고 유교일 경우도 있다. 그것들에 대해 반발하는 형태로 일본의 독자성을 주장하는 국학이나 신도가 형성되었다. 그런 것들은 각각의 성전을 통해 서로 다른 개념을 활용하며 상호 폐쇄적으로 병립하고 있는 양상이다. 불교에서는 인도로부터 전래된 대장경大蔵経, 유교에서는 고대 중국에서 유래한『논어』등 13경, 국학에서는『고사기古事記』『일본서기日本書紀』등 일본의 고전을 성전으로 삼아 각각의 이론적 근거를 찾고 있다. 따라서 이런 것들을 어떤 시점으로 총합해야 할지, 좀처럼 판단이 서지 않는다.

일본 사상사는 서양 철학사처럼 사상사의 중핵이 될 만한 것이 존재하지 않는다. 오히려 서로 다른 흐름이 동시 병행적으로 제각각의 주장을 펼치고 있는 양상이다. 내용적으로도 유교가 정치나 윤리를 중시하는 반면, 불교나 신도는 종교사상이라고 할 수 있다. 양자의 문제의식이 서로 다르므로 논의를 해본들 논점이 맞지 않는다. 결국 서로 다른 소리를 하는 형국일 것이며, 심지어 그 이외에도 문학이나 예능 방면의 사상 등 다양한 분야에서 각각의 사상이 전개되고 있다. 이렇게 서로 다른 전공 분야의 연구자들에 의해 개별적으로 연구되고 있으므로, 종합적인 파악이 쉽지 않다. 중세는 불교가 우세해서 종교 사상사가 중심이 될 것이며 근세는 유교나 국학이 주축이니 정치 사상사가 중심이라는 식이다. 시대에 따라서도 이처럼 커다란 단절이 있어 연속된 전개 상황이 좀처럼 보이지 않는다. 그런 문제점을 극복하고 일본 사상사를 거대한 흐름 속에서 어떻게 파악해야 좋을지, 이 책은 그 하나의 도약대로 시론試論을 제공하고자 한다.

2 일본 사상사의 구조-왕권과 신불

왕권/신불/사상

거대한 흐름 속에 있는 일본 사상사의 전체상을 과연 파악할 수 있을까. 이 책은 그런 하나의 시도를 제시해보고 싶은데, 그 전제로 개별 사상이라기보다는 그런 사상들이 전개되고 있는 거대한 구조를 가설적으로 제시한 후, 그 틀 안에서 각각의 사상들이 어떻게 전개되는지를 서술해가는 방법을 취하고자 한다.

그렇다면 그런 구조를 형성하는 거대한 요소로는 어떤 것들이 존재할까. 근본적 요소로 '왕권'과 '신불'이라는 대항적 양극을 생각할 수 있다. 왕권은 국가 통치에 관한 정치적 기능을 가지고 있으며 그런 점에서 세속적인 권력을 나타낸다. 그에 반해 신불은 세속을 초월한 경지에서 세속적인 차원에도 힘을 미치고 있다. 말하자면 종교적 요소라고 말할 수 있다. 전자의 영역이 현재적인 현상이라는 점에서 '현顯'의 세계라고 한다면 후자의 영역은 그것을 초월하고 있다. 겉으로는 보이지 않는 문제와 연관된다는 점에서 '명冥'이라고 부를 수 있다. '현'과 '명'은 중세 불교 계통에서 사용된 표현인데 신도 계열에서는 후자를 '유幽'라고 부른다. 단, 여기서 문제는 사상사이기 때문에 신불 자체보다는, 신불이 어떻게 파악되고 있는가에 관한 사상적 문제에 초점을 맞추고 있다. 양극 사이에서 어느 쪽으로든 완전히 흡수되지는 못하는 다양한 사상이나 문화, 혹은 사람들의 생활이 성립되고 있다고 생각된다.

이런 사상사의 구조는 근세까지 전개된 전근대에 가장 잘 들어맞는다. 반면, 메이지유신 이후의 근대에는 그때까지 양극으로 나뉘어있던 왕권과 신불의 요소가 천황을 중심으로 일원화된다. 하지만 이런 체제는 다시 전쟁 이후 해체되어 서양식의 근대 민주주의 이념이 근저에 놓이게 된다. 이처럼 일본의 사상사는 크게 세 가지로 나누어 생각할 수 있다. '전근대'와 '근대'와 '전후'이다. 그것을 각각 '대전통' '중전통' '소전통'이라고 부르기로 하겠다. '전통'이라고 부른 이유는 단순한 시대구분이 아니라 각각이 전통으로 중층화되면서 축적되어 오늘날의 일본에서 사상과 문화를 규정하고 있기 때문이다. 이하 세 가지 전통에 대해 조금 더 상세히 살펴보기로 하자. 아울러 이런 구조를 알기 쉽게 보여주기 위해 몇 가지 그림을 제시할 예정이므로 참조해주시길 바란다.

'대전통'의 구조

'대전통'은 막강한 힘을 발휘하는 '왕권'과 '신불'을 양극에 두고 양자의 상보적 긴장 관계 속에서 다양한 사상이나 문화, 사람들의 삶이 이루어진다는 구조를 가진다(〈그림 1〉). 왕권이 세속적, 현세적 '현顯'의 세계에 속한 질서와 관련된다면 신불은 그 배후에 있는 세속을 초월한, 현세를 초월한 '명冥'의 질서와 관계가 깊다. 세속적 왕권은 신불을 보호하는 동시에 그것이 혹여 강대해질 것을 두려워하며 통제하려고 한다. 그러나 초월적 힘을 가진 신불을 무시할 수는 없다. 반면 신불 측에서는 세속을 초월한 '명'의 세계가 지닌 강력한 힘으로 왕권을 지지하거나 규탄하며 대항한다. 양자는 대항하면서도 상호 보완 관계를 유지한다. 중세적으로 말하자면 '왕법불법상의王法仏法相依'라고 일컬어지는 관계이다. 그리고 양자의 팽팽한 긴장 속에 문화적, 사회적 활동이나 사람들의 생활이 영위된다.

이처럼 살펴보면 사상사는 세 가지 분야에서 고찰되어야 한다. 첫 번째로 왕권에 관한 사상

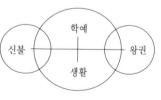

〈그림 1〉 일본 사상사의 구조(대전통)

으로 정치사상이라고 할 수 있다. 두 번째로 신불에 관한 사상으로 종교사상이라고 할 수 있다. 세 번째로 양자의 긴장 관계 속에서 전개되는 다양한 사상이다. 고전 해석 등 지식 계층에 의한 지적 영위나 문학·예능 등에 관한 사상, 혹은 실천적인 윤리 사상을 포함하고 있다. 그와 동시에 좀 더 생활에 밀착된 의학·역법·노동·기술 등에 관한 사상도 생각해볼 수 있다. 이처럼 '대전통'의 기본적 형태는 세 분야로 구성된다. 각각의 내부구조, 혹은 상호 역학관계는 시대에 따라 다른 양상을 보이지만 세 분야를 중심에 두고 생각해보면 통시적인 사상적 변천을 파악하기 쉬워질 것이다.

그런데 문제가 있다. 중세에 관해서는 양자의 긴장 관계 속에서 사상을 파악하는 것이 분명 가능하겠지만 고대나 근세는 꼭 그렇다고 단정 지을 수 없을 거라는 의문이 들기 때문이다. 고대에는 왕권과 신불이 제각각 전개되면서도 밀접한 관련이 있다. 그러므로 양자가 양극에서 긴장적 보완관계를 유지하고 있다고는 보기 어렵다. 반면 명확한 양극 구조가 완성되기 이전의, 아직은 형성 과정 단계로도 생각해볼 수 있다. 안정적인 구조가 만들어지는 것은 헤이안 중엽으로 생각되기 때문에 이를 중세의 개시라고 파악하고자 한다. 따라서 상식적으로 생각되는 고대·중세의 시대적 구분과 약간 상이한 형태를 띠고 있다.

근세에는 중세에 비해 신불의 힘이 약해진 측면이 분명히 있기 때문에 자칫 세속화가 현저히 진전된 것처럼 보이지만, 실제로 에도 시대 초기까지는 아직 유교의 힘이 그다지 크지 않았고 스덴崇伝과 덴카이天海 등의 불교자가 정치를 움직이고 있다. 아울러 에도 중기에는 세속화가 확실히 진전을 보이긴 했지만 에도 후기에 오면 오히려 복고신도가 눈에 띄게 발전했다. 세속화라는 관점만 중시하면서 근세 사상사를 바라보면 이런 현상은 도저히 설명되지 않는다. 근세를 전체적으로 조망했을 때는 신불의 문제가 매우 컸기 때문에 '대전통' 안에서 바라볼 수 있을 것이다. 참고로 이 책에서는 근세의 개시를 전국시대로 보고 있다. 전국시대에 '왕권 측면'에서 에도 시대까지 이어지는 다이묘에 의한 지역지배가 진전되었고, '신불 측면'에서 그리스도교의 전래로 종교사상이 크게 전환되어 이것이 에도 시대로 이어진다고 파악되었기 때문이다.

'대전통'은 왕권과 신불이라는 두 개의 극을 가지지만,

나아가 각각 다시 중층구조를 이루는 복잡한 구성을 보인다. 신불의 경우, 토착신과 외래신이 어떤 관계에 있는지가 중요한 문제였다. 왜냐하면 신과 부처의 관계인 동시에 불교와 신도라는 체계적 사상의 문제이기 때문이다. 후자에 대해 말하자면 원래 신도라는 이론 체계는 존재하지 않았다. 그것이 자각적으로 형성되기 시작한 것은 불교 측으로부터 본지수적설本地垂迹説[1] 같은 형태로 포섭이 시작되었기 때문이다. 이를 통해 점차 중세를 거쳐 독자적 사상 체계를 모색하게 되었다. 하지만 근세 말기 복고신도에서 불교를 배척하는 입장이 선명해지면서 메이지 초기 신불분리, 폐불훼석으로 이어지게 되었다.

왕권 측도 중층구조를 이루게 된다. 헤이안 시대에 우선 섭관 제도가 확립되었다. 이어 원정기에는 상황이 '치천治天의 군君'으로 실권을 장악했다. 천황(미카도帝)은 점차 형식적, 의례적 존재가 된다. 나아가 가마쿠라 시대 이후가 되면 막부가 실질적인 정치권력을 장악해 조정과 이원체제를 이룬다(〈그림 2〉). 근세 이후 막부의 권력이 커

---

1) 『법화경』의 전반부는 적문迹門, 후반부는 본문本門이라고 부르는데 이에 따르면 인도에서 태어나 80세에 죽은 역사상의 부처는 영원한 부처가 임시적으로 나타난 것, 즉 '적迹'이라고 설명된다. 이것을 부처와 일본의 신의 관계에 적용하여 부처를 본래의 모습인 '본지'로, 신을 부처가 임시적으로 나타난 모습인 '수적'으로 보는 것이다. '신불습합'의 대표적 형태라고 할 수 있다.

졌지만 그렇다고 천황의 존재가 사라진 것은 아니었다(〈그림 3〉). 중요한 의례적 역할을 계속 수행하면서 마침내 에도 시대 후기, 다시금 천황이 주목되게 되었고 메이지유신으로 이어지게 된다.

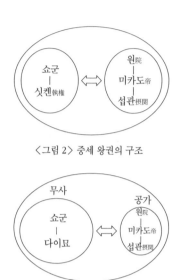

〈그림 2〉 중세 왕권의 구조

〈그림 3〉 근세 왕권의 구조

'중전통'에서 '소전통'으로

중전통은 메이지유신 이후 2차 세계대전 패전까지의 사상적 구조이다. 이 시기에는 대전통의 양극 구조, 심지어 양극이 각각 내부적으로 중층구조를 가진다는 복잡한 구조가 순식간에 붕괴되면서 천황을 정점으로 하는 일원적 구조로 전환된다. 이것은 〈그림 4〉에서 보여주는 것처럼 네 가지 영역을 지닌다. '현顯'의 측 정점 부근을 보면, 서양의 새로운 사상과 문화를 도입해 헌법을 제정하고 일본도 서구와 나란히 문명국임을 보여준다. 하지만 그것을 지탱하기 위해서는 유교적 충효에 대한 도덕과 윤리가 하부구조로 필요해진다. 세속적 영역과 대비되는 신불의 '명_冥'의 영역은 과연 어떤 상태였을까. 신사는 천황의 조상을 모신 이세

<그림 4> 일본 사상사의 구조(중전통)

신궁을 정점으로 재편된다. 반면 일반 국민은 불교식으로 조상을 모시게 된다. 이런 구조는 전체적으로 '가부장적 체제'를 형성해 천황은 국가 전체의 '가부장'이라는 위치에 서게 된다. 이런 틀 안에서 서양 근대의 사상과 문화를 수용해 새로운 사상을 형성하는 방향으로 나아가게 되는 것이다(상세한 내용은 10장 참조).

2차 세계대전에서 패전하자 이런 '중전통'이 붕괴되고 새롭게 '소전통'이 형성된다. 이에 따라 평화·인권·민주 등의 원리를 인류 보편적인 이상으로 내걸고 '왕권=천황'은 '상징'으로 논의의 바깥에 놓이게 되었으며 신불의 요소는 전혀 고려하지 않게 되었다. 그러나 실정에 맞지 않게 급조한 이상주의는 어디까지나 '표면적 논리'에 불과하며 '이면의 본질'은 냉전 구조 안에서 미국에 의존하는 반독립 상태가 이어지고 있다. 그런 가운데 표면적 논리

에 바탕을 둔 전후 진보주의가 진전되었다. 이렇듯 '소전통'이 해체되며 오늘날 탈근대의 사상적 붕괴상태에 이르고 있다. 이 책은 한정된 지면 관계상, 소전통 이후에 대해서는 간단히 언급하는 선에서 머물고 다른 기회를 빌려 그에 대해 논의를 이어가고자 한다.

3 전제가 된 중국

모델로서의 중국 사상

일본 사상의 큰 특징은 항상 외래 사상에 결정적으로 규정되면서도 그 속에서 어떻게든 독자적인 것을 표방하도록 요구되어왔다는 부분에 있다. 외래 사상은 전근대 시대엔 중국 사상이었고 근대에 와서는 서양 사상이었다. 여기서는 전근대(대전통)의 경우에 대해 고찰해보고자 한다.

중국 고대 왕조 은殷은 기원전 1600년경에 시작한다고 파악되고 있다. 일본의 국가 형성을 3세기 야마타이국 邪馬台国 무렵이라고 치면, 그보다 무려 약 2000년 이전에 이미 역사가 시작되었고 문자와 문화도 시작되었다는 말이 될 것이다. 이후 기원전 1세기경에는 주周나라가 일어났으나 차츰 분열되었고, 춘추전국시대(기원전 770~기원전 221)를 거쳐 진秦나라(기원전 221~기원전 207)로 통일되었다. 전한(기원전 206~8), 후한(25~220)이라는 고대 통일왕조를 거쳐 삼국시대의 위魏나라에 이르러 비로소 야마타이국이 조공을 하게 되는 것이다. 일본이 이제야 겨우 문명에 눈을 떴을 즈음, 중국은 이미 역사를 한 바퀴 돌고 나서 그다음 사이클에 진입한 상태였다고 할 수 있다. 일본이 중국을 통해 많은 것을 받아들였던 수나라와 당나라 시대는 그로부터 더더욱 다음 시대로 넘어가 재통일된 새로운 제국 시대였다. 신흥국 일본이 아무리 용을 써본들 이런 묵직한 역사적 무게는 도저히 무시할 수 없었을 것이다.

중국이 나름 진지하게 일본에서 뭔가를 배우게 되는 것은 근대 이후, 서양 사상 섭취에 일본이 먼저 성공해 중국이 이를 뒤쫓기 시작한 이후의 일이었다. 그 이전까지 중국에게 일본은 변방의 야만국에 불과했기 때문에 중국이 배울 만한 것은 거의 없다는 판단이었다. 이처럼 일본 측에서 보자면 중국은 항상 선진국이었기 때문에 중국을 모델로 자국의 사상이 형성되었다.

춘추전국시대의 중국에는 제자백가라고 일컬어지는 여러 사상가가 출현했다. 중국에서는 항상 정치사상이 중핵적인 위치를 차지하고 있다. 특히 겸애(평등한 사랑)를 강조한 묵가에 비해 예의 질서에 따른 인간관계를 주창한 유가가 점차 강해져 갔다. 진나라의 통일이 엄격한 법률 적용을 강조한 법가 사상에 바탕을 두고 있었던 것에 반해 한나라는 유가의 덕치주의를 채용했고 점차 국교가 되어갔다. 한나라 시대의 유가(유학·유교)는 하늘의 형이상학을 채택해 '천인상관설'을 세웠다. 천인상관설은 동중서董仲舒에 의해 주창된 것으로 지배자인 '천자=황제'의 정치가 선한지, 혹은 악한지에 따라 하늘이 천재지변이나 길조를 보여준다는 것이었다. 이에 따라 악정이 징벌당하고 선정이 권장된다는 덕치주의가 관철되게 된다. 가장 극단적인 경우, 최악의 악정이 행해지면 하늘이 그 왕조를 포기하고 덕을 갖춘 새로운 왕조에 지배권을 부여한다. 이것은 곧 혁명(천명을 바꾼다)이며 왕조의 성씨가 바뀌기 때문에 역성혁명이라 일컬어진다. 혁명 이론은 『맹자』에 나와 있으며 이에 따라 왕조 교체를 합리화하게 되었다. 이처럼 중국의 왕조는 하늘에 의해 승인되었기 때문에 정통으로 간주하였고 그런 점에서 서양의 왕권신수설과 비슷한 측면이 있다.

황제 휘하에서 실질적 정치는 관료들이 장악한다. 육조시대에는 세습 귀족이 권력을 지녔고 이런 체제는 당나라 시대까지 이어졌다. 그러나 중국 사회에서는 이런 세습 권력의 계승이 결코 주류가 되지는 못해서 송나라 이후엔 공무원 시험에 해당하는 '과거'에 의해 관료를 채용하게 되었다. 과거에서는 유교 경전에 대한 지식이 요구되었기 때문에 그에 관한 연구가 활발해졌고 특히 주희(주자)가 새로운 해석을 확정한 이후에는 그것이 정통 교학으로 과거에서 사용되기 시작했다. 과거에서는 문장력도 평가 대상이었기에 과거를 통과한 관료는 고전에 대한 해박한 지식은 물론 문장력까지 겸한 지식인(사대부)이기도 했다. 이처럼 중국의 지배구조는 '하늘-황제-관료(=지식인)-일반 서민'이라는 종적 기본구조가 모델이 되었다(〈그림 5〉). 단, 명나라 이후엔 일반 서민 중에서도 경제력을 갖춘 사람이 나오기 시작해 그들이 새로운 문화의 담당자가 되기도 했다.

하늘
|
황제
|
사대부
|
서민

〈그림 5〉 비교 대상으로서의
중국 사상

중국과 관련해 또 하나 중요한 사실은 '화이사상'이 상식이 되었다는 사실이다. 유교의 '예'에 바탕을 둔 덕치주의는 문명화에 대한 척도였기 때문에 그것을 실현한 한 민족, 중국이야말로 '중화'였고 주변 민족은 그보다 열등한 야만적인 오랑캐(이적)에 불과했다. 단순히 무력에 의해 정복하는 패권주의는 정당화되지 못했으며, 모름지기 '예'의 질서에 바탕을 둔 문화국가여야 했다. 따라서 주변 이민족들도 중국을 모방해 유교적 '예'를 도입하게 되었다. 그와 동시에 화이관계는 실제 외교상 책봉 체제에 의해 그 위치가 설정되었다. 책봉 체제에서는 주변국이 조공을 바치고 그에 대해 중국 황제 측은 칭호나 인장 등을 부여해 상하관계를 명확히 한다. 주변국은 형식적으로 하위에 놓이게 되지만 그만큼 실리를 얻을 수 있었고 그로 의해 평화로운 관계가 구축되었다.

불교의 위치 정립

그렇다면 이런 중국 사상사 안에서 불교나 도교는 어떤 위치에 있었을까. 우선 거슬러 올라가 불교의 원점에서부터 고찰해보자. 불교는 말할 것도 없이 인도에서 생겨난 종교로 실크로드를 거쳐 중국에 들어왔다(훗날에는 남쪽 해상을 경유해 들어오기도 했음). 완전히 다른 사상 문화 안에서, 심지어 번역을 통해 도입된 것이기 때문에 거기에는 큰 변용이 생길 수밖에 없었다. 하지만 아무리 변용되었다 해도 중국의 정통 유교 등과 전혀 다른 종교사상이었기 때문에 그 이질성이 주목받았다. 정통 유교와의 논쟁이나 권력에 의한 탄압도 받았지만, 유교가 충족시켜주지 못하는 부분을 채워주는 존재로 점차 정착해갔다.

중국의 정통 사상과 가장 큰 차이점은 무엇이었을까. 불교는 정치사상이 아니라 개인적 측면, 즉 고뇌로부터의 해방(해탈)을 추구하는 종교라는 사실이 주목된다. 세속의 질서에서 벗어나 '속세를 떠난 경지'에서 유유자적하게 지내는 것을 이상으로 삼는다. 이런 측면 때문에 세속 윤리 입장에서 유교의 비판을 받게 되는데, 세속의 틀속에서 고뇌하던 지식인들에게는 오히려 도피처가 되어주었다. 불교가 정치적 장면에 전혀 등장하지 않았던 것은 아니다. 예를 들어 육조시대부터 당나라에 걸쳐, 특히 측천무후가 다스리던 주나라 시절에 전형적으로 찾아볼 수 있다. 하지만 전체적인 사상사 안에서는 예외적이라고 볼 수 있다. 단, 남북조시대의 북조 등, 이민족 지배지역에서는 불교가 큰 힘을 가지고 있었다. 불교의 또 하나의 중요한 역할은 일반 민중 속으로 파고들어 가 숭배되었다는 사실이다. 이런 경향은 특히 명나라 이후 현저했다. 아울러 백련교처럼 반체제적 교단이 되는 사례도 있었다.

원래 노장사상에서 유래한 도교에서는 노자를 신격화했는데, 이후 불로장생을 추구하는 신선 사상으로 발전했다. 불교보다 세속성이 강했지만 산중에 칩거하는 형태로 속세를 벗어난다는 공통점을 가지고 있다. 아울러 불교 이상으로 민중 종교로 집단화해서 반체제적 운동의 핵이 되는 경우가 많았다. 후한을 뒤흔들었던 태평도는 그 전형적인 예이다.

중국 사상과 일본

일본의 체제를 중국과 비교해보면 그 차이가 분명하다. 일본은 중국으로부터 사상을 형성할 기본적 요소들을 수입한 후 그것을 모방하고자 노력했다. 그러나 그런 가운데 형성된 안정적 구조는 중국의 경우와 크게 달랐다. 하늘과 황제의 관계에 바탕을 둔 중국식 구조는 어떤 의미에서 매우 심플하기 때문에 쉽사리 이해된다. 하지만 일본의 왕권은 그에 비해 훨씬 복잡하다. 하늘은 왕권을 승인해주는 초월적 존재가 아니라 하늘의 신이 왕권의 중핵인 천황의 조상이며 혈통적으로 하늘과 이어진다는 구조이다. 근세에서 근대의 '중전통'에 걸쳐 일본에서는 결코 혁명이 일어나지 않았다. 그리고 이렇게 왕조가 일관된 것이 마치 일본의 우월성을 보여주는 것 인양 선전되었다.

이어서 주목할 것은 신불과의 관계이다. 중세나 근세에 즉위관정即位灌頂[2] 같은 의례가 있긴 했지만, 기본적으로는 앞서 언급했던 것처럼 왕권과 신불이 서로 팽팽한 긴장감을 지닌 상보관계를 형성하고 있었다. 신불의 요소는 현세 초월적인 존재이면서도 아이러니하게도 현세에서 중요한 역할을 하면서 왕권과 밀접히 연관되어있었다. 그와 동시에 왕권 자체가 또다시 중층구조를 이루고 있다. 광활한 영역을 지배하던 중국과 달리, 일본에서는 일원적이고 막강한 제왕권이 필요치 않았기 때문에 다양한 요소들이 잔존하게 되었다고 생각된다. 일본이 위기 상황에 노출된 '중전통' 시기에 이르러서야 비로소 막강하고 일원적인 지배구조가 만들어지게 되었다.

---

2) 고대 인도의 왕가 대관 의식의 중요 의례였던 '관정'은 밀교에서 수계할 때나 수도자가 승진할 때 머리에 물을 부음으로써 법의 전수를 나타냈다. '즉위관정'은 천황의 즉위와 관련된 관정, 즉 불교(밀교식) 의례로 즉위 시에 천황에게 전수되었다고 한다.

거대하고 선진적인 중국의 사상적·문화적 압박 속에 항상 그것을 수용하면서도, 일본에서는 그에 대한 반발도 끊임없이 이어져 자립성을 확보하려는 동향이 사상을 꿈틀거리게 하는 거대한 동력이 되었다. 야마토 조정은 일찌감치 중국의 책봉 시스템에서 벗어났고, 시대가 흐르면서 마침내 일본이야말로 중심이라고 파악하는 이른바 '일본형 화이사상' 식의 발상이 눈에 띄게 되었다. 그런 점에서 조선처럼 중국과 육지로 이어지지 않고, 일단 바다 건너 저 멀리 떨어져 있었다는 사실이 유리하게 작용한 측면도 있었을 것이다. 중국과의 관계, 그리고 근대 이후 구미와의 관계에 대한 성찰 없이 일본 사상사를 논할 수 없다.

I
사상의 형성[고대]

~9세기

2장 일본 사상의 형성

아스카飛鳥·나라奈良·헤이안平安 초기

1 율령과 신화

국가의 형성

문자가 없는 시대가 오래 지속되었던 일본에는 오래된 문자 기록이 남아있지 않다. 따라서 중국 역사서에 남아있는 '외부에서 본 기록'을 살펴볼 수밖에 없는데, 우선 저명한 『위지魏志』의 「왜인전倭人伝」 기록이 주목된다. 해당 기록에는 3세기경 '왜倭'의 정세가 상세히 기록되어있다. 왜는 다수의 소국이 난립하던 상황이었는데 그런 혼란 상태를 다스리기 위해 공동으로 여왕을 추대했다고 한다. 그가 바로 야마타이국邪馬台国의 히미코卑弥呼이다.

야마타이국에 관해 왕권의 사상사 측면에서는 다음과 같은 점을 주목할 수 있다.

첫째, 히미코는 "귀도鬼道를 이용해 민중을 미혹시킨다"

라는 표현에서 엿볼 수 있듯이 샤먼적인 성격을 분명히 지니고 있었다. 종종 일본 고유 종교는 애니미즘이라고 일컬어지고 있는데, 실제로 그것을 증명해줄 확증은 어디에도 없다. 반대로 신이 빙의하는 샤머니즘 형태는 민간신앙을 포함해 오늘날에 이르기까지 오랫동안 계승되고 있다. 천황 역시 기원적으로는 샤먼적인 성격을 지니고 있었다고 여겨진다. 하지만 동시에 야마타이국의 실제 정치는 남동생이 보좌했다고 하니, 일종의 정교政教 분리 체제였다고 생각된다. 『일본서기』에 의하면 스진崇神 천황 6년에 "신의 위세가 두려워" 천황과 신이 함께 사는 것을 멈추고 도요스키이리비메노미코토豊鍬入姫命(스진 천황의 딸-역주)에게 빙의시켜 야마토의 가사누이노무라笠縫邑에 모셨다고 한다. 이처럼 정교가 분리되면서 상호 보완하는 체제가 이후 정교 관계의 하나의 모델이 되었다.

둘째, 야마타이국이 위나라에 조공을 바쳐 금인金印(금도장)을 받음으로써 중국의 책봉 체제에 편입되었다는 사실이 주목된다. 이미 후한 시절 왜국이 황제로부터 금인을 받았다는 사실은 '한위노국왕漢委奴国王'의 금인이 기타큐슈北九州에서 발견되었다는 사실로 알려져 있다. 야마타이국 이후에도 5세기, 남조의 송나라에 왜의 오왕五王

이 조공을 바치고 있었다. 여기서 나온 오왕 중 마지막 왕인 무武는 유랴쿠雄略 천황으로 추정되며 이나리산고분稲荷山古墳[3]에서 출토된 철검 등에 기록된 '와카타케루오키미ワカタケル大王'와 동일하다고 여겨지므로, 이 무렵 야마토 조정에 의해 일본 통일이 진행되고 있었음을 알 수 있다. 하지만 이후 일본에서 중국으로 바치는 조공은 중단되었고 차츰 중국의 책봉 체제에서 벗어나게 된다. 이에 따라 일본은 중국문화의 압도적인 영향을 받으면서도 이에 종속되지 않는 자립성을 유지하게 되었다.

야마토 조정에 의한 통일국가 형성은 6세기에 한층 더 진행되어 6세기 말부터 7세기 초인 스이코推古 천황 시절 큰 진전을 보였다. 스이코 조정의 정책을 추진했던 사람이 바로 쇼토쿠태자聖德太子(우마야도황자厩戸皇子)였다고 하는데, 태자에게는 후세에 다양한 전설이 가미되어 그 실태를 정확히 파악할 수 없다. 하지만 태자의 관여가 어느 정도였는지 불분명하다고 해도 이 시대에 상당한 국력을 갖추고 있었다는 점은 견수사 파견을 통해서도 알려져 있다. 『수서隋書』에 의하면 이 국서에 "해 뜨는 나라의 천자가 해 지는 나라의 천자에게 국서를 보내노라"라고 되

---

3) 사이타마현埼玉県에 남아있는 전방후원분이다.

어있어서 그 무례함이 수양제를 불쾌하게 만들었다고 한다. 책봉을 원하는 조공이 아니라 대등한 관계에 서려고 했음을 알 수 있다.

17조 헌법에 관해서는 후세의 가필이나 창작의 가능성도 있어서 스이코 조정의 것이 확실하다고 단정 지을 수는 없다. 제1조는 『논어』에 나오는 "사람과 사람이 화목하게 지내는 것을 귀히 여긴다和を以て貴と為す"로 시작되고 있기 때문에, '예礼'의 질서를 바탕으로 호족 통합체를 통제하려는 방침이 제시되고 있다. 아울러 제2조는 "독실한 마음으로 삼보를 숭상하라篤く三宝を敬え"이다. "세계 만국에 통하는 궁극적인 가르침万国の極宗"인 불교로의 귀의를 밝히며 문명국가를 구축하려 하고 있다.

율령과 그 변용

중국문화의 압도적인 영향을 받으면서도 그 책봉 체제에 편입되지 않는 자립성을 유지하려면 어찌해야 좋단 말인가. 그를 위해서는 스스로 중국과 마찬가지로 문명국가로서의 체제를 갖추고 그와 동등하다는 사실을 보여줄 필요가 있었다. 아이러니하게도 자립에 대한 요구가 모방을 촉진시켰다. 마치 메이지 시절에 일본이 거쳐왔던 길과 흡사하다. 거대하고 선진적인 문명을 수용하고 그 바탕 위에서 제도를 정비해나가는 과정은 호족의 집합체인 야마토 조정의 중앙집권적 권력도 강화시키는 결과를 낳았다.

중앙집권적인 구조는 7세기를 통해 점차 형성되어갔으며, 특히 '다이카大化 개신'을 계기로 제도 정비가 추진되었다. 646년(다이카 2년)에 나온 '개신改新의 조詔'(『일본서기日本書紀』)는 후대의 가필이 있었다고 밝혀졌지만, 공지공민公地公民에 바탕을 둔 토지제도나 호적·조세제도·지역지배를 위한 국군제도国郡制度 등을 보면, 율령제가 결코 하루아침에 만들어진 것이 아니라 이 무렵부터 이미 조금씩 구상되고 점차 정비되기 시작했음을 알 수 있다. 이를 바탕으로 덴지天智 천황에서 덴무天武 천황으로 이어지던 시기에 본격적인 율령 편찬을 추진하게 되었다.

명확한 형태로 편찬된 최초의 율령은 아스카키요미하라령飛鳥浄御原令(689)이었다. 덴무 천황에 의해 착수되었다가 지토持統 천황 때 완성되었고, 이어지는 다이호율령大宝律令(701)에 의해 본격적으로 '율'과 '령'이 완비된 법전이 완성되었다. 다이호율령은 현재 전해 내려오지 않지만 이를 손질해서 만들어졌다는 요로율령養老律令(757)이 이후의 모범이 되었다. 이 가운데 '령令'은 30편으로 구성되어 있으며 첫머리에는 제도의 근간을 형성하는 관원의 위계나 관청의 구성을 규정하는 관위령官位令·직원령職員令, 그다음으로 신기령神祇令[4]이나 승니령僧尼令이 이어지고 있다. 나아가 호령戸令·전령田令·부역령賦役令 등도 있어서 호적戸籍·전지田地·세제税制 등에 대해 다루고 있다.

이렇듯 율령을 통해 국가의 모든 문제를 다룬 법제가 완비되었지만, 실질적인 적용 여부는 다소 의문스럽다. 탁상공론에 치우친 비현실적인 측면이 적지 않았기 때문에 좀 더 현실에 부합되는 '격식'을 통해 조정하려는 시도가 이루어졌다. 특히 『엔기식延喜式』(905)은 이후 다양한 의례의 규범이 되었다. 이리하여 헤이안 중기 무렵 실질적으로는 율령에 따른 통치가 유명무실해졌다. 이는 고대에서 중세로 전환되고 있다는 거대한 지표Merkmal가 되는 사항이다.

그렇다면 율령은 전혀 그 의미를 지니지 못하게 되었을까. 그렇지 않다. 형식적으로 율령은 근세가 끝날 때까지 계속 명맥을 유지했다. 그중 하나가 국내를 나누는 단위가 된 '국군 제도'였으며, 또 하나는 '관위官位'였다. 관

---

4) 율령 가운데 신기 신앙에 바탕을 둔 공적인 제사의 기본을 정해둔 부분을 가리킨다.

위는 설령 표면적 명목에 그치게 되었다고 해도 근세의 무사들 역시 관례적으로 관위를 얻으려 했고 조정도 관위를 내린다는 권한을 갖춤으로써 형식적 우위를 가까스로 유지할 수 있었다. 아이러니한 점이 있다. 메이지유신은 율령의 근본으로 돌아간다는 명목으로 태정관·신기관神祇官의 부활을 내세웠지만, 결과적으로는 '국군제도'와 '관위'를 폐지함으로써 역설적으로 율령 제도에 최후의 일격을 가했다. 이로 인해 '대전통'은 종지부를 찍고 '중전통'의 시대가 열리게 되었다.

신화와 역사

7~8세기 국가 정비 과정에서 율령과 함께 중요한 역할을 수행한 것은 '역사서의 편찬'이었다. 중국에서 왕조에 관한 역사 집필은 다음 왕조가 해야 할 일이었고 이를 통해 왕조 교체의 정당성이 입증된다. 하지만 일본에서는 애당초 왕조가 교체된 적이 없기 때문에 역사서 편찬은 조정이 직접 지배의 정당성을 증명하기 위해 필요한 일이었다. 역사서의 편찬은 스이코 천황 무렵 시작되었는데 덴무 천황 시대에 본격화되어 최종적으로는 『고사기古事記』(712년 서문)와 『일본서기』(720년 완성)로 완성되었다.

『속일본기續日本紀』(797년 완성)에서 『일본삼대실록日本三代実録』(901년 완성)까지 총 여섯 권의 역사서가 편찬되어 이른 바 육국사六国史라고 칭해진다.

『고사기』『일본서기』의 특징은 책의 도입부에 신대神代에 관한 내용이 상당 분량 수록되어있다는 점이다. 신화에 역사를 가미한 구성이라고 할 수 있겠다. 신화의 내용을 살펴보면, 『고사기』와 『일본서기』 사이에 상이한 내용이 있을 뿐만 아니라, 『일본서기』에 "어떤 책에서 말하기를"이라는 형식으로 다수의 이설이 거론되어있기 때문에 실질적으로는 복수의 신화가 뒤섞여진 상태로 그다지 질서정연하게 정리되어있다고는 할 수 없다. 하지만 신화가 어떤 기능을 가지고 있는지를 생각해보면 자잘한 차이점은 그다지 중요한 의미를 가지지 않는다. 천손강림이라는 용어가 있듯이 '아마테라스'의 손자인 '니니기'가 지상에 내려왔고, 그 증손자인 '가무야마토이와레히코', 즉 '진무神武 천황'이 즉위해 그 자손이 대대로 천황으로 이어지고 있다는 것이 황위의 정통성을 증명한다는 점에서 중요했다. 중국에서는 '천명'에 의해 황제가 된다고 파악했기 때문에, 천황의 정통성이 신으로부터 '직접적 연속성'에 있다고 파악하는 것은 중국과 큰 차이를 보이는 지점이다.

천황이라는 칭호의 성립 시기에 대해 '스이코 시대 성립설'과 '덴무 시대 성립설' 등 두 가지의 학설이 존재하지만, 천황을 존귀한 존재로 한층 돋보이게 하는 것은 덴무 조정과 그 이후의 율령이나 『고사기』 『일본서기』의 성립 시대에 가장 고양되었다. '천황'이라는 단어는 도교에서 유래하는데 '황제'에 대한 대항 의식 때문에 사용되었다. 중국에서 '천天'은 통상적으로 추상도가 강한 개념으로 초월적인 절대성을 가진다. 하지만 일본에서는 '다카마가하라高天原'처럼 신들, 혹은 신들이 사는 영역을 의미한다. 이것 역시 불교나 도교 등 중국의 비정통 종교와 비슷한 점이다.

덴무 시절부터 천황 자체를 신으로 간주하는 '아키쓰카미' 혹은 '아라미카미'로 추앙하며 권위를 강화시키기도 했다. 몬무文武 천황의 즉위 센묘宣命(『속일본기続日本紀』)에서는 "아키쓰미카미와 일본 전체를 다스리는 천황現っ御神と大八島国知らしめす天皇"이 신하에게 말씀을 내리신다는 형식을 취하고 있다. 내용 안에는 "다카마가하라에서 시작되어高天の原に事始めて" 지금에 이를 때까지 연속성을 보여주며, 그것을 스스로 정통성의 근거로 제시하고 있다.

천황 자신을 '아키쓰카미現神(현세에 그 모습을 드러내고 있는 신-역주)'로 표현하는 사상은 일시적인 것으로 추정되며 이후에는 상당히 형식적인 표현에 그치게 되지만, 이 센묘의 도입부에 나온 표현은 이후에도 계속 사용되었다. 그것이 근대의 '중전통'에서 '아라히토가미現人神'로 새로운 의미를 담아 부활하게 된다.

2 신들과 불법仏法

신들의 질서

일본의 신들은 다양한 유래를 가진 것들이 중첩되고 있어서 정확한 성격을 파악하기 어렵다. 『고사기』와 『일본서기』의 도입부에 나오는 신화는 나중에 가서야 최종적으로 정리되었기 때문에 신중히 다룰 필요가 있다. 원래 신들은 각각 개성을 가지고 있었다기보다는, 어떤 금기를 어겼을 때 보복을 무시무시하게 하므로, 삼가 조심하며 모실 필요가 있었다. 아울러 예컨대 동물 같은 형태로 둔갑해 나타나는 경우도 있었다. '야마토타케루'는 흰

멧돼지의 모습을 한 이부키산伊吹山의 신에게 보복당해 결국 목숨을 잃게 되었다. 유랴쿠雄略 천황은 천황과 같은 부대를 이끈 가쓰라기산葛城山의 히토코토누시一言主의 신에게 무례를 범했다가 황급히 엎드려 절을 하며 아무쪼록 무사하기를 간청했다. 이처럼 신의 위엄이란 천황조차 두려움에 떨게 할 정도였다.

『고사기』와 『일본서기』의 도입부에 나오는 신화는 개별적으로 아주 오래된 요소를 포함하고 있으면서도 최종적으로 편찬 단계에서 통합된 것이기 때문에 다양한 이설들이 뒤섞여진 상태가 되었다. 최종적 편찬의 가장 중요한 의도는 여러 씨족 조상신들의 질서를 계통적으로 가다듬어 아마테라스의 자손인 천황 아래로 복속시킨다는 이데올로기적 장치에 있었다. 야마토 조정은 원래 여러 호족 연합체의 우두머리라는 성격을 지녔을 뿐, 절대적 권력을 장악한 상태는 아니었다. 따라서 중국 황제에 비견할 만한 강력한 권력을 과시하기 위해서는 조상신 단계에서 이미 군신이 유별함을 명확히 하고, 이에 대한 질서를 바로잡아둘 필요가 있었다. 다이카 개신에서부터 율령의 편찬에 이를 때까지 막강한 힘을 발휘했던 후지와라藤原(나카토미中臣) 씨는 천손 강림 때 동반했던 '아메노코야네'의 자손이라고 되어있다. 헤이안 초기에 편찬된 『신찬성씨록新撰姓氏錄』(815)에는 천 개가 넘는 씨족에 관해 각각의 조상들이 황별皇別·천신天神·천손天孫·지기地祇·제번諸蕃(도래인渡来人 계통)으로 나뉘어 기록되고 있다.

이처럼 신들의 체계는 그 자손인 여러 씨족의 질서를 바로잡는 작업으로 이어졌고 그 정점에 천황이 위치하게 되었다. 그러나 모든 씨족이 하나같이 신들에게서 유래한다는 말이 되면, 결국 그 계층은 상대적인 구별에 지나지 않게 된다. 조정 지배의 안정적인 지속을 위해서는 다른 씨족과 상이한 절대적 우월성이 확보되어야만 한다. 천황은 신하인 여러 씨족에 의존하면서도 그와 동시에 그들과는 차별화되고 절대화되어야 한다는 모순 속에서 어떻게든 균형을 잡아야 했다. 그런데 그런 상황이 종종 고대의 정변을 초래시켰다. 천황 자체가 신이라는 '아라쓰카미설現神説'도 이런 정세 속에서 요청된 것이었다. 이처럼 왕권의 구조는 여전히 불안정한 요소를 남기고 있었다.

율령이 성립될 무렵에는 신에 대한 관념 자체가 여전히 모색단계에 있었다. 신기령에는 계절마다 치러지는 제사에 관해 열거할 뿐 상세한 규정은 빠져있다. 제사와 관련된 상세한 내용이 기술되고 확립되는 것은 『엔기식』이 나올 때까지 기다려야 했다.

불교국가의 이상

종종 '신불'이라는 단어가 마치 숙어처럼 사용되며 신과 부처가 동등한 레벨에서 다뤄지고 있다. 그러나 실제로 두 가지는 결코 대등한 위치에 있지 않았다. 율령 규정에서도 신기령神祇令이 한 해 동안 신에게 바치는 제사를 열거하고 있는 것과는 달리 승니령은 승니의 범죄적 행위에 대한 처벌 규정이 중심이 되고 있다. 양자의 성격이 전혀 다르다고 할 수 있다. 신들에 대한 의례 체계가 이제 막 형성되려고 하던 시기에 불교는 이미 중국에서 거대한 사원과 웅장한 의례, 그리고 방대한 경전을 바탕으로 정밀한 교학 체계를 구축하고 있었다. 신과 부처를 비교한다는 것은 애당초 무리였다.

이리하여 중국의 남북조시대에 크게 발전한 불교가 복잡한 국제 정세 속에서 한반도를 거쳐 일본에 전해졌다. 남북조에서 수와 당나라에 걸친 시대는 중국에서도 불교가 예외적으로 세력을 떨쳤던 시대였고, 한반도 역시 삼국시대부터 통일신라에 걸쳐 불교가 전성기를 맞이했다. 따라서 본래 중국의 정통인 유교의 의례나 교학보다 불교가 최신 문명의 중핵으로 수용되었다. 견당사 파견이 시작되자 불승도 함께 배를 타고 건너가 다수의 경전이나 교학, 그리고 그에 동반되는 다양한 최신 문화를 가지고 돌아왔다. 건축·주조·역학·의술 등의 과학기술도 종종 불교와 혼연일체 상태로 도입되었고 최신 기술로 축조된 장대한 불교 사원은 그야말로 신문명의 상징적 존재로 사람들을 압도했다. 당나라의 새로운 지식을 도입한 불승은 겐보玄昉로 대표되듯이, 제1급의 지식인으로 정치에도 중용되었다.

율령 체제가 확립되던 시기는 호국 불교가 융성해지던 시기기도 했다. 불법仏法에게는 그 막강한 힘으로 율령적 국가체제를 지탱해줄 역할이 기대되었다. 그 정점에 쇼무聖武 천황이 존재했다. 전국에 고쿠분지国分寺와 고쿠분니지国分尼寺를 창건했고, 수도에는 도다이지東大寺를 창건했으며, 국가 번영의 상징물로 비로자나 대불의 주조를 추진했다. 749년 쇼무 천황은 완성이 임박한 도다이지 대불 앞에서 '삼보三宝의 종복'이 되어 섬길 것을 맹세했다. '아키쓰카미現神'인 천황이 부처의 종복이 된다는 것은 왕권이 불법의 하위에 위치한다는 의미였다. 대불 건립에는 조정 측뿐만 아니라 민간 출신의 교키行基도 적극적으로 협력했기 때문에 관민 모두가 힘을 합친 국가적 프로젝트였다고 할 수 있다. 훗날 헤이안 초기 야쿠시지薬師寺의 교카이景戒에 의해 저술된 『니혼료이키日本霊異記』는 쇼무 천황과 교키에 의해 구축된 불교 전성시대를 이상적인 시대로 보는 역사관에 뒷받침되고 있다. 씨족 공동체를 넘어 왕권이 절대성을 확보하기 위해서는 신들을 초월한 불법의 힘이 필요했다. 이리하여 불교자의 정치적 발언권도 커지게 되었고, 그런 흐름 속에서 쇼토쿠称徳 천황이 도쿄道鏡[5]를 중용하는 사태도 발생하게 되었다. 왕권과 불법이 일체화되면서 빚어진 폐해로 인해, 다시금 양자를 분리하면서 새로운 관계를 모색해 나가야 한다는 것이 다음 시대의 과제로 남게 되었다.

새로운 왕법王法·불법仏法 관계를 향해

쇼토쿠 천황 이후 덴무 천황 계열의 대가 끊기자, 덴지 천황 계열의 고닌光仁 천황이 즉위하게 되었으며 그 뒤를

---

5) 쇼무 천황의 딸인 48대 쇼토쿠 천황(46대 고켄孝謙 천황과 동일인)은 승려인 도쿄를 총애한 나머지 그에게 천황의 자리까지 넘겨주려고 했다. 결국 조정의 강력한 반대에 부딪혀 뜻을 이루어지지 못했고 쇼토쿠 천황 사후 도쿄는 유배당했다. 이 사건으로 인해 859년 동안 여성 천황의 즉위를 피하게 되었다.

도래인 계열의 어머니를 가진 간무桓武 천황이 이어받는다. 간무는 인심일신人心一新을 도모하기 위해 '헤이조쿄平城京'를 벗어나 일단 '나가오카쿄長岡京'로, 이어서 '헤이안쿄平安京'로 수도를 옮긴다. 이런 과정을 거쳐 최종적으로 결정된 곳이 바로 천년의 수도 '헤이안쿄', 오늘날의 교토이다. 아울러 간무 천황은 정치에 대한 불교의 영향력을 배제하고자 했다. '헤이조쿄'가 토지 구획의 안팎으로 수많은 사원에 에워싸여 불교 도시 같은 양상을 보였던 반면, '헤이안쿄'는 남쪽 끝에 도지東寺와 사이지西寺만 두었을 뿐이다. 천도 당시엔 이외의 사원을 일절 인정하지 않고 순수한 세속도시 건설을 지향했다.

그렇다고 불교가 전면적으로 배제되었다는 의미는 아니다. 반대로 새로운 형태의 불교가 필요해졌다. 나가오카쿄 조영 당시부터 '후지와라노 다네쓰구藤原種継 암살 사건'에 연루되어 죽은 간무의 동생 사와라早良 친왕[6]으로 인해 각종 재액이 거듭되는 등 불온한 정세가 이어졌

---

6) 사와라 친왕은 간무 천황의 동복의 친동생이자 간무 천황의 황태제였다. 나가오카쿄의 조성공사 중 후지와라노 다네쓰구 암살 사건이 발생했는데 사와라 친왕이 그 배후 조종 세력과 연루되었다는 혐의를 받게 되었다. 격분 끝에 죽은 후 그 원령이 공포의 대상이 되어 또다시 '나가오카쿄'에서 '헤이안쿄(지금의 교토)'로 천도하게 되었다. 헤이안 시대의 굴지의 '어령'으로 공포의 대상이 되었던 사와라 친왕은 사후 스도崇道천황으로 추증되었다.

다. 이런 불안감을 진정시키기 위해서라도 새로운 도읍에는 새로운 불교의 수호가 절실해졌다. 이런 요구에 가장 먼저 대응한 인물이 바로 사이초最澄였다. 사이초가 열었던 히에이산比叡山은 새로운 도읍지인 교토에 가까우면서도 깊은 산속에 있었기 때문에 세속을 벗어나 청정한 부처님의 세계를 펼쳐내기에 안성맞춤의 땅이었다. 사이초는 거기서 무려 12년간 두문불출 상태로 수행에 전념했고 제자들에게도 그리하도록 요구했다.

하지만 사이초가 세속과의 관계를 완전히 끊고자 했던 것은 아니었다. 오히려 수행을 마친 후에는 적극적으로 세속과 관계하며 세속 안에서 불법의 이상을 실현해야 했다. 독자적인 대승계大乘戒를 주장하는『산가학생식山家学生式』에는 "조천일우照千一隅, 이는 즉 국보国宝이다"라는 유명한 문구가 있다. 천리의 세계를 비춰내, 심지어 구석구석까지 두루두루 살폈을 때 비로소 국가의 정신적 지도자, 국보의 가치가 있다는 이야기이다. 국보国宝가 중앙에서 지도하고 그 내용을 여러 지역 현장에서 적용해가는 사람들을 국사国師나 국용国用이라고 불렀다. 사이초는 이런 식의 이상적 불교 국가 실현을 지향했다. 세속적 측면에서 '불법에 의한 수호'와 불법적 측면에서 '세속

안에서의 이상 실현', 이런 양쪽 모두의 요구가 합치되는
지점에서 새로운 '왕법'과 '불법'의 관계가 재구축되었다.
이는 양자가 너무 지나치게 밀접했던 나라 시대에 대한
반성에서 출발하고 있다. 양자가 적당히 거리를 두면서
도 세속적인 왕법과 그것을 뛰어넘는 불법이 상호 긴장
관계를 유지하는 새로운 관계를 구축하고자 했다.

구카이空海의 활동은 사이초보다 약간 시기적으로 늦
은 감이 있었지만, 장대한 밀교의 만다라적 세계관과 그
에 바탕을 둔 의례 체계를 통해 왕권 속으로 한층 깊숙이
파고들었다. 교토에서 멀리 떨어진 고야산高野山과 교토
안에 있는 도지東寺를 거점으로 하고 있었다. 사안에 따
라 두 거점을 효율적으로 나누어 사용하며 왕권과의 거
리를 조정했던 것이다. 그뿐만 아니라 궁중에 신곤원真言
院을 창건해 후칠일어수법後七日御修法[7]을 행했고 이를 통
해 진언밀교를 왕권에 불가결한 존재로 만들었다. 『비밀
만다라십왕심론秘密曼荼羅十住心論』에 나온 체계를 통해서
도 알려진 것처럼, 세속의 법은 불법의 관점에서 보자면
초보적이고 저차원인 것에 불과했다. 그러나 종합적인

---

7) 궁중에서 매년 1월 1일부터 7일까지 신도 관련 각종 행사가 이어진 후 8일부터 14일
까지 진행되는 진언밀교의 대규모 법회. 옥체안온, 국리민복國利民福을 기원하는 행사로
일본어로는 고시치니치노미시호(혹은 고시치니치미슈호)라고 한다.

체계 안에 포섭됨으로써 세속 역시 불법 안에서 새로운 의미를 부여받았고 이를 통해 질서 정연한 상호관계가 가능해졌다.

사이초나 구카이가 구축한 세속과 불법의 관계는 각각 독자적 세계를 가지면서도 상호 필수 불가결한 관계를 맺는 존재였다. 그런 관계 구조는 중세를 거치며 좀 더 성숙한 형태로 계승되어간다.

3. 유학과 시가

한자·유학의 수용

율령의 법적 체계를 만들고 새로운 지배 양식을 확립하기 위해서는 지도적 입장에 선 정치가가 그것을 감당할 만한 식견을 가지고 있어야 한다. 스이코 천황 시대의 쇼토쿠태자, 덴지 천황 시대의 후지와라노 가마타리藤原鎌足, 율령 확립기의 후지와라노 후히토藤原不比等 등, 각각의 시대적 동향을 결정지을 수 있었던 것은 이런 정상급 정치가들의 힘이 컸다. 그들은 대륙의 동향과 자국의 정세를 두루 살피면서 새로운 질서를 만들어갔다.

하지만 그것이 현실의 장에서 실현되기 위해서는 그만큼의 능력을 지닌 우수한 관료가 지도자 밑에 있어야 한다. 그들은 중국의 언어는 물론, 고전이나 역사에 통달했고 동시에 최신 정보도 익혔을 뿐만 아니라 제대로 된 문장으로 그것을 표현할 수 있어야 했다. 중국 문명은 문자와 문서의 문화였으며, 1장에서 언급했던 것처럼 일본이 가까스로 그것에 눈을 떴을 무렵, 중국은 이미 2000년에 걸친 과거 문화를 이미 축적해둔 상태였다. 그것을 수용하고 활용하며 제대로 된 국가로 중국의 인정을 받는다는 것은 보통 일이 아닐 것이다.

도저히 그 정도를 감당할 만한 인재가 일본에는 없었기 때문에, 처음에는 한반도에서 건너온 도래인들에게 많은 부분을 의존했다. 오진應神 천황 시대에 백제로부터 왕인王仁이 『논어』와 『천자문千字文』을 전해주었다고 한다. 이후 게이타이繼体 천황 무렵 백제에서 오경박사五経博士가 교대로 파견되었다고 한다. 불교 전래를 긴메이欽明 천황 무렵이라고 치면 그 전후로 한적이나 유교도 전해져왔을 것이다. 불교 관련해서 주목되고 있지만 불교와 한학·유학(유교)은 거의 병행해서 수용되었을 것으로 추정된다. 다이카 개신 무렵까지는 도래인들에게 의존했던 측면이 많았는데 견당사 파견이 이어지다 보니 차츰 당나라의 문물이나 서적을 직접 수입되게 되었고 유학을 통해 당나라에 진출해 문화를 배운 일본인도 나오게 되었다.

특히 717년에 이루어진 견당사 파견에는 기비노 마키비吉備真備·겐보·아베노 나카마로阿倍仲麻呂 등이 유학생으로 동행했다. 아베노 나카마로는 당나라에 머물면서 관직에 진출했을 뿐만 아니라 이백 등 중국 문인들과도 친밀하게 교류했다. 마키비와 겐보는 함께 당에서 학문에 정진했고 마키비는 경서와 천문역서 등 다수의 한적을, 겐보는 대장경을 가지고 귀국했다(735). 두 사람 모두 다치바나노 모로에橘諸兄 정권에서 중용되었고 정치에서도 막강한 힘을 떨쳤다.

율령에서는 학문 연구의 융성을 도모하고자 식부성式部省 아래 대학료大学寮를 두었다. 대학료에는 박사 한 명, 조교 두 명, 그리고 음박사音博士·서박사書博士·산박사算博士 각 두 명이 함께하며 400명의 학생을 지도했다. 학생은 음박사가 우선 한문의 음독을 가르쳐준 다음 박사나 조교의 강의를 듣게 된다. 대학에서 행해지는 교육에 대해서는 학령学令에 상세히 규정되어있는데 배우는 내용은 『주역(역경)』『상서(서경)』『주례』『의례』『예기』『모시(시경)』 『춘추좌씨전春秋左氏伝』『효경』『논어』 등이었다고 나와 있다. 정통 유교 경서들을 중심으로 공자의 제사를 지내는 등 유교가 중심이었다. 아울러 지방에는 국학国学이 설치되어 군사郡司의 자제들을 교육시켰다.

한시·한문과 문인 세계

불교의 위세에 눌린 기미를 보이긴 했지만, 유교가 도입되면서 중국풍 문화도 성행하게 되었다. 귀족들 사이에서도 한문을 읽고 쓰는 사람들이 생겨났는데 비단 유교적 정치윤리 측면만이 아니라, 취미 세계에서도 한시문이나 음악을 즐기게 되었다. 중국에서는 삼국시대 말기의 죽림칠현 무렵부터 정치적으로 혼란한 상황을 피하며 유유자적한 은거 사상이 유행했고 노장사상이나 신선 사상에 호의적이었다. 덴무 천황 시대 이후 요시노노미야吉野宮 행차가 자주 있었고 특히 지토 천황은 요시노를 사랑했는데 그 근저에는 신선 사상의 영향이 있었다고 추정되고 있다.

한시집 『가이후소懷風藻』(751)는 편자가 누구인지 확실치 않지만 오미近江 시대 이후의 64명의 천황과 황자, 귀족들의 한시 116수를 수록하고 있다. 여기에 실린 한시에는 모반 혐의를 받고 자해한 오쓰大津황자의「임종臨終」처럼 무겁고 심각한 시도 있지만, 대부분이 술자리에서 좌흥을 돋우거나 칙명에 의해 읊은 시들이기 때문에 심오한 문제의식은 발견되지 않는다. 하지만 유형적 표현 속에서도 자연을 감상하며 즐기는 표현이 다수 발견되고 있어 정치나 종교에 환원할 수 없는 참신한 '문인적 취미 세계'가 펼쳐지고 있다고 평가할 수 있다.

이후 헤이안 초기에 걸쳐 한시문이 계속 유행해『료운슈凌雲集』『분카슈레이슈文華秀麗集』『게이코쿠슈経国集』등의 칙찬집勅撰集이 편찬되었고 이소노카미노 야카쓰구石上宅嗣, 오미노 미후네淡海三船 등의 문인들이 활약했다. 특히 구카이는 승려임에도 불구하고 원래 대학大學에서도 배운 바 있었고 당나라에 가서 불교뿐 아니라 중국의 문학이나 서예 등 폭넓은 문화를 배워왔다. 당나라에 가기 전에 쓴『농고지귀聾瞽指帰』(삼교지귀三教指帰)는 유교, 도교, 불교 등 세 가지의 비교라는 내용과 함께 사륙변려체四六駢儷体라는 기교적인 문체를 구사한 점으로도 주목된다. 구카이의 한시문은『쇼료슈性靈集』에 수록되어있으며 중국의 시문 이론서를 발췌한『분쿄히후론文鏡秘府論』도 있다. 중국문화 도입의 최대 지도자였으며 서예가로도 널리 알려져 있다.

『만요슈』의 가인들

나라 시대부터 헤이안 시대 초기에 걸쳐 한시문 중심의 문화가 전성기를 맞이했지만, 한편에서는『만요슈万葉集』가 편찬되면서 한시와 대비되는 와카和歌[8] 문화도 무르익어갔다.

『만요슈』를 대표하는 시인 가키노모토노 히토마로柿本人麻呂는 덴무 천황 시절부터 지토持統 천황 때까지 궁정 가인으로 활약했다. 히토마로의 작품에서는『고사기』『일본서기』에 등장하는 신화나 왕권 교체가 '와카'라는 형식으로 표현되면서 신화가 탄생되는 과정이 생생하게 읊어지고 있다. 전형적인 작품은 권2에 나오는 '히나미시노미코노미코토日並皇子尊'의 만가挽歌를 통해 살펴볼 수 있다. '히나미시日並'는 덴무 천황과 지토 천황의 아들인 구사카베草壁 황자를 말한다. 덴무 천황의 황태자로 차기

---

8) 중국의 한시와 구별해 '와카和歌'라고 불렸던 일본의 전통적인 정형시로 최종적으로는 5·7·5·7·7의 운율을 가진 단카短歌 형태가 대표적인 형태로 자리 잡았지만『만요슈』편찬 당시에는 장가長歌 등을 포함한 다양한 음수율 형태가 존재했다.

천황이 될 것으로 기대되었지만 결국 요절하여 천황이 되지 못했다. 히토마로의 장대한 만가는 "하늘과 땅이/ 처음 시작되던 때/ 아득한 저편/ 하늘 위의 강가에(아마노 카와라)/ 수없이 많은/ 많고 많은 신들이/ 서로 모여서天地 の 初めの時の ひさかたの 天の河原に 八百万 千万神の 神集ひ"라고 장 엄하게 시작하고 있다. 신화와 혼연일체가 된 형태로 덴 무 천황의 통치와 구사카베 황자에 대한 각별한 기대, 그 리고 안타까운 요절에 대한 탄식을 읊고 있다. 여기서는 모가리殯[9]와 일체가 된 와카의 주술성이 전개되고 있다. 지적으로 구축된 한시 세계와 또 다른, 그야말로 토착적 인 의례 세계가 명확히 드러나고 있다고 할 수 있다. 참 고로 "우리 대왕은/ 신이신 까닭으로大君は神にし(い)ませば" 라는 '아키쓰카미' 사상 표현은 히토마로를 비롯해 이 시 기 와카에 보이고 있는데, 천황뿐 아니라 황자에게도 사 용되고 있다. 즉 천황에게만 썼던 표현은 아니었다.

나라 시대에 접어들면서 일부 지식인들은 한시보다 와 카를 표현 수단으로 사용하게 되었다. 야마노우에노 오

---

9) 모가리殯는 일본 고대에 행해진 장례 형태로 천황이나 황족 등이 사망했을 때 매장하 기 전까지 상당 기간 시신이 들어있는 관을 '빈궁殯宮'에 안치해놓고 일종의 '상'을 치르는 것을 말한다. 영혼을 위로하고 부활을 기원하면서도 시신의 변화를 확인하며 최종적인 '죽음'을 확인하는 과정이라고 할 수 있다.

쿠라山上憶良는 견당사를 따라 당나라로 건너가 학문에 정
진했지만 '빈궁문답가貧窮問答歌'(권5)에 보이는 것처럼 가
난에 신음하는 농민들에 대한 공감을 보여주는 등, 정치
세계에 대한 비판적 시각을 견지했다. 오토모노 다비토
大伴旅人는 한시를 짓는 한편 '찬주가酒を讃むる歌'(권3) 등을
통해 노장사상의 영향을 받은 은거 지향을 보여주고 있
다. 오토모노 다비토의 아들인 오토모노 야카모치大伴家持
는 『만요슈』의 편자로 추정된다. 유서 깊은 씨족 가문의
후손이자 관료로서 상당한 실적을 남겼지만, 한편으로는
자신의 심정을 수많은 와카로 표현해내며 사적 세계를
담아낸 문학 영역을 개척했다. 이런 정신은 『고킨와카슈
古今和歌集』이후의 와카에 계승되었다.

II
정착하는 사상[중세]

10~15세기

3장 의례화하는 왕권과 신불

1 왕권과 의례

왕권의 중층화

율령제는 호족들의 집합체에서 발전해 천황에 의한 일원적 지배를 원칙으로 내세웠다. 훗날, 에도 시대 국학자에 의해 『고사기』『만요슈』에 대한 재평가가 이루어졌고 그것이 근대에 계승되면서 천황의 권력이 확립된 '율령기'가 이상적인 시대처럼 간주하곤 했지만, 전근대라는 기나긴 '대전통' 기간 전체를 되돌아보면 꼭 그렇다고도 단언할 수 없다. 오히려 이상적으로 간주한 시대는 10세기 전반의 '다이고醍醐·무라카미村上 천황'의 시대로 이른바 '엔기延喜·덴랴쿠天曆의 치세'라고 일컬어졌다. 어째서 이 시대가 이상적인 시대로 간주되었을까.

기타바타케 지카후사北畠親房의 『신황정통기神皇正統記』

는 9세기 후반의 고코光孝 천황까지를 '일향상고一向上古'로 파악하면서 이후의 시대와 명확히 구분하고 있다. 이유는 이 시대부터 천황 계보가 확정되었고 후지와라 씨에 의한 섭관 체제도 안정적으로 확립되었다고 보았기 때문이다. 이보다 한참 이전인 세이와清和 천황 시기에 후지와라노 요시후사藤原良房가 신하 출신으로는 처음으로 섭정摄政이 되었고(858), 고코 천황의 다음 대인 우다宇多 천황 대에서 후지와라노 모토쓰네藤原基経가 관백関白이 되었다(887). 이리하여 이른바 섭관시대로 진입하게 된다. 그때까지만 해도 정치 체제는 나라 시대에 이어 '천황의 일원적 지배' 형태를 보였지만 모반이나 모략이 연이어 발생했기 때문에 안정된 상태였다고는 결코 말할 수 없었다. 사와라早良 친왕의 어령御靈에 대한 공포가 그 전형적인 예이다. 간무桓武 천황의 동생으로 죄에 연루되어 죽음에 이른 사와라 친왕은 그 어령御靈의 앙화가 재액을 초래한다고 여겨져 사람들을 불안하게 만들었다.

물론 섭관 체제 이후에도 온갖 권모술수가 난무해 스가와라노 미치자네菅原道真의 어령御靈이 출현하거나 '다이라노 마사카도平将門의 난'이나 '후지와라노 스미토모藤原純友의 난' 같은 혼란도 발생했다. 하지만 이전 시대와 비교해보면 훨씬 안정된 시대가 이어지게 된다. 이는 기타바타케 지카후사가 지적하고 있는 것처럼 종래까지 이어지던 '천황의 일원적 지배 체제'에서 '천황+섭관'이라는 체제가 정비되었던 것이 하나의 이유일 것이다. 중국적인 '황제의 일원적 지배 체제'에서 '왕권의 중층 구조'로 전개되기 위한 첫걸음을 뗀 것이다. 이것이 좀 더 현실적이고 일본적 상황에도 부합되는 방향이었다. 물론 이유는 그것만이 아니었다. 견당사 파견의 중지로 문화 전체가 이른바 '국풍문화의 시대'를 맞이하면서 무리하게 중국 흉내를 내지 않고 독자적인 발전으로 방향을 틀었기 때문이다. 애당초 '천황'이라는 호칭 자체가 더는 사용되지 않게 되었다. 이런 체제가 이어지면서 무가武家 사회로 전환된 이후에도 조정 측 구조는 크게 바뀌지 않고 계속 유지될 수 있었다. 이런 전개 과정에서 '다이고·무라카미 천황 시대'는 마치 최초의 황금시대처럼 모범적으로 여겨졌다.

헤이안 후기가 되면 천황의 자리에서 퇴위한 상황上皇(원院)의 권력이 커진다. 시라카와白河 천황은 아직은 나이 어린 호리카와堀河 천황에게 양위한 후 상황이 되어 실질적인 권력을 장악한다(1086). 원정院政이 시작된 것이다.

이렇게 되자 '천황+섭관'이라는 종래의 구조가 형식적인 것에 불과해지면서 상황이 이른바 '치천의 군治天の君'으로 최고 권력자가 되어, '상황(원)+천황+섭관'이라는 삼중구조가 형성된다. 섭관은 천황의 외할아버지가 실권을 쥐는 데 반해 원(상황)은 천황의 아버지이기 때문에, 결국 천황의 부계와 모계 양쪽의 힘이 기능하는 구조가 되었다. 나아가 상황이 출가해 법황法皇이 되면 불교계의 힘도 영향을 끼치게 된다. 심지어 가마쿠라 시대 이후엔 무가 권력이 막부를 세우면서 왕권이 공가公家와 무가武家로 이원화되었고 이 체제가 근세까지 이어지게 된다. 황제 휘하에서 일원적 지배구조를 취했던 중국과는 전혀 다른 복잡한 왕권 구조가 만들어지게 된 것인데, 이런 존재들이 상호 긴장 관계 속에 서로를 견제함으로써 오히려 안정된 상태를 유지했다고 말할 수도 있다.

'유직고실'의 형성

당나라 제도에 바탕을 두었던 율령은 이후의 '격식格式'[10]에 의해 일본적으로 대폭 변모했다. 그것을 총합했

---

10) 율령의 보완을 위해 추가로 발표된 법령이나 수정된 내용들을 총괄해 편찬된 법령집이다.

다고 할 수 있는『엔기식』이 엔기 시대에 제정되면서 율령 자체보다 실질적으로 좀 더 활용되었다. 그와 함께 또 하나 간과할 수 없는 사항은 이 무렵부터 '유직고실有職故実'을 중시하기 시작했다는 사실이다. 격식은 율령을 대폭 수정해 실정에 맞도록 조정한 것이지만, 나아가 이런 방향을 좀 더 진행시키면서도 제도적으로는 명문화되지 않는 '선례주의'가 점차 정착되어간다. 이렇게 되면 '과거 사례'에 관한 지식이 필요해진다. 그에 대한 축적이 이른 바 '유직고실'이었는데 그 단서 역시 '엔기' 무렵에서 찾아볼 수 있다. 우다 천황의『간표어유계寛平御遺誡』등을 이어받아 다이고 천황 대에서는 후지와라노 도키히라藤原時平의 동생 다다히라忠平 등이 기초를 만들었다고 전해진다. 유직고실은 이후 더더욱 체계화 단계를 거쳐 미나모토노 다카아키라源高明의『서궁기西宮記』, 후지와라노 긴토藤原公任의『북산초北山抄』, 오에노 마사후사大江匡房의『강가차제江家次第』등의 서적에 정리되었다. 준토쿠順徳 천황의『금비초禁秘抄』는 천황이 직접 남긴 유직고실 관련 서적이다. 나아가 이런 책에 정리된 것들이 모든 것들을 담아낸 것은 아니었으며 자잘한 세부 사항은 전승을 통해 계승되었다. 헤이안 시대에 귀족 일기가 다수 작성된 것도 선례에 대한 기록을 남긴다는 의도가 있었기 때문이다. 천황을 중핵으로 하는 귀족 집단, 공가 집단은 점차 이처럼 유직고실의 축적과 그 실천을 '직능'으로 삼게 되었다.

이를 중국의 경우와 비교해보면 일본의 특징이 좀 더 명확해진다. 중국의 경우 의례 체계는 『주례』 『의례』 『예기』 등이 13경에 포함되어 성전으로 여겨지고 있다. 1장에서 언급했던 것처럼 공자에서 시작되는 유가는 이런 '예'야말로 사회질서의 근간을 만드는 것이라고 판단해 예를 따르는 사회를 실현하고자 했다. '예'의 실현 여부가 중화 문명과 야만적인 사이四夷[11]를 구분해주는 기준이었으며 문명의 척도였다.

일본에서는 이런 명문화된 '예'의 규정이 없었기 때문에 그것을 보강하는 존재로 '유직고실'이 중시되었다. 유직고실은 '성전'을 대상으로 한 문헌 연구를 통해 알 수 있는 성질의 것이 아니었다. 천황을 축으로 한 공가 집단이 계승하였고, 복잡한 체계의 세부까지 낱낱이 통달해서 실천하고 있었던 사항이었다. 이런 기능은 무가 집단이 결코 탈취할 수 없는 영역이었다. 세부에 걸쳐 정밀하게 수립된 의례 시스템이야말로 국가의 근본적 질서를

---

11) 동이, 서융, 남만, 북적 등 주변 오랑캐를 가리킨다.

세우는 것이었으며 그에 따름으로써 비로소 패권을 초월한 '문명의 지배'가 가능해진다. 근세에 이를 때까지 조정과 공가 집단의 실질적 권력은 쇠퇴했지만, 그런 상황에서도 그 역할을 말살할 수는 없었다. 그런 원형의 틀이 10세기 전반 무렵 형성되기 시작하면서 이전의 '율령의 법 규정 중시 시대'와 일선을 긋게 되었다.

왕조의 지식인

국풍문화의 융성과 불교 사상의 진전 때문에 자칫 간과될 수도 있지만, 헤이안 시대 귀족들에게 한문에 대한 교양은 극히 중시되었다. 정치 세계에서는 유교적 덕치주의 이념이 강조되었고 천황이 바뀔 때마다 새로운 정책이 펼쳐졌다. 『문선文選』이나 『백씨문집白氏文集』이 널리 읽혔으며 한문을 구사하는 능력은 귀족 사회에서 높은 평가를 받았다. 율령 제도 아래 설립된 대학료大学寮는 헤이안 시대 귀족 자제들의 교양적 기반이 되었다. 물론 『겐지모노가타리源氏物語』에서 히카루겐지光源氏가 아들 유기리夕霧를 대학료에 집어넣었던 것이 특이하다는 평가를 받았던 것처럼, 예컨대 섭관 가문이나 왕가 같은 최고 귀족이 아니라 그보다 한 단계 아래 위치한 집안의 자제가 입신출세의 길을 모색하던 장이었다. 대학료에서는 유교 경전을 배우는 명경도明経道보다, 역사나 문학을 배우는 기전도紀伝道(문장도文章道)에 인기가 쏠렸다. 대학료 출신자로는 오노노 다카무라小野篁, 스가와라노 미치자네, 미요시노 기요유키三善清行, 기노 하세오紀長谷雄 등이 있다.

스가와라노 미치자네는 한학 방면에서 탁월한 재능을 발휘해 수많은 한시문을 남겼다. 정치 방면에서는 우다 천황에게 중용된 후 후지와라 씨를 견제함으로써 천황 중심의 체제를 추진하고자 했다. 그러나 우다 천황의 후계자인 다이고 천황이 후지와라노 도키히라를 중용하면서 좌천되었고 이후 비참한 죽음을 맞이했다. 비슷한 시기에 활약했던 사람이 미요시노 기요유키였다. 지방관 경력을 통해 지방의 피폐함에 대한 대책을 촉구하며『의견십이개조意見十二箇条』(의견봉사십이개조意見封事十二箇条)를 다이고 천황에게 제출했다. 이 무렵까지는 이런 식으로 지식인 귀족이 적극적으로 정치에 참여했지만 헤이안 시대 중기에 접어들면 이것마저 어려워져, 요시시게노 야스타네慶滋保胤의『지정기池亭記』를 통해서 엿볼 수 있는 것처럼 세상사를 탄식하며 은둔을 지향하는 경향이 강해진다. 요시시게노 야스타네는 이후 정토교浄土教에 경도되어 『일본왕생극락기日本往生極楽記』를 저술한 후 출가해 자쿠신寂心이라고 불리게 되었다. 이 무렵부터 학문도 차츰 가학家学으로 고정되었다. 기전도 가문 출신의 오에노 마사후사는 고산조後三条·시라카와白河·호리카와堀河 등 천황 3대에 걸쳐 출사해 와카, 한시문, 유직고실 등 여러 방면에서 능력을 발휘했다. 정치가로 활약하다가 '호겐保元의 난'에서 패해 전사한 후지와라노 요리나가藤原頼長도 경학 부흥을 꿈꾸었던 당대의 대학자였다.

2 제사와 신앙

신기제사의 정비

율령으로 연중행사가 일단 확정되긴 했으나 신기제사 神祇祭祀[12]의 규정은 여전히 충분히 정비되지 못한 상태였다. 신기제사에 관한 상세한 내용은 『엔기식』에서 찾아

---

12) 중국에서 전해져 온 다양한 제사와 구별되는 일본 고유의 제사를 신기제사神祇祭祀라고 부른다. 신기제사는 율령에 의해 재편되었고 중앙집권적 신기체제를 갖춰 구축되었다. 율령에 따라 조정의 제사를 관장하는 관청으로 신기관神祇官이 설치되었다.

볼 수 있다. 『엔기식』의 신명장神名帳에서는 신기관神祇官으로부터 미테구라幣帛(신에게 봉납하는 물건-역주)를 받는 관폐사官幣社와 국사国司[13]에게 미테구라를 받는 국폐사国幣社로 나눈 뒤, 각각을 다시 대사大社와 소사小社로 분류했다. 관폐대사가 304좌, 국폐대사가 188좌, 관폐소사가 433좌, 국폐소사가 2207좌에 이른다. 이런 것들이 이른바 '식내사式內社'로 칭해지며 '식외사式外社'와 구별되는 것이다. 아울러 임시로 행해지는 명신제名神祭에서 봉패奉幣[14]를 받는 대상이 되는 신사는 『엔기식』 임시제臨時祭에 의하면 285좌에 이른다. 이런 곳들은 규모가 큰 신사 중에서도 격이 높은 곳이었다. 이처럼 신사에 격을 붙이게 되면서 각각의 신사에서 행해지는 제사도 정식으로 정해졌다. 이후 특히 중요하다고 인정되어 봉폐를 받는 신사가 22사로 한정되면서 중세까지 이어진다. 기본적으로는 헤이안쿄(교토-역주)를 중심으로 한 긴키 지역의 신사였다. 이리하여 왕권과 신들의 관계가 고정되면서, 이를 바탕으로 귀족들도 불교 사원과 더불어 신사에도 참배해 기원을 드리게 되었다.

---

13) 고대부터 중세에 걸쳐 지방 행정 단위인 국国의 행정관으로 중앙에서 파견된 관리를 말한다.
14) 천황의 명에 의해 신사 등에 봉납 물건을 헌상하는 것을 말한다.

신사의 유래는 다양했다. 황조신皇祖神을 모시는 이세伊勢 신궁, 오미와大神(미와三輪)나 가모賀茂처럼 예로부터 토지의 신을 받드는 신사, 가스가春日나 오하라노大原野처럼 후지와라 씨의 우지가미氏神로 숭앙된 신사, 기타노北野(덴만궁天滿宮)나 기온祇園(현재의 야사카八坂신사)처럼 어령신御靈神 계통의 신사 등이 있다. 어령御靈은 재액을 부르는 무시무시한 신으로 헤이안 초기의 사와라早良 친왕의 경우가 최초였다. 이후 스가와라노 미치자네의 어령이 천신天神과 습합하면서 많은 사람에게 신앙의 대상이 되었다. 기온은 실재 인물이 아닌 고즈텐노牛頭天王를 모시는데 자칫 소홀히 했다가는 무서운 재액을 초래하게 된다는 점에서 어령 계통의 신에 속한다. 어령신은 강력한 주력呪力을 가진 불교식 기도에 의해 제압되기 때문에 필연적으로 불교와 밀접한 연관성을 가진다. 히에日吉는 히에이산比叡山의 수호신으로 가장 나중에 22사 안에 포함되었다.[15] 그밖에도 이나리稲荷(후시미伏見)나 하치만八幡(이와시미

---

15) 히에샤日吉社는 시가현滋賀県 오쓰시大津市에 있는 신사로 22사(신사의 사격 중 하나로 국가의 중대사나 천재지변이 발생했을 때 조정으로부터 특별한 봉폐를 받는 신사들) 중 마지막 신사로 헤이안 시대 후기 고스자쿠後朱雀 천황 재위 당시 포함되었다(1039). 구사격旧社格(메이지유신 이후 「엔기식」에 따라 새롭게 신사를 등급화한 제도로 태평양전쟁 이후 폐지됨)은 관폐대사로 현재 전국에 약 3,800사가 있는 히에日吉신사, 산왕山王신사의 총 본사이다. 산왕山王 신앙은 신불습합 시기에는 산노곤겐山王権現으로도 불렸다. 이는 히에이산의 산악신앙과 신도, 천태종이 융합한 신불습합의 신이다.

즈石淸水) 등은 불교와 관계가 깊다.

이처럼 헤이안 시대에 신과 부처가 긴밀히 이어지게 되었는데 기본적으로 불교가 상위였으며 그 아래에 신들이 존재했다. 이는 불교의 강력한 기도의 힘 때문만이 아니라, 최신 문명에 의해 무장된 불교가 신들을 제압했기 때문이다. 신들은 배후에 있는 부처님의 힘을 빌림으로써 각자의 위치를 높이는 존재였다. 이것이 중세의 본지수적설本地垂迹説로 이어지며 많은 신사가 불교 사원의 지배하에 놓이는 체제가 근세까지 유지되었다. 단, 그렇다고 해서 단순히 신과 부처가 '혼효混淆' 상태로 마구 뒤섞여버리지는 않았다. 특히 궁중에서 행해지는 신도 의례나 이세 신궁에서 행해지는 의례는 의도적으로 불교적 요소를 배제하면서 그 순수성을 보여주기도 했다. 이것을 신불격리神仏隔離라고 부른다. 신불격리는 메이지의 신불분리와 달리 신불습합神仏習合을 전제로 그 안에서 신기神祇의 고유성을 보여주는 형태였다.

밀교주법密教呪法의 비대화

이처럼 불교에서는 밀교 의례가 큰 주목을 받게 되었다. 밀교는 구카이가 일본에 조직적으로 도입해 주목을 받았기 때문에 이에 선두를 빼앗긴 천태종天台宗은 엔닌円仁·엔친円珍 등이 당나라로 건너가 밀교를 도입하여 태밀台密(천태종의 밀교)의 기초를 만들었다. 이를 집대성한 사람이 바로 안넨安然이었다. 안넨의 활동기는 9세기 말부터 10세기 초라는 시대적 변환기였다. 당나라에 들어가고자 했던 꿈을 이루지는 못했으나 뜻하지 않게 '일본적 밀교의 융성'이라는 새로운 길을 개척하게 되었다. 안넨은 교상教相(밀교 이론) 측면에서 모든 '다多'가 '일一'인 '진여真如'로 귀착된다는 일원론에 의해 세계의 다양성을 통합하고자 했다. 교판론教判論[16]에서는 '사일교판四一教判'(일불一仏·일시一時·일처一処·일교一教)을 수립해 모든 것을 '일一'로 통합했는데, 이로 인해 역으로 모든 다多가 그대로 인정되게 되어(일즉다一即多), 이후 사상事相[17]의 다양한 발전으로 이

---

16) 불교 경전을 시대나 형식, 내용에 따라 분류하며 상호 관계나 가치를 판정해 부처의 궁극적인 가르침을 해석하는 '교상판석教相判釈'을 줄여서 교판教判, 교상教相이라고 한다. 교리가 자연스럽게 발달해왔던 인도와 달리 다양한 경전들이 한꺼번에 들어온 중국에서는 남북조시대부터 상호 모순되는 가르침에 관한 해결 방법이 모색되었다. 그러나 이후 종파 불교의 발달에 따라 각 종파의 소의경전의 우월성을 정당화하는 수단으로 변모되었다.

17) 교상이 이론이라면, '사상'은 '교상'의 반대말로 밀교의 실천 방면을 가리킨다.

어지게 되었다. 동밀東密(진언종真言宗 계열의 밀교)은 오노류小野流와 히로사와류広沢流가 근본이 되었고 태밀은 가와류川流나 다니류谷流 등에서 더더욱 여러 유파로 갈라져 갔다. 아울러 사상적으로는 이것이 원형이 되어 훗날 본각사상本覚思想이 전개되었다.[18]

섭관 시대 이후의 불교는 국가의례적인 측면보다는 귀족의 개인적 삶과 관련된 현세이익적 수법修法[19]에 힘을 쏟게 되었다. 국가 규모의 어령御霊이 창궐했지만 개인의 병이나 출산할 때 엄습하는 생명의 위험도 사령死霊 등에 의한 모노노케[20]의 원인이라고 여겨졌기 때문에 기도에 의해 모노노케를 쫓아내는 주력呪力이 높은 평가를 받게 되었다.[21] 이런 탁월한 주력을 가진 수행자験者가 반드시

---

18) 본각本覚이란 시각始覚(처음으로 깨닫는 것)에 대응하는 단어로 가르침을 듣고 수행한 후 비로소 얻어지는 깨달음을 말한다. 하지만 깨달음을 체험할 수 있는 이유는 원래 자기 안에 깨달음이 깃들어 있기 때문이므로 이를 본각이라고 말한다. 본각사상은 이원적으로 대립하는 것을 포함해 현상세계의 모든 것들을 그 자체로 긍정적으로 바라보고 있다고 파악되고 있다.

19) 밀교에서 단을 설치하고 본존을 안치해 공양하고 기도하는 수행법을 말한다.

20) 일본의 고전이나 민간신앙에서 사람들에게 씌어 해치는 사령, 생령 등 정체를 알 수 없는 공포의 대상을 '모노노케'라고 광범위하게 지칭하는 경우가 있다. 고대 일본인들은 질병, 죽음, 재앙 등의 원인을 모노노케의 행위라고 생각하였는데 특히 질병에 걸렸거나 임신, 출산 중에 있을 경우 모노노케의 공격을 받기 쉽다고 여겼다.

21) 헤이안 시대에는 정치적인 패자를 포함해 억울하게 죽은 사람들이 사후 어령으로 나타나 사람들에게 해를 끼친다는 어령 신앙이 널리 퍼져있었고, 이와 관련하여 '모노노케'에 대한 두려움도 상당했다. 『겐지모노가타리』 등 헤이안 시대의 문학작품에는 다양한 형태의 모노노케가 출현한다. 죽은 자가 모노노케로 나타났을 때는 '사령', 살아있는 사람이 모노노케로 나타났을 때는 '생령(이키료, 이키스다마)'이라고 파악되었다. 보통 병에 걸렸을 때나 출산을 할 때처럼 약해져 있을 때 모노노케의 공격을 받는다고 여겨졌고 이를

귀족 출신의 고위직 승려라고는 할 수 없어서 출신 성분은 크게 문제되지 않았다.

주력을 획득하기 위해서는 보통 사람에겐 도저히 불가능한 고행이 요구되었고 특히 산악수행이 중시되었다. 이는 나라 시대의 엔노교자役行者에서 유래한다고 하는데, 엔노교자가 감득한 자오곤겐藏王権現을 주존主尊으로 점차 슈겐도修験道로 체계화되어갔다.[22] 아울러 음양도도 밀교와 깊은 연관성을 가진다. 원래 중국의 음양오행 사상에 바탕을 두면서도 역학이나 천문학 등과 연계된 점술이나 주술로 헤이안 시대에 독자적으로 발전했다. 전설적인 음양사 아베노 세이메이安倍晴明가 썼다고 전해지는 『보궤내전簠簋内伝』은 중세에 만들어진 위서로 밝혀졌지만, 기온 신앙祇園信仰이나 풍수, 숙요宿曜 등 음양도의 다양한 모습을 엿볼 수 있다.[23]

제압하기 위해 탁월한 주력을 가진 불교 수행자의 기도가 요청되었다.

22) 불교에 의해 새롭게 형성된 신격은 다양하다. 예를 들어 일본의 산악종교인 슈겐도의 개조로 숭배되고 있는 엔노교자(7세기 후반의 산악수행자)가 요시노에 있는 긴푸산金峰山에서 고행하며 혹독히 수행한 끝에 감득한 신이 자오곤겐이다.

23)모노노케에 대한 공포가 지배하던 헤이안 시대에 음양도는 귀족 생활에 밀착된 매우 일상적인 종교였다. 부정을 탄다는 이유로 근신하거나 외출 시 길한 방향을 택하는 행위 등 부정에 대해 다양한 금기가 존재했다. 숙요는 인도의 밀교나 중국의 점성술에서 유래한다.

신앙과 실천

헤이안 중기가 되면 밀교만이 아니라 불교계 전체가 다시금 활기를 띠게 된다. 계기가 된 것은 10세기 후반 료겐良源에 의한 히에이산比叡山 부흥이었다. 료겐의 제자였던 겐신源信은 『왕생요집往生要集』(985)을 통해 정토 신앙을 체계화했다. 이 책은 육도六道의 고통에 대비되는 아미타 정토를 칭송하며 정토왕생을 권한 것으로, 이후에 나온 정토 사상의 근간이 될 정도로 심대한 영향을 끼쳤다. 정토 신앙은 이후 말법설과 함께 성행하게 되었다. 겐신이 일으킨 '니주고잔마이에二十五三昧会'는 염불왕생을 추구하는 승려 결사였다. 병에 걸린 승려를 보살피거나 사후 시신 처리까지, 동료 내부적으로 행하는 철저한 실천을 특징으로 한다. 이처럼 이 무렵부터 개인의 생사에 관한 불교 실천이 활발해졌다.

이 시기 이전까지 기존 불교는 승려가 중심이었고 재가자는 수동적인 처지였다. 하지만 이 무렵부터 재가자도 적극적으로 실천에 관여하게 되었다. 선례를 보여준 사람이 바로 후지와라노 미치나가藤原道長였다. 미치나가는 장대한 호조지法成寺를 건립하는 한편, 요시노吉野에 있는 긴푸산金峰山을 참배해 직접 적어 옮긴 경전을 매경埋

経했다. 매경이란 경전을 경통経筒에 넣어 땅에 묻고 경총 経塚을 만드는 것을 말한다. 미륵보살의 하생下生(석가의 다음 부처로 이 세계에 출현하는 것)을 기다리는 것이 목적이었다. 경전을 묻는 행위는 이후 중세 시대까지 유행했다. 56억 7000만 년 이후 실현될 미륵의 하생까지는 아미타 정토에서 기다릴 것을 염원하며 아미타 신앙과 미륵신앙[24]을 접목시키고 있다. 미치나가는 호조지 아미타당의 구품아미타상九品阿弥陀像 앞에서 오색의 실로 아미타와 이어진 상태로 염불하면서 세상을 떠났다. 이 무렵부터 죽은 자에 대한 법요도 성행해 공양을 위해 경전을 필사하는 행위와 함께 법화팔강法華八講이 종종 행해졌다. 법화팔강이란 승려를 초빙해 『법화경』 강의를 듣는 것을 말한다. 점차 강설講説을 능숙하게 하는 스님이 인기를 얻게 되면서 훗날의 창도唱導로 이

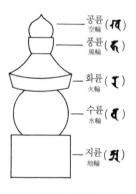

공륜空輪 (㪇)
풍륜風輪 (㪇)
화륜火輪 (㪇)
수륜水輪 (㪇)
지륜地輪 (㪇)

〈그림 6〉 오륜탑五輪塔

24) 석가모니가 입적한 지 56억 7000만 년 이후 미륵보살이 미륵 정토인 도솔천으로부터 이 세상에 나타나 중생을 구제한다는 신앙이다. 인도에서 성립해 동남아시아 여러 민족에게 수용된 미륵신앙은 미래신인 미륵보살에 대한 신앙으로 불교에 내포된 메시아니즘messianism이라고 할 수 있다.

어져 간다. 아울러 사원에 대한 참배나 참롱參籠이 성행하게 되었으며 이런 풍습은 귀족만이 아니라 서민들에게도 점차 퍼져갔다.

진언종真言宗의 고야산高野山도 헤이안 중기 무렵부터 고보대사弘法大師 신앙이 성행하면서 신앙과 함께 심오한 학문도 연마하게 되었다. 12세기 전반에 가쿠반覺鑁이 나타나 고야산의 개혁을 시도했지만 중도衆徒에게 내쫓겨 네고로根来 지역으로 피신했다.[25] 가쿠반은 오륜설을 확립하고 구카이 이래 전해 내려오던 즉신성불설即身成仏説을 발전시켰다. 오륜설은 지地·수水·화火·풍風·공空의 오대五大(만물을 구성하는 다섯 가지 요소)를 신체의 오장(간장·폐장·심장·신장·비장), 부처를 나타내는 범자梵字(a, va, ra, ha, kha), 세계 방위(동·서·남·북·중앙) 등과 대응시켜 오륜탑(방형·원형·삼각형·반원형·보주형宝珠形)으로 나타내는 것이다. 이를 자기 신체에서 관상觀想함으로써 즉신성불이 성취된다고 여겨졌다. 오륜탑은 가쿠반 이전부터 만들어졌지만 가쿠반에 의한 이론 확립을 통해 널리 사자死者에 대한 공양탑으로 일반

---

25) 다이라노 마사카도平将門의 후예로 알려진 가쿠반이 고야산에 다이덴포인大伝法院을 건립한 후 곤고부지金剛峯寺의 좌주(座主, 최고 승려)를 겸하며 고야산 전체를 통합하려고 했지만 중도衆徒(절에서 경론을 공부하는 승려들)들의 강력한 반발에 부딪혀 네고로 지역으로 물러난 사건을 말한다.

화되었다. 가쿠반은 현세에서 즉신성불이 실현되지 않을 경우, 내세에서 실현될 것을 염원하며 정토교도 받아들이게 되었다. 이처럼 가쿠반의 이론은 기존까지 내려오던 불교의 실천을 종합한 것이었다. 이후 가쿠반이 제시한 실천법이 해체되어가는 지점에서 중세의 다양한 실천 불교가 전개되게 된다.

3 왕조의 사상과 문학

역사에서 와카和歌·모노가타리物語로

2장에서도 언급했던 것처럼 중국에서는 왕조가 바뀌면 새로운 왕조가 국가사업으로 이전 왕조의 정식 역사를 편찬하는 것이 관례였다. 그에 따라 『사기』 『한서』에서 『명사明史』까지 24사가 정사로 공인되고 있다. 전대의 역사를 확정하는 것은 새로운 왕조의 정통성을 증명하는 것이기도 했다. 일본에서도 이를 모방해 『일본서기』 『속일본기續日本紀』 등의 역사서 편찬이 시작되었는데 애당초 왕조가 교체된 적이 없었기 때문에 이전 왕조의 역사를 확정 지을 필요성은 없었다. 이후『일본후기日本後紀』『속일본후기續日本後紀』『일본몬토쿠천황실록日本文德天皇実録』등이 이어졌는데『일본삼대실록』(901)을 마지막으로 칙찬 형식의 역사서는 더는 편찬되지 않았다. 이른바 육국사六国史이다. 그보다 한걸음 빨리『게이코쿠슈経国集』(827)를 마지막으로 칙찬 형식의 한시집 편찬도 막을 내렸다.

이후 그를 대체하여 칙찬에 의해 편찬된 책은 어떤 것이었을까. 바로『고킨와카슈古今和歌集』(905)로 시작되는 칙찬 와카집이었다. 이후『신쇼쿠코킨와카슈新続古今和歌集』(1439)에 이를 때까지 21대집이 연이어 편찬된다. '역사'에서 '와카'로의 전환은 언뜻 보기에 기묘할 뿐이다. 그것은 과연 무엇을 의미할까. 기노 쓰라유키紀貫之 등이 편찬한 『고킨와카슈』는 춘하추동으로 이어지는 사계의 와카를 가장 앞에 배치하고, 이어 축하의 노래인 하가賀歌·이별가離別歌·기려가羈旅歌·모노노나物名 등이 이어진 후 사랑의 노래가 다섯 권이나 차지한다.[26]

---

26)『고킨와카슈』에 수록된 와카의 배열은 와카의 내용적 특징에 따라 분류된 후 봄春(상하上下)·여름夏·가을秋(상하上下)·겨울冬·하가賀(축하의 노래)·이별離別(송별의 노래)·기려羈旅(여행의 노래)·모노노나物名(사물의 이름을 주제로 한 위트 있는 노래)·사랑恋(다섯 권)·애상哀傷(만가)·잡雜(상하上下)·잡체雜躰(장가長歌 등 다른 형식의 와카)·오우타도코로노미우타大歌所御歌(의례가) 등 총 스무 권으로 구성되어있다.

사계의 노래를 가장 먼저 배치한다는 구성은 이후에
도 답습된다. 역사에 따라 흘러가 버리는 것이 아니라 사
계에 따라 순환하는 시간이 기준이 되고 있다. 천황의 지
배는 때에 따라 그때그때 바뀌는 것이 아니라 항상 새로
워지는 생명의 반복이며, 와카집은 그런 경하스러운 영
속성을 축복하는 것이다. 사랑은 그 생명력을 뒷받침하
고 있다. 이는 남성들만으로 구성된 '정치적 세계'에서 남
녀가 서로 관여하는 '사적 세계'로 그 장을 넓힌다. 이리
하여 와카는 "천지가 처음 열렸을 때부터" 이어진 것이며
"천지를 움직이는"(『고킨와카슈』 가나 서문) 우주적인 힘을 지
닌다.[27]

와카 문화의 융성과 맥락을 같이하며 히라가나에 의한
모노가타리들도 계속 만들어졌다. 이런 작품들은 사적
인 오락작품이긴 했지만, 왕권과 밀접한 관련성을 가지
고 있다. 초기 모노가타리 중 하나인 『이세모노가타리伊
勢物語』는 왕족의 피를 이어받은 주인공(아리와라노 나리히라
在原業平)이 천황의 아내나 이세 신궁의 사이구斎宮와 금기

---

27) 한시문 융성시대(이른바 국풍암흑시대)를 거쳐 견당사 파견이 중지된 헤이안 시대 중엽,
본격적인 국풍문학의 시대를 맞이한다. 히라가나로 된 와카가 천황의 명령에 따른 칙찬
의 형식으로 공적인 자리에 등장하게 된 『고킨와카슈』의 편찬은 그런 시대를 상징하는
사건이었다. 대표적인 편자 기노 쓰라유키에 의해 작성된 '가나 서문'은 와카에 대한 초
창기 평론으로 문학사적 가치가 매우 높다.

를 범하며 관계를 맺는 이로고노미色好み의 우타모노가타
리歌物語28)이다. 금기를 범한 뒤 방랑하는 주인공의 설정
은 무뢰한outlaw의 세계도 포섭하는 왕권 찬미였다. 이런
설정은 모노가타리 문학의 정점을 이룬『겐지모노가타
리』에도 계승된다. 하지만『겐지모노가타리』에서 왕권은
그 정도까지 강력하게 표현되지는 않았으며 또 하나의
극으로 불법이 강한 견인력을 발휘했다. 주인공들은 세
속과 그것을 초월한 세계 사이에서 끊임없이 갈등한다.
그런 상황에서도 히카루겐지의 내면에서 두 세계는 아슬
아슬하게 균형을 잡고 있었는데, 우지주조宇治十帖29)에 이
르면 그런 균형이 마침내 붕괴되며 모노가타리는 순식간
에 불법 측으로 끌려가 버린다. 이는 당시의 시대적 분위
기를 고스란히 반영한 결과였다.

---

28) 다양한 신분의 수많은 여성과 교류하는 헤이안 시대의 귀공자를 다룬 모노가타리로
먼저『겐지모노가타리』를 들 수 있다. 현대적 감각으로 봤을 때 부도덕해 보일 수도 있는
히카루겐지의 연애는 단순한 '호색'이 아니라 왕권이나 신화적 발상을 바탕으로 한 '고대
문학의 발상의 틀로서의 이로고노미'로 파악되고 있다. 아울러 그 원형을 엿볼 수 있게
해주는 작품으로『이세모노가타리』를 꼽을 수 있다(오리쿠치 시노부의 '이로고노미' 참조). 아울
러『이세모노가타리』는 와카와 관련된 설화들을 집대성한 형식을 띠고 있기 때문에 보
통 '우타모노가타리'의 대표작으로 꼽히고 있다.
29)『겐지모노가타리』의 주인공 히카루겐지 사후, 그 자손(가오루 등)들이 중심인물이 되
어 교토에서 약간 떨어진 '우지'를 배경으로 이른바 제3부의 이야기, '우지주조'가 전개된
다. '우지주조'는 스스로 출생의 비밀에 고뇌하며 불교에 귀의하고 싶어 하던 가오루가
우지에 있는 '하치노미야'를 스승으로 삼고자 찾아가면서 시작되었고 '하치노미야'의 딸
들과의 관계를 통해 펼쳐지는 이야기들을 중심으로 전개되고 있다.

　이처럼 와카에서 모노가타리로 이어지는 전개가 가능할 수 있었던 데는 가나 문자의 발명이 큰 영향을 끼쳤다. 애당초 문자를 가지지 못했던 일본에서 말을 표기하려면 중국에서 수입한 한자를 사용할 수밖에 없었다. 일본어로 된 와카를 표기하기 위해 『만요슈』 등에서는 한자음을 차용한 만요가나万葉仮名를 사용했고, 그것을 초서체로 끊어지지 않게 잇달아 쓰면서(연면체) 점차 통상적인 초서체보다 더더욱 흘린 서체가 사용되었다. 이것이 발전해 히라가나가 되었다. 와카나 모노가타리처럼 한문이 아닌 일본어가 사용되는 장르를 표기할 때는 흘린 서체로 쓰는 것이 원칙이기 때문에 젠더라는 관점에서 히라가나는 여성들이 즐겨 사용했다.

　한편 수입된 한문을 읽기 위해 다양한 아이디어가 고안되었다. 일본어와 중국어(한문)는 어휘나 문법이 전혀 다르다. 한자는 표의문자이기 때문에 설령 읽을 수는 없더라도 어느 정도의 의미 파악은 가능했다. 이런 점에서 매우 편리한 문자였다. 심지어 중국어는 고립어였기 때문에 어순이나 약간의 조자助字(보조적 문자)만 알고 있으면 문장 전체의 대략적인 의미도 파악할 수 있었다. 그래서 한자에 가까운 의미를 가진 일본어를 가져다 붙이고, 읽는 어순을 바꾼 다음 조사 등을 삽입시켜 일본어처럼 읽는 '한문 훈독'이라는 방식이 고안되었다. 외국어인데도 굳이 어렵게 번역하지 않은 채

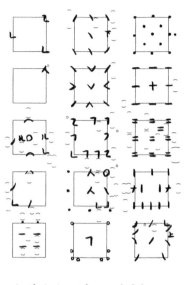

〈그림 7〉 오코토점ヲコト点의 일례喜多院点

일본어로 읽어낼 수 있다는 신통하기 그지없는 방법이었다. 이런 방식은 중국문화를 도입할 때 더할 나위 없이 중요한 역할을 했다.

한문 훈독을 할 때 읽는 방식을 나타내기 위해 원문에 나온 한자의 특정 위치에 '오코토점ヲコト点'이라는 표식을 달아 조사를 드러내는 방식이 고안되었다. 오코토점은 박사 가문이나 불교 사원마다 제각각 방식이 달랐기 때문에 읽는 방식도 유파에 따라 나뉘게 되었다. 그러던 중 읽는 음을 나타내기 위해 한자의 부수나 방旁의 일부를

사용해 한자 밑에 작게 기입하는 표식이 사용되었다. 그것이 차츰 가타가나로 발전하게 된다. 따라서 가타가나는 한문 류에서 많이 사용되었다.

한문 훈독 과정에서 일본어를 언어학적으로 재검토하는 방식도 시도되었다. 오십음도는 불교 승려에 의해 범어 연구가 진행되는 가운데 범어의 음운표를 바탕으로 작성된 것이다. 또한 고사서古辞書라고 일컬어지는 한자사전이 편찬되었다. 『전예만상명의篆隷万象名義』(구카이), 『신찬자경新撰字鏡』(쇼주昌住), 『화명류취초和名類聚抄』(미나모토노 시타고源順), 『유취명의초類聚名義抄』 등이 널리 알려져 있다. 개중에는 '일본식 훈和訓30)'을 기록한 것도 있어서 한화漢和 사전 역할을 했다. 이런 식의 한문 습득을 바탕으로 중국 문헌 대부분을 독해하며 연구를 진행했다. 유교 관련 성전이나 불교 경전 이외에, 방대한 중국 의학서 가운데 발췌한 단바노 야스요리丹波康頼의 『의심방医心方』 등 실천적 학문도 큰 진전을 보았다. 일본 정원의 기초를 이룬 『작정기作庭記』도 헤이안 시대의 작품이다.

---

30) 한자나 한어에 일본어를 끌어다 읽는 방식을 말한다.

말법·변토관과 삼국사관

헤이안 시대 초기 이후 천황의 칙명에 의해 편찬된 '칙찬' 형식의 역사서는 더는 편찬되지 않았지만, 역사의식은 약간 상이한 방향에서 진전을 보였다. 불교와 관련된 것으로 역사관이 지리관과 결부되어있다. 불교는 인도(천축)에서 발생된 것이기 때문에 중국발 다른 문화에 비해 더더욱 그 중심이 멀리 떨어져 있다. 불교에서는 세계의 중심에 수미산須弥山이 있다는 수미산 세계설을 내세우고 있다. 그 남쪽 바다에 있는 남염부제南閻浮提가 인간이 사는 세계인데 그것은 인도를 이미지하고 있다. 중국(진단震旦)은 그 동쪽 구석에 있다고 여겨지는데 일본은 그보다 더더욱 동쪽의 망망대해에 있는 수많은 작은 섬나라(속산국粟散国) 중 하나에 불과하다. 때문에 문명의 중심인 천축으로부터 아득히 멀리 떨어져 후미진 땅에 있는 변토辺土에 불과하다는 말이 될 것이다.

여기에 말법설이 중첩된다. 말법은 석가모니불이 가르침을 설파한 때로부터 시대가 흘러 정법正法·상법像法·말법末法에 이르면 점차 가르침이 올바르게 전해지지 않게 되면서 세상이 어지러워지기 시작한다는 쇠퇴사관이다. 이는 부처님의 열반 시기를 언제로 볼지, 정법과 상법이 몇 년이나 지속된다고 볼지에 따라 내용이 달라진다. 여러 설들이 분분했지만, 점차 부처님의 열반 시기를 기원전 949년으로 잡고 정법 천년, 상법 천년, 말법 만년으로 파악하는 설이 정착하게 된다. 이에 따르면 1052년이 말법으로 진입하는 원년이 된다. 이처럼 일본에서의 말법설은 변토설과 겹쳐지면서 좀 더 심각성을 더하게 된다. 그러나 말법이나 변토관辺土観은 진지한 불법 실천에 대한 지향을 강화하기도 했다. 이 때문에 결코 퇴폐적 풍조에 빠졌던 것만은 아니었다.

불교를 중심에서 바라보는 역사관과 지리관은 천축(인도)·진단(중국)·일본을 잇는 삼국사관三国史観을 낳게 되었다. 12세기 전반에 성립된『곤자쿠모노가타리슈今昔物語集』는 천축부天竺部·진단부震旦部·본조부本朝部로 나눠 불법과 세속의 수많은 설화를 집대성하고 있다.『곤자쿠모노가타리슈』가 강한 역사의식에 바탕을 두고 있다고는 결코 말할 수 없지만, 석가모니불의 일대기에서 시작해 불법을 전달한 역사가 기축을 이루고 있다. 삼국사관은 이후 가마쿠라 시대에 걸쳐 정착되었고 교넨凝然의『삼국불법전통연기三国仏法伝通縁起』등에서 최종적인 형태를 완성시킨다.『곤자쿠모노가타리슈』는 이처럼 불법을 기축으로 삼고 있으면서도 불교 신앙에 결코 매몰되지 않고 적당한 거리를 두면서 객관적으로 바라보고 있는 부분에 특징이 있다. 예컨대 아타고산愛宕山의 성인聖人에게 밤마다 나타난 것이 보현보살이 아니라 실은 멧돼지였다는 사실을 어부만이 간파했다는 이야기(제20권 13화)가 나온다. 이런 이야기를 통해 엿볼 수 있는 비판적 시점에서 새로운 시대로 이어지는 숨결을 느껴볼 수 있다.

4장 왕권과 신불의 새 질서

가마쿠라 시대

1 중층화하는 왕권

왕권의 이원화

섭관정치나 원정이 천황(미카도帝)과 분립된 정권은 아니었다. 원정기에는 천황의 자리에서 양위한 원院(상황)이 '치천의 군治天の君'이 되었고 원청하문院庁下文이나 원선院宣[31]이 국가 권력의 최고 의사표시로 간주되었다. 하지만 상황은 어디까지나 천황의 아버지였기 때문에 왕권이 분열되었던 것은 결코 아니었다. 그러나 무가정권이 생기자 천황 중심의 조정과 대항하는 또 하나의 왕권의 핵이 생겨나게 되었다. 과도기였던 헤이시平氏 정권에서는 조정으로부터 독립된 왕권이 될 수 없었기 때문에 지방으

---

31) 원청은 상황 등에 부속된 사무기관으로 원청하문이나 원선이라는 문서를 발급해 상황의 공적, 사적 의지를 각 방면에 전한다.

로 도망칠 때조차 안토쿠安德 천황을 거느림으로써 자기 정당화를 꾀했다. 겐지源氏 역시 고시라카와後白河 상황의 명을 받음으로써 헤이시 토벌을 합법화했다. 그러나 그 것이 오히려 왕권의 혼란을 초래해 안토쿠 천황이 재위 중임에도 불구하고 고시라카와 상황은 고토바後鳥羽 천황을 즉위시켰다. 동시에 두 명의 천황이 존재하는 엄청난 사태가 벌어진 것이다. 심지어 안토쿠 천황이 물에 빠져 죽음으로써 '삼종의 신기' 중 보검이 물에 잠겨버렸기 때문에 왕권의 정당성을 어떻게 확보할지가 난감한 문제로 남게 되었다.

미나모토노 요리토모源賴朝는 헤이시 정권과 달리 거점을 동국東国 지방의 가마쿠라鎌倉로 정한 뒤 그곳에 계속 머물면서 군사를 파견해 헤이시를 멸망시켰다. 전국에 수호守護·지두地頭를 배치해 지배권을 확립하는 동시에, 조정으로부터 정이대장군으로 임명을 받아 정권의 기초를 다졌다. 이로 인해 스스로 지배권을 확립시킨 동국과 원래 헤이시의 지배하에 있던 서국西国 사이에는 권력 침투 정도에 차이가 있었고 서국에서는 여전히 조정의 세력이 강했다. 여기서 주목할 점은 그때까지 이어지던 교토 중심의 '일원적 왕권 구조'가 교토와 가마쿠라로 '이원화'되면서 상호 간에 서로 견제하는 구조가 형성되었다는 사실이다. 이를 바탕으로 이후 일본 왕권의 근간이 구축되었다.

조정 측의 강점은 일단 왕조 시대부터 축적해왔던 고도의 문화와 질서였다. 이는 무가에게 결여되어있던 것들이다. 따라서 막부 입장에서는 조정의 문화를 받아들이고 유직고실에 의해 구축된 질서에 배움을 청하며 독자적 질서와 문화를 만들어갈 수밖에 없었다. 미나모토노 사네토모源実朝의 급작스러운 죽음에 의해 겐지源氏의 대가 끊겼을 때 막부는 섭관 가문 후지와라노 요리쓰네藤原頼経를 쇼군으로 맞이했고 6대 무네타카宗尊 친왕 이후엔 황족 출신의 쇼군들이 이어졌다. 그러는 사이 조큐承久의 난(1221)에 의해 막부 측은 조정 측을 물리치고 고토바 상황 측을 유배 보낸다는 실력행사에 나섰다. 그러나 사태가 이 지경이 되어도 조정을 완전히 없애버리지는 않았다.

조정이 '상황-천황(미카도帝)-섭관'이라는 중층적 구조를 가지면서 천황이 차츰 실권을 잃게 되었던 것과 마찬가지로, 공가 출신의 쇼군을 맞이한 막부 역시 피차일반의 상황이었다. 이미 형식적이 되어버린 쇼군 아래에서 호조득종가北条得宗家[32]를 중핵으로 하는 싯켄執權이 실권을 장악하는 중층 구조를 만들면서 안정된 지배구조를 확립했다. 이리하여 '이원적 왕권'이 각각의 분야에서 또 다른 중층 구조를 가진다는 복잡한 왕권 구조가 완성되었다 (26쪽 〈그림 2〉 참조).

신불과 함께하는 역사

원정기가 되면 불교적 삼국사관과 별개로 사경四鏡(『오카가미大鏡』『이마카가미今鏡』『미즈카가미水鏡』『마스카가미増鏡』) 중 가장 먼저 나온『오카가미』가 편찬되면서 다시금 역사에 관심이 생겨났다. 역사의 전환기에는 자기들이 현재 서 있는 곳을 역사 안에서 바라볼 필요성이 대두된다. 이런 점에서 가장 자각적으로 역사를 돌아보며 재구축을 시도했던 사람은 지엔慈円이었다. 섭관 가문 출신으로 천태좌주天台座主라는 지위에까지 올랐던 지엔은 당대를 대표하는 지식인이었다. 지엔은 '지쇼治承·주에이壽永의 내란'[33]

---

32) 미나모토노 요리토모와 호조 마사코北条政子의 차남인 사네토모는 형인 2대 쇼군 요리이에頼家가 호조 씨와의 다툼에서 실각당한 후 3대 쇼군의 자리에 올랐으나 결국 살해당한다. 사네토모의 죽음으로 미나모토노 요리토모부터 시작된 겐지 정권은 3대로 끝나고 이후의 가마쿠라 막부는 싯켄執權의 자리에 오른 호조 씨에 의해 장악된다. 호조득종가는 호조 씨의 적통으로, 대를 이었던 당주를 가리킨다.

33) 지쇼治承는 다카쿠라高倉 천황, 안토쿠安徳 천황 시절의 연호, 주에이壽永는 안토쿠 천황과 고토바後鳥羽 천황 시절의 연호이다. 일반적으로는 '겐페이源平' 전투(합전, 쟁란)라고 부른다.

에서 '조큐의 난'에 이르는 격변기를 조정과 섭관 가문, 그리고 왕법과 불법이라는 온갖 방면과 연관시키며 논한 후 객관적인 시점으로 미래까지 내다보고 있다. 지엔의 저서『우관초愚管抄』는 조큐의 난을 전후로 한 위기 속에서 왕권이 응당 지녀야 마땅할 바람직한 모습이 과연 무언지를 묻는, 긴박감 넘치는 역사서였다.

『우관초』는 일반적으로 역사의 이치를 '도리道理'에 의해 설명한 합리적 역사서로 여겨져 왔다. 하지만 기실은 그리 단순하지 않다. 지엔이 가졌던 역사관의 근저에는 불교에 유래한 사겁설四劫說이 존재한다. 우주가 성겁成劫·주겁住劫·괴겁壞劫·공겁空劫의 사이클을 반복한다는 설인데, 그에 따르면 지금은 주겁에 속해있다. 주겁의 극히 일부분으로 지금의 일본에는 백왕百王이 이어져 84대까지 왔다는 주장이었다. 역사를 만드는 것은 비단 인간만이 아니다. 모습이 눈에 보이지 않는 '명冥'의 세계에 속한 신불, 특히 여러 신들의 의향이 반영된다. 도리는 기계적인mechanical 법칙에 그치지 않고 신불까지 포함한 다양한 레벨에서 역사가 움직이는 역동적인dynamic 기운을 말한다. 그러므로 그것을 적확하게 포착해 대응해갈 필요가 있다. 무사가 힘을 가지게 된 것은 그 나름의 도리가 있었기 때문이다. 그러니 그것을 받아들이며 불법과 왕법이 하나가 되고 조정과 섭관 가문이 힘을 모은다면 백왕百王의 한계도 극복할 수 있다는 이야기였다.

백왕설百王說[34]은 원래『야마태시野馬台詩』라는 예언서에 나온다. 당의 황제가 기비노 마키비에게 독해를 해보도록 명령했다고 전해지는 난해한 시였다. 마키비는 하세관음長谷觀音이 보내준 거미의 인도에 따라 가까스로 그것을 읽어낼 수 있었다고 한다. 이 시는 미래에 닥칠 전란의 세상을 예언한 것으로 8세기에 이미 그 존재가 알려져 있었다. 중세에는 이런 다양한 예언이 마치 '미래기未来記'처럼 유포되었기 때문에 신불의 신탁은 종종 사람들을 움직이는 거대한 원동력이 되었다.『히라산고인영탁比良山古人靈託』은 승려 게이세이慶政가 여인에게 빙의해 히라산比良山 덴구天狗와 나눈 문답에 대한 기록인데, 예언이나 내세의 운명이 기술되어있다. 이처럼 당시의 관념에 의하면 역사란 인간의 힘만으로는 통제 불가능한 대상이었다. 따라서 신불이나 혹은 덴구 같은 인간 이외의 존재와도 연관되어있다고 여겨졌다.『헤이케 모노가타리平家

---

34) 종말론의 일종으로 헤이안 시대 후기부터 천황이 100대에서 끝난다는 백왕설이 유포되었다.

物語』에서도 헤이케, 즉 헤이시 가문의 번영은 이쓰쿠시마嚴島나 구마노熊野의 가호에 의한 것이었는데 결국 신들로부터 외면당해 멸망했다고 되어있다. 죽은 자의 원령역시 무시할 수 없는 존재였다. 특히 멸망한 헤이시 가문의 원령은 두려움의 대상이었기 때문에 어떻게든 그들을달랠 필요가 있다고 여겨졌다. 중세의 역사는 이처럼 '명冥'의 존재들과 연관되어 고찰되고 있었다.

동아시아 세계의 변용과 신국 의식

견당사 파견이 중지된 이후 중국과의 사이에 국가 규모의 정식 사절은 파견되지 않았다. 당나라는 907년에멸망했고 이후 5대 10국을 거쳐 960년 송(북송)이 건국되었다. 송나라는 일단 중국의 중원을 제압했지만, 북방의광대한 영역은 거란(요)이 지배했다. 한반도는 신라가 망하고 고려 왕조에 의해 통일되지만, 거란의 강력한 영향권 아래 있었다. 12세기 전반에는 거란을 대신해 여진족이 세운 금나라가 세력을 떨쳤고 마침내 송나라는 이에쫓겨 강남으로 후퇴했다(남송, 1127). 당나라는 대규모 무역을 바탕으로 국제적인 분위기가 넘치는 문화를 자랑했다. 하지만 송나라가 들어서자 이민족과의 알력이 커지면서 한민족 중심의 국가를 지향하게 되었다. 사상적으로는 당나라 시절의 '불교 융성'에서 '유교 중심'으로 바뀌면서 '과거'에 의한 관료 등용 제도가 확립되었다. 그런 분위기 속에서 남송의 주희(주자)가 시도한 해석이 정통성을 인정받게 되었던 것이다.

일본은 송나라나 고려와 국가 간의 교류를 하지는 않았지만, 민간 교류는 극히 활발히 진행되었다. 특히 다이라노 기요모리平淸盛는 적극적으로 무역을 추진해서 송나라나 고려의 새로운 문화를 섭취했다. 조겐重源, 에이사이栄西, 순조俊芿 등은 송나라로 들어가 새로운 불교를 일본에 가져왔고 선승인 란케이 도류蘭渓道隆도 일본으로 건너와 막부에 중용되었다. 그러나 송나라에서 주류를 차지하게 된 유교의 도입은 어디까지나 불교와 비교해 부수적인 존재로 취급되었기 때문에 불교 중심의 체제가 계속 이어지게 되었다.

그 사이에 중국의 북방에서는 몽골족이 세력을 떨쳤다. 칭기즈칸이 이끈 군대가 13세기 중반까지 중앙아시아 일대를 점거한 후 손자인 쿠빌라이는 남송을 멸망시키며 중국을 통일했다(1279). 이후 동남아시아 등 주연周緣 지역에도 원정군을 파견했는데 결코 성공했다고 보긴 어렵다. 일본에도 고려군과 함께 두 차례에 걸쳐 원정을 왔으나 강풍으로 피해를 보고 철수할 수밖에 없었다(1274, 1281). 작은 섬나라인 일본에 강대한 몽골군이 습격한 것은 국가 존망이 달린 위기였다. 막부를 중심으로 기타큐슈의 방비를 견고히 하는 동시에 조정과 막부 모두 신불에 바치는 기도에 온 힘을 기울였다. 니치렌日蓮은 『입정안국론立正安国論』(1260)에서 왕권이 올바른 불법을 따르지 않으면 타국의 침략 등 재액을 초래한다고 주장했는데 그런 예언의 정당성이 증명되었다고 판단하여 막부를 상대로 간효諫暁(간언하고 타이름-역주)를 行했다.

결과적으로 몽골군이 철수한 것은 바람직한 결과이긴 했으나 그로 인해 막부는 피폐해졌고 쇠퇴의 길로 접어들게 되었다. 사상적으로는 신의 가호로 일본이 위기를 벗어났다는 신념에서 신국사상이 전개되었다. 원래 '신국사상'은 일본이라는 나라가 부처의 교화가 미치지 않는 변토辺土이기 때문에 부처가 신이 되어 수적垂迹해 교화한다는 '일본변토관'에 바탕을 두고 있었다. 하지만 그것이 결국, 역으로 일본은 신에 의해 보호를 받는 특별한 국가라는 '일본 우월론'으로 전환되었다.

2 신불의 새 질서

불교 부흥운동

가마쿠라 시대에 '신불교'가 중심이었다는, 이른바 '가마쿠라 신불교 중심론'이 오늘날엔 더는 통용되지 않는 것이 분명하지만, 원정기나 가마쿠라 시대에 생겨난 새로운 형태의 불교가 거대한 에너지를 분출하며 진전을 보였다는 점만은 틀림없는 사실이다. 결정적인 계기가 된 것은 1180년 다이라노 시게히라平重衡가 불을 지르는 바람에 나라奈良 지역의 대사원이 모조리 잿더미로 변했던 사건이었다. 이 사건에 대한 역풍으로 이후 불교 부흥의 기운이 왕성해지게 되었다. 다음 해에는 고시라카와의 휘하에서 후지와라노 유키타카藤原行隆가 '조도다이지 장관造東大寺長官'이 되었고, 조겐이 '도다이지대권진직東大寺大勧進職'으로 임명되어 권진勧進 활동이 시작되었다. 활동 범위는 법황·쇼군에서 각지의 호족까지, 지역적으로는 도호쿠東北 히라이즈미平泉에서 규슈에까지 이르렀다. 이른바 관민 일체의 대규모 운동이었다. 불교가 일본 전역의 서민층으로까지 침투해갈 수 있었던 것은 이런 조겐의 활동이 결정적인 계기가 되었다. 에이사이나 호넨

法然노 조겐의 네트워크와 연관되어있었다.

그러므로 가마쿠라 시대에 '신불교'와 '구불교'가 대립했었다는 종래의 이해는 전혀 적절하지 않다. 오히려 불교계 전체가 거대한 부흥 운동에 휘말려 들어가는 형태로 새로운 불교 기운을 일으켰다고 봐야 할 것이다. 가모노 조메이鴨長明의 『호조키方丈記』(1212)에 의하면 1181년 대기근이 발생했을 때 닌나지仁和寺의 류교호인隆曉法印이 교토 전역의 4만 명이 넘는 아사자의 이마에 '아阿'라는 글자를 쓰며 돌아다녔다고 한다.[35] 귀족 출신이었을 뿐만 아니라 관위까지 받았던 관승官僧이 몸소 죽은 서민들과 관계를 맺는다는 대목에서 귀천을 초월한 불교계 활동의 한 자락을 엿볼 수 있다. 이런 시대적 상황 속에서 전개된 조겐의 활동은 기존까지만 해도 좀처럼 찾아볼 수 없었던 움직임이었던 것이 분명하기에 그런 점에서는 '신불교'라고 부를 수 있다. 하지만 권진을 위한 네트워크였을 뿐, 동일한 신앙으로 끈끈히 연결되어있었다고는 할 수 없어서 지속 가능한 형태의 교단을 형성했던 것은

35) 본인도 역병에 걸릴지도 모를 상황에서 시체 썩는 냄새가 진동하는 교토의 거리를 돌아다니며 시체의 이마에 범자(산스크리트어를 적는 데 쓰던 브라흐미 문자)로 '아阿'라는 글자를 쓴 것으로 알려졌다. '아阿'는 밀교에서 생명 에너지의 근원인 대일여래를 나타내는 문자로, 요컨대 부처님에게 돌아간다는 의미가 담겨있다.

아니었다.

반면 이후에 나오는 호넨의 교단에서는 동일한 신앙에 의한 공동체적 성격이 점차 강해진다. 물론 완전히 폐쇄된 집단은 아니었으며 다른 종파와의 겸학·겸수兼修가 적극적으로 시도되었다. 소년기부터 호넨을 따르던 쇼쿠証空는 스승의 권유로 훗날 천태종을 배우고 있다. 호넨의 정토종이든 에이사이의 선종이든 배타적이고 폐쇄적인 종파를 만들 의도가 아니라 현밀팔종顯密八宗[36)과 동격으로 인정되기를 바랄 뿐이었기에 겸수가 가능했다. 이후 13세기 후반 에이손叡尊의 율종律宗 교단에 이르면 종파적 성격을 상당히 지니게 되는데 그런데도 배타성이나 폐쇄성은 보이지 않았다.

실천적 불교사상

'가마쿠라 신불교 중심론'을 대체하는 개념으로 구로다 도시오黒田俊雄에 의해 제시된 현밀체제론顯密体制論은 대사원이 공가나 무가와 함께 넓은 영지를 가지고 권문의 일부를 이루고 있었던 것을 지적하는 정치·경제사적 시

---

36) 현밀은 현교와 밀교, 팔종은 헤이안 시대까지 일본에 전래된 종파로 나라 지역이 중심이 된 남도육종南都六宗(화엄종, 법상종, 삼론종, 성실종, 구사종, 율종)과 교토의 천태종, 진언종을 합쳐 부른 명칭이다.

점에 선 학설이다. 아울러 현교(밀교 이외의 불교)와 밀교를 합쳐 현밀불교의 중요성을 논한 점에서 사상사적으로도 중요한 문제를 제기했다. 구로다는 특히 밀교의 중요성을 지적하며 '가마쿠라 신불교 중심론'이 밀교에 부정적이었다는 시각을 전환시켰다.

헤이안 중기에 불교는 국가 레벨에서 개인 레벨의 신앙이나 실천으로 전환되었다. 이런 방향을 더더욱 가속화하며 이후의 기초를 닦은 사람은 12세기 전반의 밀교 사상가 가쿠반이었다. 가쿠반의 오륜 사상에 대해서는 이전 장에서 이미 언급한 바 있다. 밀교의 실천에서는 행자의 신身·어語·의意가 명상 안에서 부처님의 신·어·의의 '삼밀三密'과 합치하는 것(삼밀가지三密加持)에 의해 즉신성불이 실현된다고 여겨졌다. 그러나 그것은 결코 쉬운 일이 아니다. 그래서 가쿠반은 삼밀이 불가능하다면 하나의 밀, 즉 '일밀一密'만이라도 좋다고 말하고 있다. 여기에서 바로 '일향전수一向專修'의 가능성이 잉태되었다. '어밀語密'만을 철저히 하는 데서 '염불'이 독립했고 '신밀身密'에 전념하는 데서 '선禪'으로 발전하게 되었다고 볼 수 있다. 이렇게 보면 이후에 생겨나는 실천 불교의 원류가 된 것은 바로 밀교였다고 할 수 있다.

물론 이후의 실천 불교들이 밀교의 틀 안에만 머무르고 있다는 소리는 아니다. 염불을 독립시키면서 정토종의 입장을 확립한 호넨은 『선택본원염불집選択本願念仏集』에서 독자적인 염불 이론을 명확히 하고 있다. 원정기의 염불 이론에서는 아미타불의 존호(이름)에 천태天台의 공空·가假·중中 같은 불교의 근본 진리가 포함되어있기 때문에 그 이름을 치하하는 행위에 공덕이 있다는 설이 널리 유포되었다. 그에 반해 호넨은 염불이 탁월한 行(승행勝行)일 수 있는 까닭은 아미타불이 자신이 이뤄낸 선행의 결과를 존호에 담아두었기 때문이라고 설명했다. 기존 이론은 염불 자체에 공덕이 있는 것으로 보았지만, 호넨은 아미타불과 행자의 관계를 잇는 것으로 염불의 위치를 재정립했던 것이다. 이처럼 당시의 불교자는 종래의 교학으로 포착되지 않는 새로운 설을 제시해 스스로 삶이나 체험을 바탕으로 불교를 이론적으로 설명하고자 노력했다. 신란親鸞의 『교행신증敎行信証』이나 도겐의 『정법안장正法眼蔵』도 그런 흐름 속에 있었다. 호넨을 비판하면서 독자적인 행법行法을 생각해낸 화엄華厳의 묘에明恵 같은 사상가도 등장했다.

밀교 사상은 본각사상[37]과 이어졌기 때문에 현세적 욕망이나 생활에도 정당한 의미를 부여하려는 사상이 형성되었다. 원정기 이후로 신체를 그대로 밀교의 이상세계인 만다라에 비유했던 오장五蔵(臓) 만다라 사상이 발전했다. 가쿠반의 오륜 사상도 그런 흐름 속에 있다고 파악할 수 있는데, 나아가 거기에서 발전한 것으로서 태내오위설胎内五位説이 있다. 이는 남녀의 성적 교섭에서 시작되어 태아가 자라는 과정을 5단계로 나누고 태아가 모태에서 수행을 쌓아 현세로 태어나는 것을 성불로 파악하는 설이다. 이런 이론은 불교 내부적으로는 결국 다치카와류立川流[38]로 이단시되지만 혹독한 산악수행을 죽음과 재생이라는 의미로 파악하는 슈겐도 등을 통해 변형된 형태로나마 명맥을 유지하게 되었다.

신들의 자각

근세에 이를 때까지 신사는 불교 사원의 관리하에 놓이는 것이 일반적이었다. 신사 자체가 불교 사원 형식

---

37) 천태종을 중심으로 불교계 전체로 퍼진 사상으로 모든 중생이 각성하여 부처가 될 수 있다는 내용을 담고 있다.
38) 헤이안 시대 말기 진언 밀교에 음양도나 민속신앙을 가미해 일으킨 진언종 일파로 헤이안 시대 말기부터 에도 시대 중기까지 존재했다.

을 취한 경우도 많았다. 예를 들어 가마쿠라의 쓰루가오카하치만구鶴岡八幡宮는 겐지源氏의 우지가미氏神로 숭앙되며 가마쿠라라는 도시의 중핵을 이루고 있었는데, 그 최고 책임자인 별당別当[39]은 대부분 온조지園城寺[40] 계통의 승려였기 때문에 하치만구지八幡宮寺로 사원의 기능을 하고 있었다. 사네토모를 암살한 구교公暁도 바로 이 별당의 지위에 있었다. 중세의 신불습합은 천태 계열의 산왕신도山王神道와 진언종 계열의 양부신도両部神道로 나뉘는 경우도 있다. 하지만 실제로는 좀 더 다양한 동향이 있었기 때문에 그렇게 단순하게 분류할 수는 없다. 본지수적설本地垂迹説은 원래 천태의 본적本迹 개념에 유래하는데 동시에 밀교적 요소를 강하게 지니고 있다. 주요 신사에는 참예만다라参詣曼荼羅가 그려져 있는데 거기에 신들의 모습과 함께 본지불本地仏을 그려 넣는 경우가 종종 있었다. 그런 점에서 본지수적설이 바탕이 되고 있는데 경내 전체를 밀교적 만다라로 성역화함으로써 신의 권위를 높이게 되었다. 본각사상적으로 이해한다면 아득히 저 멀

---

39) 일본어로 '벳토'라고 불렸던 별당別当은 시대에 따라 여러 가지 직책의 명칭으로 쓰였으나 종교와 관련된 직책명으로는 승관 중 하나로 불교사원의 업무를 총괄하는 장관에 상당하는 숭직이었다.

40) 시가현滋賀県 오쓰시大津市에 있는 천태사문종天台寺門宗의 총본산 사원이다.

리에 떨어져 있는 부처님보다 수적한 형태로 친숙하게 표현된 신의 모습이야말로 진정한 부처님의 모습이 발현된 것이라는 말이 된다. 이리하여 신의 지위가 점차 향상되게 되면서 불교자에게도 무시할 수 없게 된다. 조겐·에이손 등은 이세 신궁을 참배함으로써 자신들의 활동이 신의 가호를 받은 것이라고 정당화했다.

〈그림 8〉
14세기의 교키도行基図,
『일본부상국지도日本扶桑国之図』

신의 지위는 몽골이 일본에 침공한 이후인 가마쿠라 후기가 되면 한층 더 격상되어 고다이고後醍醐 천황에 의한 친정親政이 시작될 무렵부터 남북조시대에 걸쳐 이론적으로 대성되기에 이른다. 여기서는 가마쿠라 말기의 천태종 계열의 『계람습엽집渓嵐拾葉集』을 예로 들고 싶다. 이 작품은 히에이산의 고슈光宗에 의해 완성된 100권이 넘는 대저서인데 현顕·밀密·계戒 등을 종합한 백과전서百科全書이다. 핵심 내용으로 신불의 문제가 다뤄지고 있는데, 특히 히에이산의 수호신인 히에샤日吉社의 산왕신山王神을 중심으로 하면서도 그것을 초월해 이세伊勢·미와三輪 등과 연계하는 형태로 일본 신의 존재 양식을 탐구하고 있다. 이 책에서는 '대일본국大日本国'을 '대일大日의 본국本国'이라고 읽으며 일본이야말로 근본이라는 일본 중심주의를 명확히 하고, 거기에서 역으로 인도는 응신応身의 석가가 수적한 땅이라며 본지수적설을 역전시킨 반본지수적설을 제기하고 있다. 거기에서는 일본 지도를 밀교법구인 독고独鈷에 비유하며 성스러운 대상으로 바라보는 설도 발견된다. 이런 식의 지도는 교키가 고안했다고 여겨져 교키도行基図라는 이름으로 중세에 널리 사용되었다. 이리하여 가마쿠라 말기에 이미 일본 중심주의가 점차 확립되면서 다음 시대로 넘어가게 되는 것이다.

3 귀족·무사·은자

광언기어와 '우신'

『고킨와카슈』이후 와카의 전통은 원정기에 이르러 새
로운 국면을 맞이한다. 당시 와카를 가업으로 삼고 있
던 가문은 로쿠조토케六条藤家와 미코히다리케御子左家였
다. 후자인 '미코히다리케'에서 후지와라노 슌제이藤原俊
成가 나와 궁정가단의 중심인물이 되었고 고시라카와인
後白河院의 명으로『센자이와카슈千載和歌集』(1188)를 편찬했
다. 슌제이의 가론『고라이후타이쇼古来風体抄』에서 중요
하게 다뤄진 것은 '광언기어狂言綺語'의 문제였다. 불교 측
관점에서 보자면 시가 문학이나 모노가타리 등은 불도를
방해하는 번뇌에 찬 영위에 불과하다며 부정당하고 있지
만, 그것 역시 혹시라도 불도에 들어서는 계기가 될 수만
있다면 기꺼이 인정될 수 있다는 논리였다. 당시 지엔·사
이교西行를 비롯해 승려 가인도 많았던 상황에서 문학에
불교적 의미를 부여한 이론이 필수 불가결했다. 게다가
무라사키시키부紫式部가 사후에 지옥에 빠졌다는 설화 등
이 횡행하던 분위기 속에서 어떻게든『겐지모노가타리』
등의 고전을 불교적인 부정론에서 구해내려 했을 때 중

요한 의미를 지니고 있었다.[41] 문학과 불교라는 문제 제기 주변에는 아구이安居院[42] 유파의 조켄澄憲 등 창도가唱導家가 활약했다. 그들은 설법의 명수로 문학적 표현을 구사해 귀족들의 불사에서 인기를 모았다. 아울러 13세기 후반에는 와카가 밀교의 다라니와 통한다는 '와카다라니설和歌陀羅尼說'이 주창되어 와카는 불교적으로 더더욱 적극적인 의미를 가질 수 있게 되었다.

중세 초기의 와카는 고토바인後鳥羽院 시대에 정점에 도달한다. 고토바인 자신이 와카에 강렬한 애착이 있었기 때문에 슌제이의 아들 후지와라노 데이카藤原定家를 비롯한 우수한 가인들을 모아 『신코킨와카슈』(1205)를 편찬토록 했다. 그중에서도 데이카는 매우 기교적이고 농밀한 미적 세계를 구축해냈다. 데이카는 가론『마이게쓰쇼每月抄』에서 '우신有心'을 가장 높게 평가하고 있다. '우신'이 무엇인지에 대한 정의가 담겨있지는 않지만, 마음이 깊게

---

41) 예를 들어 『이마카가미今鏡』에는 『겐지모노가타리』의 작가(무라사키시키부)가 허구의 이야기를 써서 왕생하지 못했기 때문에 이를 공양하고 싶다는 표현이 나온다. 불교의 이른바 망어계(거짓말하지 말라는 계율)를 어겼기 때문에 사후 지옥에 빠졌다는 전설을 환기시키고 있는 대목 중 하나라고 할 수 있다. 참고로 슌제이가 "겐지모노가타리를 알지 못하는 가인이란 실로 안타까운 일이다"라는 유명한 발언을 남기고 있을 정도로 중세 가인들에게 『겐지모노가타리』는 와카를 배우기 위한 필독서였다고 할 수 있다(『겐지모노가타리』에는 무려 795수의 와카가 포함되어있다).

42) 교토에 있었던 승방 아구이安居院는 헤이안 말기에 설교의 명수인 조켄이 살았고 대대로 유능한 창도가를 배출해 하나의 유파를 형성했다.

담긴 노래라는 의미일 것이다. "마음을 바탕으로 말을 선택하라心を本として詞を取捨せよ"라고 표현되고 있듯이 마음을 우선시한다. 같은 책에서 데이카는 '유겐幽玄[43]' 등을 '우신'보다 아래로 보고 있는데, 훗날엔 중세의 문학 이념으로『쇼테쓰모노가타리正徹物語』등에서 중시되었다.

데이카가 일기『메이게쓰키明月記』를 썼으며, 특히『겐지모노가타리』등을 직접 옮겨 적어 정본定本을 완성시켰다는 점도 중요하다. 데이카에게 와카란 단순히 어떤 자리에서 단락적으로 읊어진 것이 아니라 모름지기 과거의 문학적 역사를 바탕으로 해야 했다. 그로 인해 '혼카도리本歌取り[44]' 같은 기법이 생겨난다. 그를 위해서는『고킨와카슈』등의 와카집은 물론,『겐지모노가타리』등에 대한 고전 지식이 반드시 필요했다. 중세의 이상은 고대의 『고사기』나『만요슈』가 아니라 헤이안 시대에 펼쳐진 왕조 문학 전성기에서 추구되었다. 이것이 근세의 국학자들에 의한 '고대의 발견'으로 이어지게 되었다.

---

43) 그윽한 정취가 깊고 오묘할 때 유현幽玄이라는 표현을 쓰기도 하는데, 한편으로는 헤이안 시대의 '모노노아와레'를 이어받은, 중세를 대표하는 일본 고유의 미의식 중 하나이기 때문에 일본어 원음을 살려 '유겐'이라고 번역했다. 와카, 렌가, 노가쿠에 따라 미묘하게 의미가 달라지나 전반적으로 심오하고 그윽한 미의식을 나타낼 때 사용된다.
44) '혼카도리'란 와카 제작의 수사법 중 하나로 특히『신코킨와카슈』시대에 가장 활발히 사용되었다. 전통적인 가학歌学에 대한 지식을 바탕으로 과거 유명했던 와카의 1구나 2구 정도를 의식적으로 인용하여 와카를 짓는 수법을 말한다.

무사의 삶

'유직고실有職故実'이 축적되는 가운데 귀족사회가 고도의 문화적 축적에 자부심을 가졌던 반면, 무사는 전투에서 그 역량이 결과로 확연히 나오

〈그림 9〉 아쓰모리敦盛의 최후
(오토키조시御伽草子
『어린 아쓰모리小敦盛』발췌)

기 때문에 그야말로 실력에 의한 진검승부였다. 물론 무조건 폭력으로만 해결하려는 포악함이 인정되었다는 말은 아니다. 전투에서도 응당 전투의 모럴이 존재한다. 그 것을 여실히 보여주고 있는 것이『헤이케모노가타리平家物語』이다. 모노가타리에서는 교토의 공가 문화에 익숙하면서도 무사로서의 긍지를 가지고 패자의 운명을 받아들이는 헤이시 가문의 무사들에게 공감을 아끼지 않고 있다. 한편 승자인 겐지의 무사들에게도 예의 바른 태도와 깊은 정취가 요구되었다.『헤이케모노가타리』는 그야말로 이런 무사의 이상적인 모습을 묘사하고 있다.

예를 들어 아쓰모리敦盛의 최후의 단段이 잘 알려져 있다. 이치노타니一ノ谷에서 도망치려던 17세의 '다이라노아쓰모리平敦盛'는 '구마가이 나오자네熊谷直実'에게 붙잡히

게 된다. 적의 목을 내리치려던 순간, 자기 아들 고지로小次郎처럼 앳된 아쓰모리를 가엾게 여긴 구마가이 나오자네는 어떻게든 그를 살려주려고 하지만 아쓰모리는 어서 목을 치라고 당당히 말한다. 구마가이 나오자네는 자기 아들 또래쯤 되는 어린 아쓰모리의 목을 자를 수밖에 없었다. "슬프도다, 활과 화살을 든 처지만큼 안타까운 노릇이 없어라. 무사 집안에 태어나지 않았더라면 이런 서글픔은 없었을 것을"이라는 구마가이의 한탄은 청중들에게 깊은 감동을 불러일으켰을 것이다. 실제로 이 이야기는 노能·고와카마이幸若舞·분라쿠文楽·가부키歌舞伎 등으로 각색되어 후세까지 많은 사랑을 받았다.

'전시'는 무사가 가장 진가를 발휘할 수 있는 순간이지만 전쟁이 끝나면 전쟁에서의 용맹스러움만으로는 더는 통용되지 않게 된다. 우선 영지를 둘러싼 다툼이 생긴다. 영지를 지키고 다음 세대에게 잘 물려주기 위해서는 '전시'와는 다른 역량이 필요하다. 아울러 쇼군이나 '싯켄'에 대한 충성심이 요구된다. 모반의 혐의를 받게 된다면 하루아침에 온 일족이 모조리 도륙당해버리고 만다. 그런 가운데 능수능란하게 살아남기란 쉬운 일이 아니다. 실제로 구마가이 나오자네는 영지를 둘러싼 분쟁에 휘말려 출가해버린 후 렌쇼蓮生라는 법명으로 호넨의 문하에 들어가게 되었고 무사의 강직함 그대로 오로지 신앙생활에 전념하며 다양한 일화를 남겼다. 우쓰노미야 요리쓰나宇都宮頼綱 역시 무사였지만 모반의 혐의를 받아 출가한 후 호넨·쇼쿠의 문하로 들어갔다(마찬가지로 법명이 렌쇼蓮生이다).

호조 야스토키北条泰時에 의해 제정된『어성패식목御成敗式目』(조에이식목貞永式目, 1232)은 이런 시대 상황 속에서 어가인(고케닌)御家人들의 분쟁을 다스리고 막부에 역심을 품지 않도록 통제하는 법이자 규칙이었다. '식목式目'의 '기청起請'에 의하면 그 기준이 되는 것은 '도리道理'라고 한다. 여기서 말하는 '도리'는『우관초』에서 나왔던 것처럼 미지의 존재인 신불과 관련된 것이 아니라, 어디까지나 세속적인 레벨에서의 바람직한 원리와 이치였다. 이 내용에 의하면 평가하고 결정할 때 "도리의 합당함과 어긋남에서는 친소親疎가 있을 수 없으며 호오好惡가 있을 수 없다. 그저 도리에 맞는 바"를 모름지기 따라야 한다고 되어있다. 공정함의 근거가 '도리'에 존재하는 것이다. 법이나 논리의 근거를 신불이 아닌, 그와는 다른 원리와 이치에서 찾았다는 점에서 후세의 '유교 수용' 등으로 이어지는 맥락을 찾아볼 수 있다.

자유로운 정신을 찾아

가모노 조메이의 『호조키』는 "흘러가는 강물의 흐름은 끊임이 없건만 (자세히 들여다보면) 조금 전에 보았던 그 물이 아니로다"라는 도입부 글로 널리 알려져 있다. 본문 전반부에서는 연이어 발생하는 천재지변이나 갑작스러운 '천도' 시도로 황폐해진 교토의 모습을 묘사하고 있으며 후반부에서는 출가 이후 히노日野에서 보내는 은거 생활의 즐거움에 대해 적고 있다. 마지막 부분에서는 자성하는 모습도 보인다. 세상을 벗어나 이런 깊은 산속에 들어온 것은 수행하기 위함이 아니었는지를 자문하며, 그런데도 초암 생활을 오히려 즐기며 그에 집착하는 자신을 확인하게 된다. 겉으론 성인처럼 보이더라도 어쩌면 마음은 이미 탁해지기 시작했는지도 모른다고 문득 생각한다. 물론 그렇다고 해서 당장 마음을 다잡고 오로지 수행에만 힘쓰려고 하지도 않는다. 이런 모습에서는 삶을 살아가는 새로운 방식이 드러나 있다. 출가하여 오로지 불도 수행에만 전념하는 것이 아니라 세속의 속박에서 벗어나 정신적 자유를 확보하고 유유자적한 생활을 즐기려는 자세이다. 이른바 은자문학으로 분류되는 작품이다. 어느 정도의 경제력이 확보되면 기성 제도의 틀 밖에서 자유인으로 살아가는 삶이 가능해졌다는 말일 것이다. 은자문학의 대표작으로 조메이의『호조키』와 요시다 겐코吉田兼好의『쓰레즈레구사徒然草』를 들 수 있다. 물론『쓰레즈레구사』가 평가를 받게 되는 것은 근세 이후의 일이기 때문에 두 작품을 한데 묶어서 이해해도 무방한지 검토해볼 여지는 있다.

은자를 연상케 하는 대표적 자유인으로 후대에 다양한 일화를 남겼던 사람은 사이교였다. 그러나 사이교는 조겐과 마찬가지로 한때는 오미네大峰45)에서 수행에 전념했던 경험도 있는 거칠고 강인한 승려이자 권진에 임했던 승려이기도 했기 때문에 느긋하고 초연하게 노닐고 다니기만 했던 것은 아니다. 사이교는 물론, 조메이나 겐코 역시 당시엔 가인으로 알려져 있었으며 귀족들의 와카 모임에 출입하고 있었다. 가인은 관위와는 또 다른 의미에서 문화적 지위나 신분으로 통용되었다.

그들은 종종 설화집의 저자였으며 설화문학은 이 시대

---

45) 나라현 남부에 있는 산으로 슈겐도修験道(산속에서 혹독한 수행을 함으로써 득도하고자 한 일본 고유의 산악신앙으로 불교와 습합했고 밀교적 요소도 가미됨)의 성지로 중시되던 곳이다. 슈겐도의 실천자를 슈겐자修験者, 혹은 야마부시山伏라고 칭한다.

의 특징적인 표현 형식이었다. 다이라노 야스요리平康賴의 『호부쓰슈宝物集』, 가모노 조메이의 『홋신슈発心集』, 게이세이의 『간쿄노토모閑居友』, 사이교의 『센주쇼撰集抄』, 무주無住의 『샤세키슈沙石集』 등, 설화집은 12세기 후반에서 13세기에 집중되어있다. 불교 관련 내용도 많은데 왕생전 부류처럼 오로지 왕생에 관한 이야기로만 한정된 것이 아니라 다양한 삶을 때로는 비판적 시점에서 다루고 있다. 이전에 비해 다양한 삶이나 가치관이 가능해진 결과였는데, 저자 자신이 그런 일화들을 다루면서 스스로 삶의 방식을 모색해갈 필요가 있었다는 말일 것이다. 그와 함께 권진 여행을 비롯해 여러 네트워크에 의해 다양한 정보를 얻을 수 있게 된 상황에도 주의할 필요가 있다.

5장 중세 문화의 성숙

남북조南北朝·무로마치室町 시대

1 왕권의 재편과 이론

천황을 다시 정의하다

고다이고 천황은 오키隠岐로 유배되는 등 우여곡절의 고난 끝에 공가, 무사 등의 세력을 아군으로 만들어 가마쿠라 막부를 타도하는 데 성공했다. 겐무建武의 신정新政을 실현했지만 서툰 정치는 오히려 혼란을 일으켰고 아시카가 다카우지足利尊氏가 등을 돌리면서 결국 요시노吉野로 도망치게 되었다. 이로 인해 이른바 남북조 대립 시대로 접어든다. 이처럼 고다이고 천황은 결과적으로 혼란을 초래할 뿐이었지만 조정과 막부라는 종래의 이원 구조를 부정하며 '일원적 천황 전제정치 실현'을 목표로 삼았고, 비록 일시적이나마 그것을 실현했다는 점에서 주목받고 있다.

고다이고 천황은 그에 그치지 않고 왕권과 신불 사이의 이원적 긴장 관계에도 파고들어 신불의 권위까지 통합해 지배하려고 했다. 천황은 재위 중에 출가할 수 없었지만, 고다이고는 재가在家 상태에서 밀교의 오의奧義에 도달했다며 관정灌頂을 받았다. 쇼조코지清浄光寺에 소장되어있는 유명한 고다이고 천황의 초상화는 그야말로 불법과 왕법의 정점에 선 모습을 보여주고 있다. 세속인 신분으로 '여덟 겹 연꽃' 위에 앉아 태양을 형상하고 있는 '붉은 구슬'이 얹어진 면류관을 쓰고 오른손으로 오고저五鈷杵, 왼손에 오고령五鈷鈴을 쥔 채 승려 복장인 '가사'를 몸에 두르고 있다. 그뿐만 아니다. 머리 위쪽으로 '덴쇼코타이진天照皇太神' '가스가다이묘진春日大明神' '하치만다이보사쓰八幡大菩薩' 등 삼사三社의 팻말이 달려있다. 이는 요시다 가네토모吉田兼俱에 의해 보급된 삼사탁선三社託宣[46]의 삼사三社(각각 정직·자비·청정을 나타낸다)에 해당한다. 고다이고 천황 때까지 거슬러 올라가기가 쉽지는 않지만, 이 초상화에서 신들의 세계까지 포섭되고 있다는 것을 알

---

46) 이세 신궁伊勢神宮(덴쇼코타이진, 천황가의 황조신), 이와시미즈하치만구石清水八幡宮(하치만다이보사쓰, 무가의 조상신), 가스가다이샤(가스가다이묘진, 공가의 조상신) 등 세 곳의 신의 계시(탁선)라는 형식의 족자 등을 통해 신도의 교화적인 교의로 삼았던 것을 말한다. 무로마치 시대의 신도가 요시다 가네토모吉田兼俱가 집대성한 요시다 신도吉田神道의 발전과 함께 널리 서민 신앙으로 보급되어 삼사의 탁선을 쓴 족자 등이 널리 유행했다.

수 있다.

왕권과 신불을 통합하는 고다 이고 천황의 천황관을 통해, 천황이란 과연 어떤 존재인지에 대해 좀 더 근본적인 이론적 해명이 필요해졌다. 그에 대응했던 사람이 기타바타케 지카후사와 지헨慈遍이었다. 기타바타케 지카후사는 공가 출신으로 유직고실에 해박한 지식을 가지고 있었으며 『직원초職原抄』의 저자기도 했다. 고다이고 자신도 『겐

〈그림 10〉
고다이고 천황 초상

무연중행사建武年中行事』를 저술하고 있는 것처럼 유직고실은 조정이 지녔던 전통의 중핵에 존재했다. 지카후사는 출가 후 밀교를 통해, 혹은 이세 신도의 흐름을 이어받아 신도 이론서 『원원집元元集』을 저술하고 있다. 유명한 『신황정통기』는 그것을 역사에 적용해 "대일본은 신국이다"로 시작되고 있으며, 황통의 일관성에서 일본의 우월성을 발견하는 논리를 전개시켰다. 황통의 일관성은 지엔慈円에서도 보이는 내용이었지만 이를 정면에 내

세웠던 지카후사의 논의는 근세 이후 본격적으로 등장하는 존왕론의 출발점이 되었다.

지헨은 천태종 승려인 동시에 요시다 가문 출신의 신도가였기 때문에 『구사본기현의旧事本紀玄義』나 『도요아시하라신풍화기豊葦原神風和記』를 통해 이세 신도 계통의 신도 이론을 발전시켰다. 이런 이론을 통해, 신들의 세계('명冥')에서 인간의 세계('현顕')로 전개된다는 점을 설파하며, 인간 세계에 속하면서도 일관되게 신의 순수성을 간직한 존재로 천황의 위치를 재정립했다. 이처럼 지카후사나 지헨은 천황의 존재 근거를 계보에서 찾았지만 그런 특수한 존재이기 때문에 더더욱 천황에게는 고도의 도덕성을 지닌 통치가 요구되었다. 바로 그 점 때문에 통치자의 윤리라는 문제가 대두되었다.

남북조와 정통 문제

가마쿠라 말기에 황통 안에서 다이카쿠지大覚寺 계통과 지묘인持明院 계통이 대립했기 때문에 막부의 중재로 양쪽 혈통이 번갈아 가면서 황위에 즉위하는 원칙이 확립되었다. 그 와중에 다이카쿠지 계통의 고다이고 천황은 중간에서 잠깐 잇는 역할을 하는 자신의 위치에 반발했고, 결국 그것이 막부를 쓰러뜨리는 원동력이 되었다고 전해진다. 고다이고 천황에게 등을 돌린 아시카가 다카우지가 지묘인 계통인 고곤光嚴 상황의 명을 받아 고묘光明 천황을 즉위시키면서 남북조가 대립하는 시대가 되었다. 일시적으로 아시카가 씨의 내분을 틈타 남조가 잠깐 세력을 회복한 시절도 있었지만(쇼헤이잇토正平一統, 1351), 결국 아시카가 다카우지의 지지를 얻어 교토를 제패한 북조가 우위에 섰다. 최종적으로 아시카가 요시미쓰足利義滿의 주선으로 1392년, 남조의 고카메야마後龜山 천황이 삼종의 신기를 북조의 고코마쓰後小松 천황에게 양도하면서 남북조 병립의 문제는 해소되었다.

북조와 남조 모두 원래는 동일한 황통이었으며 그런 점에서 양자의 정통성은 다르지 않다. 그래서 주목된 것이 '삼종의 신기'의 계승이었다. 고다이고는 일단 삼종의 신기를 북조에 건넸지만, 그것이 가짜라고 선언한 후 남조를 세웠고 심지어 '쇼헤이잇토' 당시에 북조의 신기가 남조로 건네졌다. 그러다가 최종적으로 고카메야마로부터 북조 측으로 되돌려진 것이다. 이처럼 삼종의 신기가 복잡한 정황 때문에 이동하는 와중에 가짜(혹은 가짜라고 칭한 것)까지 나타나게 되면서 가히 추리소설 급의, 영문을

알 수 없는 총체적인 난맥상을 보여주었다. 단노우라壇ノ浦에 보검이 가라앉았을 때는 딱히 문제시되지 않았던 '삼종의 신기'가 바야흐로 정통성의 최대 근거로 느닷없이 급부상했다. 그러나 실제로는 삼종의 신기 없이 즉위하는 경우도 있었기 때문에 이런 애매함도 어느 정도 허용되었다. 전반적으로는 교토에서 세력을 장악했고 최종적으로 후세로도 이어졌던 북조가 실질적인 '정통'이라고 인정받고 있었다.

새삼 문제가 되었던 것은 에도 시대로 들어온 이후의 일이었다. 미토번水戸藩에서 도쿠가와 미쓰쿠니德川光圀의 명으로 『대일본사大日本史』가 편찬되면서 남조가 정통으로 여겨졌기 때문이다. 야마자키 안사이山崎闇斎도 남조 정통성을 주창했다. 특히 막부 말기에 존왕양이를 주장한 자들이 남조 정통설을 채용함으로써 그 세력이 강해졌다. 이론적 근거는 '삼종의 신기'를 소지했다는 사실이었지만, 기실은 존왕주의로 치닫는 가운데 고다이고 천황에 의한 '천황 전제주의'가 이상적으로 생각되었으므로 이를 계승한 남조를 정통으로 보았다. 막부 말기에는 구스노키 마사시게楠木正成를 충신이라 칭하며 신사 창건 운동이 일어났고 메이지유신 이후인 1872년, 드디어 미나토가와湊川 신사가 창건되었다. 단, 당초에는 국정교과서에서도 남북조가 병기되었다. 그러나 대역사건 이후인 1911년, 제국의회에서 이 문제가 논의되기 시작하면서 심각한 문제로 부상해 최종적으로 남조가 정통이라는 식으로 마무리되었다. 이른바 남북조 정윤正閏 문제이다. 이후 구스노키 마사시게, 기타바타케 지카후사 등이 충신으로 현창되는 한편, 아시카가 다카우지는 '역신'이라며 배척당했다. 이런 흐름 속에서 '황국사관'이 형성된 것이다.

무로마치 왕권과 동아시아

중국에서는 14세기에 들어오자 몽골(원)의 지배에 그늘이 보이기 시작했다. 결국 백련교도들이 일으킨 홍건적의 난에 가담한 주원장(홍무제)에 의해 명나라가 건국되었다(1368). 이후 명나라는 15세기 전반, 영락제 때 전성기를 맞이했다. 유라시아 전역에 미쳤던 몽골의 지배와 달리, 명나라는 다시금 한족 중심의 중화 문화 부흥을 지향했다. 그러나 극단적인 배외주의보다는 이민족이나 주변 국가들과도 융화적 외교관계를 추진했다. 한반도 역시 고려에서 조선으로 교체되며(1392), 동아시아 전체가 거대한 변혁기를 맞이했다.

이 무렵 동아시아 해역에서는 왜구의 활동이 격화되어 그에 대한 대책이 명나라의 중요한 과제가 되었다. 기존 왕조와 달리 명나라에서는 사적인 교류를 금했고 국가 간의 조공 관계만 허용했다. 이는 명나라와 주변 국가 사이에 상하관계를 설정하는 것이었는데, 주변 여러 나라는 무역에 의한 이익을 추구하며 명나라로 조공 사절을 파견했다. 무로마치 막부는 그 이전인 원나라 말기, 무소 소세키夢窓疎石의 진언에 따라 덴류지天龍寺 건립을 위해 덴류지선天龍寺船[47]을 파견해 성공한 바 있었다(1342). 그러나 명나라와의 무역은 난항을 거듭했다. 이유는 명나라가 사절을 파견해 조공을 촉구했을 당시, 규슈를 제압하고 있던 고다이고 천황의 황자 가네요시懷良 친왕이 '일본 국왕'으로 이미 책봉되었기 때문이다(1371). 이후 15세기가 되어서야 비로소 아시카가 요시미쓰足利義満가 '일본 국왕'으로 인정받았다. 이후에도 아시카가 요시모치足利義持가 단교를 하는 등 우여곡절을 거치면서 국교와 무역이 진행되었다.

---

47) 덴류지는 교토 사가노 아라시야마에 있는 임제종 덴류지파 대본산 사원으로 교토를 대표하는 5대 선종 사원 중 하나이다. 덴류지선은 아시카가 다카우지가 덴류지의 조영 비용을 확보하기 위해 무로마치 막부 공인 하에 원나라에 파견했던(1342) 무역선이다.

쇼군을 과연 '일본 국왕'이라고 칭할 수 있을까. 이는 '조정과 막부의 관계'라는 문제와 직결된다. 가마쿠라 막부는 지리적으로도 교토와 거리가 멀었기 때문에 조정과 막부는 긴장감을 가지면서 상호 보완 관계를 유지할 수 있었다. 그에 반해 고다이고 천황은 순식간에 왕권을 천황으로 일원적으로 통합한데다가 신불까지 통합하고자 시도했다. 그러나 이는 실패로 끝났다. 이후 북조 조정과 아시카가 막부는 다시금 원래의 이원 구조로 돌아가는데 아시카가 씨는 교토에 막부를 설치함으로써 조정에 근접하는 길을 선택했다. 아시카가 다카우지에 의해 제정된 『겐무식목建武式目』(1336)은 "멀게는 엔기延喜·덴랴쿠天曆의 두 성대의 덕화德化를 선례로 삼고 가깝게는 요시토키義時·야스토키泰時 부자의 행장行狀을 근대의 스승으로 삼는다[48]"라며 공가의 이상인 엔기, 덴랴쿠 시대와 무가의 이상인 요시토키와 야스토키 시대를 나란히 둠으로써 공무 협력 체제를 취하고자 했다. 이는 한편으로는 무사의 문화가 공가의 문화에 접근하는 것인 동시에, 다른 한편으

---

48) 공가 정치의 모범으로 헤이안 시대의 엔기(다이고醍醐 천황 시절 연호), 덴랴쿠(무라카미村上 천황 시절 연호), 무가 정치의 모범으로 가마쿠라 시대 제2대 싯켄인 호조 요시토키와 3대 싯켄 호조 야스토키를 들어 향후 취할 정치적 지침을 제시하고 있다. 야스토키는 가마쿠라 호조 가문의 중흥을 이끈 사람으로 무가사회의 법령(시키모쿠式目)인 어성패식목御成敗式目을 제정했다.

로는 막부가 조정을 좌지우지할 힘을 가지는 것을 의미하기도 했다. 오늘날 요시미쓰가 황위 찬탈을 꾀했다는 학설은 부정되고 있지만, 아내인 히노 야스코日野康子가 훗날 고코마쓰 천황의 준모准母가 되는 등 조정에서의 세력 확대를 꾀했고, 결과적으로 쇼군이 조정보다 우월한 힘을 가지게 된 것은 분명하다. 실질적 권력이라는 측면에서의 '조정의 약체화'는 근세까지 이어지고 있으며 그런 와중에 조정은 의례적 전통을 간직한 사람으로 간신히 연명을 도모하게 된다.

2 신불과 중세 문화

불교 종파의 흥망성쇠

가마쿠라 시대의 불교는 기본적으로 현밀팔종顯密八宗의 종합적 틀을 전제로 개별 종교를 파악하는 형태로 이해되었다. 전수적專修的 주장일 경우라도 기본적으로는 그 틀 안에서 자기주장을 하고 있다. 팔종겸학의 전형으로『팔종강요八宗綱要』『삼국불법전통연기』등의 저자인

도다이지東大寺의 교넨凝然이 잘 알려져 있는데 니치렌 역시 팔종의 종합성을 전제로 하고 있다. 고다이고 천황에 의해 중용된 다이고지醍醐寺의 몬칸文観은 사리舎利＝보주宝珠와 부동명왕, 애염명왕을 일체로 한 삼존합행법三尊合行法에 의해 왕권과 불법의 통합을 기도하며 불법 측면에서 고다이고 천황을 뒷받침했다. 이는 통합적인 현밀불교의 극한이라고도 말할 수 있는데 그런 만큼 고다이고의 몰락은 세속과 불법을 일체화한 통합 불교의 몰락이기도 했다.

가마쿠라 말기에는 팔종에 선종과 정토종을 추가한 십종十宗 체제가 일반적이 되었다. 이때 말하는 '종宗'은 그 이전과 마찬가지로 학파적 의미였으며 집단성을 가진 종파와는 의미가 달랐다. 종파적 활동은 13세기 후반 무렵부터 보이게 되는데 특히 에이손叡尊의 율종 교단의 활동이 전국적으로 전개되었다. 에이손 교단은 계율 부흥과 함께 밀교적 입장에 서서 사리舎利 신앙이나 문주文殊 신앙을 널리 보급하며 병자나 빈자의 구제 등의 복지 활동, 도로나 항만 정비 등의 사회사업과 금융에도 종사했다. 이런 활동을 전국적 네트워크를 만들어 전개하며 폭넓은 지지를 얻었다. 몬칸 역시 원래는 율종 교단에서 출발하고 있다. 하지만 율종 교단은 무로마치 시대가 되면 점차 정체되어간다. 밀교를 대신해 염불이나 참선이 퍼졌고 종래의 개방된 집단이 차츰 폐쇄적으로 되면서 종파화했다는 것, 사회사업은 세속의 지역 권력이 주체가 되어갔다는 점 등이 이유라고 생각해볼 수 있다.

이즈음 호넨에서 유래한 정토종 교단도 료추良忠 등의 활동을 통해 광범위하게 정착되었다. 성도문聖道門과 정토문浄土門을 구별하고, 염불을 중핵으로 삼아 정토문의 교의를 굳히며, 교단에 준하는 조직 형성으로 나아가게 되었다. 염불 계통의 교단 중에서 가마쿠라 말기부터 무로마치 시대에 크게 발전한 것은 시종時宗(시중時衆)이었다. 시종은 잇펜一遍의 유행遊行 집단에서 시작되었다가 다음 대를 이어받은 다아신교他阿真教에 의해 교단화되었다. 역대 유행상인遊行上人을 핵으로 강력한 조직과 폭넓은 네트워크를 가지고 '게가레49)'나 차별을 초월해 장례식 의례에 적극적으로 관여함으로써 지지 기반을 넓혔고 전투가 벌어질 때는 진승陣僧으로 종군하는 경우도 적지

---

49) 게가레ケガレ란 죽음이나 역병, 성교 등에 의해 발생하는 불길하고 부정한 상태를 말한다. 이런 관념은 민간신앙뿐만 아니라 관정이나 세례를 비롯한 여러 종교의식에도 남아있다. 일본 신화에서는 황천에서 돌아온 이자나기가 '미소기'를 하고 있는데, 이 역시 황천의 '게가레'를 없애는 행위라고 볼 수 있다.

않았다. 또한 오도리넨부쓰踊念仏[50]가 흥행하면서 예능화

되자 시종 승려가 쇼군을 모시는 도보슈同朋衆로도 채용

되었다. 그러나 근세에 걸쳐 정착 사회가 확립되는 가운

데 근본적으로 이와 성격을 달리하는 유행遊行 집단의 유

동성이 제약되면서 점차 세력이 쇠퇴했다.

선림 문화

선종禪宗에서는 자연거사自然居士나 방하승放下僧처럼 불

교를 대중예술로 만들고자 했던 승려들도 나타났지만[51]

교단 자체에서는 공가나 상급 무사를 중심으로 세력을

늘려나갔다. 선종은 송나라, 원나라와의 교류를 통해 중

국 불교 사원의 수행법이나 의례체계를 받아들였다. 송

나라의 선종은 호국적인 성격을 띠고 있었는데, 이를 채

택함으로써 기존의 복잡한 밀교 의례가 간소해지면서 좀

더 실용적이 되었다. 가마쿠라 시대에 교토에서 세력을

지녔던 것은 엔니円爾(벤엔弁円)의 쇼이치파聖一派로, 밀교와

---

50) 일본의 중세는 퍼포먼스의 계절이라고 종종 일컬어지는데, 이것을 상징하는 것으로
잇펜이 이끌었던 시종의 오도리넨부쓰나 오쿠니의 가부키 등을 들 수 있을 것이다. 시
종은 춤추며 염불하는 이른바 '오도리넨부쓰'를 통해 민중 깊숙이 불교를 전파했다.
51) 자연거사自然居士는 간아미観阿弥의 노能 작품 〈자연거사自然居士〉의 소재가 되기도 했
던 예능인으로 가마쿠라 시대에 선종 계열의 설교를 하던 민간 예능 담당의 승려를 말한
다. 방하승放下僧은 중세에서 근세에 걸쳐 행해진 다이도게이大道芸(덴가쿠田楽와 비슷한 유형의
민간 예능)를 행했던 승려 행색의 예능인을 말한다.

융합된 참선을 강조했던 일파였다. 가마쿠라에서는 란케이 도류, 무가쿠 소겐無学祖元 등 일본에 도래한 외국 출신 승려들에 의해 교토와는 약간 다른 전개를 보였다.

선종은 가마쿠라 말기부터 남북조시대에 걸쳐 점차 세력을 늘려가며 교단 조직을 갖추었는데 무로마치 시대의 왕권과 밀접하게 결합하여 정착할 수 있었던 이유는, 무소 소세키가 아시카가 다카우지足利尊氏와 그의 동생 아시카가 다다요시足利直義의 신뢰를 받았기 때문이다. 무소 소세키는 능력에 따라 다양한 수행을 인정하는 유연하고 현실주의적 입장에 섰다. 아울러 적극적으로 정권에 조언해서 덴류지·안코쿠지安国寺와 이생탑利生塔[52] 등의 건립을 권해 고다이고 천황을 비롯한 전사자들의 영혼을 달래고 전란으로 인한 혼란을 다스렸다. 『몽중문답집夢中問答集』은 아시카가 다다요시에게 준 서적인데 문답 형식으로 다양한 문제를 다루고 있다. 무소에 의해 기초가 쌓인 교토 오산五山의 승려들은 종교계와 세속, 양쪽 모두를 두루 섭렵한 광범위한 지식과 한문 능력으로 이후에도 막부의 외교 브레인으로 활약하는 등, 무로마치 시대

---

52) 남북조시대에 아시카가 다카우지와 다다요시 형제가 홋카이도와 오키나와를 뺀 일본 각지에 세운 불교 사원과 불탑이다. 쇼무 천황이 일본 각지에 고쿠분지를 건립했던 것처럼 국國마다 사원 한 곳과 탑 하나씩을 세울 계획을 세웠다.

의 문화를 주도했다. 즉, 주요 경전을 오산판五山版[53]으로 출판·보급하며 연구를 심화시켰고, 그들의 한시문은 이른바 오산문학五山文学이라고 일컬어지는 고도의 달성을 이루어냈다. 주자학 등 새로운 중국 문헌이나 교설教説도 오산의 승려들이 주축이 되었다. 그림이나 사찰 건축, 정원 설계 등에도 실력을 발휘해 오산은 최첨단 중국풍 문화의 산실이 되었다.

그러나 이런 다면적인 선림禪林 문화의 융성이 다른 한편에서는 본연의 수행인 참선을 소홀히 했다는 비판을 받았다. 가장 준엄한 태도를 취했던 것은 무소와 같은 시대를 살았던 슈호 묘초宗峰妙超(다이토국사大灯国師)였다. 무소를 비판하며 명예나 이익에 연연해하지 말고 오로지 수행에 전념할 것을 강조했다. 슈호는 다이토쿠지大德寺를 창건했고 제자인 간잔 에겐関山慧玄은 묘신지妙心寺를 창건해서 오산에 불만을 가졌던 수행자들을 품는 거점이 되었다. 오산과 대비되는 명칭으로 린카林下라고 일컬어진다. 훗날 다이토쿠지大德寺에서는 잇큐 소준一休宗純이 나와 일탈을 두려워하지 않는 활달하고 자유로운 정신과

---

53) 송나라, 원나라의 출판 영향을 받아 오산을 중심으로 사찰에서 개판해 간행된 판본을 말한다.

시문으로 후세에 큰 영향을 끼쳤다. 또한 조동종은 가마쿠라 후기에 게이잔 조킨瑩山紹瑾이 나와서 지방에까지 영역을 넓혔다.

'신도' 성립

이세伊勢 신궁은 황조신皇祖神을 모시는 신사로 각별히 숭앙되어왔다. 이세는 내궁內宮과 외궁外宮으로 구성되어 있는데 아마테라스를 모시는 것은 내궁이고, 외궁에서는 도요우케의 신(도요우케노오카미豊受大神)을 모신다. 도요우케는 음식물을 관장하는 신이기 때문에 자칫 외궁은 내궁보다 격이 낮다고 여겨지곤 했다. 이에 반발한 외궁 신관 와타라이 씨度会氏를 중심으로 외궁의 지위를 향상시키려는 운동이 13세기 후반부터 일어나기 시작했다. 외궁이 내궁보다 상위에 있다는 것을 보여주기 위해서는 '도요우케'가 '아마테라스'보다 중요한 신으로 인정되어야 했다. 이리하여 도요우케를 '아메노미나카누시'(天御中)나 '구니노토코타치'(国常立)와 동일시하는 주장을 펴기 시작했다. 아메노미나카누시나 구니노토코타치는 『고사기』 『일본서기』에서 천지개벽 당시 가장 먼저 나타난 신으로 등장할 뿐 구체적인 활동은 서술되지 않았다. 이를 아마테라스보다 더 근원적인 세계의 원초적 신으로 내세웠던 것이다.

이는 단순히 외궁과 내궁의 우열을 운운하는 것과는 차원이 다른 문제였다. 세상이 어떻게 성립되었는지를 탐구한다는 근본적 문제를 제기했기 때문이다. 불교에서도 세계의 구조를 논하긴 하지만, 세계의 성립이나 시원에 대해서 논하는 경우는 드물다. 그렇게 되면 뭔가 근원적 실체를 상정하게 되고, 결국 불교의 무아나 공空 사상에 반하기 때문이다. 이처럼 신을 둘러싼 이 무렵의 논의는 점차 이론적인 문제로 발전하게 되었다. 당초 이 논의의 전거로 간주했던 것은 '신도오부서神道五部書'라고 일컬어졌던 문서인데, 이것들은 가마쿠라 시대에 들어오고 나서 만들어진 위서라는 사실이 이미 밝혀졌다.

이후 와타라이 이에유키度会家行의 『유취신기본원類聚神祇本源』을 거쳐 기타바타케 지카후사나 지헨으로 이어지며 이세伊勢 신도의 이론적 탐구가 진행되었다. 그들은 '신도神道'라는 단어를 사용하고 있는데 물론 그것은 교단적 성격을 지닌, 오늘날 말하는 의미에서의 종교와는 차이가 있다. 그렇지만 기존에 없었던 이론적 체계가 구축되었기 때문에 그런 의미에서는 그야말로 '신도'의 성립이라고 말해도 좋을 것이다. 여기에는 불교나 유교·도교·음양 사상 등이 자각적으로 받아들여져 이론적으로 무장되어있다. 이를 통해 일본의 신도가 인도·중국의 다양한 가르침과 비교해봐도 가장 근원적이라는 '일본 중심주의' 사상이 수립되었다. 그런 가운데 앞서 언급한 것처럼 천황론도 포함되며, 이런 기본적 구도는 근세로 계승되었다.

중세의 신도 이론을 최종적으로 대성한 인물로 요시다 가네토모를 들 수 있다. 요시다 씨는 교토에 있는 요시다 신사의 신관을 세습했는데 요시다 가네토모는 온갖 책략을 구사해 전국의 신들이 요시다 신사의 다이겐구大元宮에 모여있다며 신사계神社界의 통합을 꾀했다. 주저『유일신도명법요집唯一神道名法要集』에서는 본적연기신도本迹縁起神道·양부습합신도両部習合神道·원본종원신도元本宗源神道 등 세 가지를 명확히 하며 자기 입장을 원본종원신도元本宗源神道라고 하고 있다. 요시다야말로 모든 신들을 통합하는 유일한 근원이라는 소리이다. 요시다 가네토모의 책략은 성공적이어서 근세에는 요시다 가문이 신관의 임명권을 가지고 신사 세계 전체를 지배하게 되었다.

3 무로마치 르네상스

고전의 연구과 비전화

　새로운 사상은 탄탄한 고전연구를 기반으로 형성된다. 중세의 불교나 근세의 유학·국학에 비해 중세의 고전연구는 자칫 간과되기 쉽지만, 그 수준이 극히 높았으며 근세의 학문도 이를 전제로 전개되고 있다. 중세에는 호조北条(가네사와金沢) 가문의 사네토키実時에 의한 가나자와(가네사와)문고金沢文庫, 우에스기 노리자네上杉憲実가 부흥시킨 아시카가학교足利学校 등을 통해 무사에 의한 향학열이 고취되었다. 하지만 고전연구의 중심은 역시 공가나 승려였다. 특히 공가는 박사 가문의 학문적 전통을 이어받으면서도 송나라의 학문까지 수용했고 일본의 고전에도 주목했다. 기타바타케 지카후사도 이런 전통을 이어받고 있다.

　무로마치 시대에는 공가와 무가가 접근함으로써 양자가 하나가 되었고 거기에 불교까지 더해져 새로운 문화가 구축되었다. 요시미쓰義満의 기타야마北山 문화, 요시마사義政의 히가시야마東山 문화는 그 결실이라고 할 수 있다. 오닌応仁의 난을 전후로 혼란기를 살아간 이치조

가네요시一条兼良는 『일본서기찬소日本書紀纂疏』『화조여정花鳥余情』(『겐지모노가타리』 주석) 등 일본 고전에 대해 다수의 주석서를 쓰면서 이후 연구의 기반을 구축했다. 유교에도 해박한 지식을 가지고 있어서 새롭게 송나라 학문도 도입하고 있다. 또한 불우했다고는 하지만 섭정과 관백까지 역임했다. 쇼군 아시카가 요시히사足利義尚를 위해 치세의 핵심을 설파한 『초담치요樵談治要』를 썼으며 유직고실有職故実 관련서인 『공사근원公事根源』도 저명하다. 고전을 재발견하면서 폭넓은 영역에서 역량을 발휘했다는 점을 보면 마치 르네상스 시절의 인문주의자를 연상시키는 역할을 해냈다고도 말할 수 있다.

공가·무가·승려 등이 긴밀한 네트워크를 구축해 고전을 유대로 한 서클을 형성하는 가운데 렌가連歌라는 새로운 집단 문예가 태어났다. 렌가의 확립자로 칭해지는 니조 요시모토二条良基는 북조에서 섭정과 관백으로 실권을 장악했는데, 그가 찬집한 최초의 본격적 렌가집 『쓰쿠바슈菟玖波集』(1356)는 칙찬집에 준하는 형태로 평가받았다. 북조에서는 『후가와카슈風雅和歌集』 이하 칙찬 와카집도 계속 편찬되어 고전부흥의 기운이 높아졌다. 렌가는 이런 공통적 교양을 전제로 한 공동 작업에 의해 만들어지는 '좌座'의 문학이었으며, 그 자리에서의 즉흥성으로 성립된다는 점도 특이했다. 이런 형식은 전국시대에도 계승되어 소기宗祇에 의해 대성되었다. 나아가 근세에는 하이카이俳諧도 유행해 좀 더 대중적이 되었다.

고전연구는 또 다른 형식도 만들어냈다. 렌가처럼 공개되지 않고 특정 분야의 이야기가 비전秘伝이라는 형태의 구전으로 전수되었다. 특히 『고킨와카슈』에 관한 고킨전수古今伝授가 저명하다. 이것은 도노 쓰네요리東常緣에서 소기에게 전해진 해석이 계승되어간다. 불교에서 본각사상이 구전으로 전해지거나 밀교나 선종에서 심오한 진리가 비전으로 전해진 것에서 영향을 받았을 것이다. 황위 계승에 동반되는 즉위관정即位灌頂도 이런 동향 안에서 이해된다. 훗날에는 무도나 예도에 관한 면허개전免許皆伝에도 영향을 미치게 된다.

노가쿠能楽와 그 이론

'노能'의 기원은 확실치 않지만 원래 우스꽝스러운 흉내를 주로 내는 대중적인 사루가쿠猿楽에서 발전된 것으로 추정되고 있다. 야마토大和를 중심으로 활동하던 간아미観阿弥·제아미世阿弥 부자가 등장해 쇼군 요시미쓰義満의

총애를 받으면서 순식간에 고도의 음악극으로 발전했고 무사나 귀족들의 애호도 받게 되었다. 이처럼 대중성과 고도의 예술성을 겸비했다는 점에서 전혀 단순하지 않은 장르임을 알 수 있다. 제아미의 이론서 『풍자화전風姿花伝』에서는 노의 기원으로 '아마노이와토天の岩戸' 앞에서 추었던 '아메노우즈메アメノウズメ'의 춤이나 석가모니가 설법할 때 외도外道의 방해를 제거하기 위해 제자들이 우스꽝스러운 흉내 내기를 했던 것들을 들고 있다.[54] 따라서 노가쿠의 바탕에는 종교성과 골계성이 중층적으로 존재한다고 볼 수 있다. 그러나 장르로 완성된 '노'에서 최종적으로 골계성은 배제되었고 나머지 부분은 교겐狂言이 담당하게 되었다. '노'의 축제성은 원래 '오키나사루가쿠翁猿楽'에 유래하며 이는 오늘날에도 연기되는 상연목록 중 〈오키나翁〉를 통해서도 분명히 알 수 있다.[55]

노의 이론은 제아미와 그의 사위였던 곤파루 젠치쿠金春禅竹에 의해 집대성되었다. 제아미의 『풍자회전』은 연

---

54) 아마노이와토天の岩戸는 일본 신화에 나오는 다카마가하라高天原(신들이 사는 곳)에 있는 동굴이다. 아마테라스가 동생인 스사노오노미코토를 꾸짖기 위해 몸을 숨겼다는 동굴로 저명하다. 아메노우즈메는 일본 신화에 등장하는 여신으로 가장 오래된 무희로 알려져 가무의 시조신으로 여러 신사에서 모시고 있다.

55) '오키나사루가쿠'는 '노'가 장르로 확립되기 이전부터 '사루가쿠'에서 연기되던 예능이다(축도祝禱'의 춤을 중심으로 한다). 대표적 상연 작품인 〈오키나翁〉는 각종 일본 예능에서 연출되는 의례적 축언곡을 말한다.

령에 따라 예술풍을 변화시킬 필요가 있다고 강조했는데, 이는 이후의 무도武道나 예도芸道 수양의 모델이 되었다. 젠치쿠는 제아미보

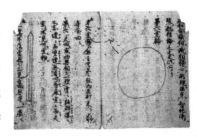

〈그림 11〉육륜일로六輪一露의 그림
(『곤파루 젠치쿠 전서金春禅竹伝書』)

다 종교성이 강해서 유현幽玄('유겐'-역주)한 작품으로 알려져 있으며 이론적으로도 난해하다. 『명숙집明宿集』에서는 '오키나翁 = 슈쿠진宿神'을 근원적 존재로 파악하고 거기에서 모든 신불이 생성된다고 주창하고 있다. 또한『육륜일로지기六輪一露之記』에서는 세계의 생성과 예술의 심화를 '원상円相56)'의 여섯 단계의 변화로 설명하고 있다. 여기서는 선종이나 밀교의 영향이 엿보이는 동시에 신도 이론을 바탕으로 한 세계생성설과의 관련성도 찾아볼 수 있다. 궁극의 이슬 한 방울이 검으로 변한다고 나와 있다. 여기서도 신불의 이론과 농밀한 관련성이 발견된다.

---

56) 깨달음의 경지를 말이나 글로 설명하지 않았던 선종의 세계에서 동그란 원 고리로 표현된 '원円'이 깨달음이나 진리의 상징으로 사용되는 경우가 있었다. '원상'은 원형을 한 번의 붓으로 그린 것으로 모든 것이 시작이자 마지막인 깨달음과 심리, 우주 전체를 표현하고 있다고 일컬어진다.

노의 이론뿐 아니라 실제로 연기되는 요쿄쿠謠曲에도 깊은 종교성과 사상성이 발견된다. 특히 '복식몽환노複式夢幻能'로 불리는 '슈라모노修羅物'는 『헤이케모노가타리』 등에서 소재를 따와 죽은 자의 영적 구제에 관해 이야기 한다. 기본적인 스타일은 전반부에서 예컨대 떠돌이 승려인 '와키(부주인공-역주)'가 등장해 '전반부 시테(주인공-역주)'와 만난다. 이때 전반부 시테는 과거 인간이었을 당시의 모습을 하고 있다. 이윽고 후반부에서 망령의 형상을 드러낸 '후반부 시테'가 과거 전란 당시의 모습을 재현한 후 '슈라도修羅道'에서 구제되길 염원하면서 무대에서 사라져간다. 예컨대 이런 스타일이 '슈라모노'의 전형적인 형태라고 할 수 있다. 『헤이케모노가타리』나 시대를 좀 더 거슬러 올라가 『겐지모노가타리』 등의 고전 지식을 공유하고 있을 필요가 있다. 생전의 악업 때문에 고뇌로 가득 찬 세계에 빠져버린 영혼은 과연 어찌해야 구제받을 수 있을까. 가마쿠라 막부를 타도했고 남북조시대에 치러진 전란의 기억이 아직은 생생했을 관중들에게, '슈라모노'의 세계는 결코 남의 일이 아닌 절실한 주제였다. 이로 인해 단순한 오락을 뛰어넘는 영혼의 드라마가 전개되고 있다. 이는 중세의 종교나 문학, 예능이 하나로 수렴되는 궁극적인 모습이었다고도 말할 수 있다.

바사라와 덴구天狗

　가와바타 야스나리川端康成가 노벨상 수상 기념 강연에서 잇큐一休의 "불계仏界는 들어가기 쉽고, 마계魔界는 들어가기 어렵다"라는 말을 인용했다는 이야기는 널리 알려져 있다. 사실 이 말은 잇큐가 한 말은 아니고 나중에 '잇큐이야기一休噺57)'에 나왔던 표현이다. 그러나 무로마치 후기의 선종 승려인 셋코 소신雪江宗深의 어록에 이미 나와 있을 뿐만 아니라 이 무렵 선승의 어록에서도 '불계'와 '마계'가 함께 열거된 경우가 종종 있었다. '오닌의 난'을 전후로 한 혼란 상황에서 마계는 결코 추상적인 존재가 아니라 지극히 리얼한 현실 문제였을 것이다. 중세 신화 가운데 제육천第六天(욕계欲界의 최상위)의 마왕이 일본을 노렸을 당시, 아마테라스가 교묘한 계략으로 계약을 맺은 후 일본 진입을 막아 불법을 보호했다는 이야기가 알려져 있다.

　『다이헤이키太平記』 중에는 다양한 마적魔的 존재가 활

---

57) 잇큐이야기는 '잇큐상'이라는 애칭으로 사람들에게 친숙한 무로마치 시대의 선종 승려 잇큐선사一休禅師(임제종)와 관련된 이야기로 다양한 장르에서 소재로 삼고 있다. 다수의 전설이 삽입되어 역사적 사실과 무관한 이야기도 혼재되어있다.

개를 친다. 특히 가장 강렬하게 인상에 남아있는 것은 구스노키 마사시게의 망령이다(권23). 오모리 히코시치大森彦七라는 무사 앞에서 마사시게는 머리가 천 개인 귀신 '센즈오키千頭王鬼'가 되어 머리가 일곱 개 있는 소를 탄 무시무시한 형상으로 나타난다. 이는 생전에 진에瞋恚[58]의 마음이 강했기 때문이다. 애당초 주군인 고다이고 천황 자체가 마혜수라摩醯修羅[59]의 화신으로 제육천에 있고, 그 아래에 있는 자들은 슈라도에서 다투느라 여념이 없다. 요컨대 고다이고 천황은 '마魔의 우두머리'라는 말이 될 것이다. 결국 걷잡을 수 없이 거칠어진 마사시게의 망령도『대반야경大般若経』을 읊자 그 공덕에 의해 진정된다. 이런 점은 '노能'의 '슈라모修羅物'와 비슷한 패턴이다. 『헤이케모노가타리』에서 '명冥'의 세계는 인간의 지각이 미치지 않는 곳에 존재했는데『다이헤이키』에서는 매우 생생하게 그 특이한 형태를 드러내고 있다. 눈에 보이지 않는 존재가 점차 보이는 존재로 바뀌어 통제 가능해지면서 이윽고 근세의 요괴로 이어진다. 그만큼 이계異界가

---

58) 삼독·십악(살생, 투도, 사음, 망어, 기어, 양설, 악구, 탐욕, 진에, 사견) 중 하나로 뜻대로 되지 않는 것에 대해 분노하는 것을 말한다.
59) 대자재천大自在天의 신으로 색계의 정상에서 불법을 수호하는 신이다. 인도 바라문교에서 세계창조와 파괴의 최고신인 시바신의 별명 중 하나이다.

현세로 끌려 나와 현세적이 되었다고 말할 수 있다.

　『다이헤이키』에는 새로운 타입의 인물상이 묘사되기도 한다. 그 전형은 '바사라ㅐサㅏ'로 표현되는 사사키 도요佐々木道誉였다. 타인의 이목을 끄는 기발한 모습으로 자유분방한 행동거지를 보이는 '바사라'는 기성 질서가 파괴되고 새로운 것이 탄생되기 시작하는 에너지를 표출하고 있었다. 사사키 도요는 신불神仏조차 두려워하지 않으며 묘호인妙法院을 불태우는 일쯤이야 눈 하나 깜짝하지 않고 태연히 저지르고 있다. 나중에 나오는 오다 노부나가織田信長나 도요토미 히데요시로 이어지는 측면이 있다. 바사라를 처치하기가 역시 버거웠는지 겐무식목建武式目에서는 이를 금지하고 있다. 구스노키 마사시게도 당시의 질서를 고분고분히 따르지 않던 '악당悪党'이었다. 이런 새로운 스타일의 무장들이 이후의 전국시대를 만들어가게 된다.

III
사상의 다양화와 변용[근세]

16~19세기

6장 대변동과 재편

전국시대·아즈치모모야마 시대

1 분열에서 재통일로

천황·쇼군·다이묘

무로마치 막부는 3대 쇼군 요시미쓰義満 무렵 전성기를 맞이했다. 하지만 애당초 여기저기에 있던 무사 집단들을 끌어다 모은 성격이 농후해서 쇼군의 힘이 막강했다고는 말할 수 없었다. 아울러 교토에 기반을 두고 조정과도 협조적이었기 때문에 왕권의 이원적 긴장 구도가 약했다. 그래서인지 막부에 대항하는 상대를 상정하여 애써 구심력을 강화하는 것도 쉽지 않은 상황이었다. 전제를 노렸던 6대 쇼군 요시노리義教가 아카마쓰 미쓰스케赤松満祐에게 살해당하자(가키쓰嘉吉의 난, 1441), 순식간에 막부가 약해져 '오닌의 난(1467~1477)'이 일어난다. 난을 일단 진압한 이후에도 사회 혼란을 수습하지 못해 결국 전국戰国시대를 맞이하게 되었다. 쇼군은 호소카와 씨를 비롯해 기내(수도 주변 지역-역주)에 있던 유력자들의 허수아비가 되었고 심지어 교토에 머물 수조차 없는 지경에 이르러 방랑하는 처지로 전락했다. 최종적으로 아시카가 요시아키足利義昭를 이끌고 교토에 입성한 오다 노부나가織田信長에 의해 요시아키가 15대 쇼군이 되었으나(1568), 결국 노부나가와 대립한 후 교토에서 쫓겨나(1573), 실질적으로 막부는 붕괴했다.

이런 사태가 벌어지는 가운데 천황가 역시 이루 말할 수 없는 곤궁함에 빠졌다. 1500년에 고쓰치미카도後土御門가 병사했을 때는 화장하기 전 무려 43일간 방치되었고 다음 천황인 고카시와바라後柏原 천황은 대를 이어 천조踐祚[60]를 하고도 즉위식을 치를 수 없었다. 즉위식이 거행된 것은 한참이 지난 1521년의 일이었으며 '다이조사이大嘗祭[61]'는 퇴위 때까지 열리지 못했다. 결국 '다이조사이'는 1466년 고쓰치미카도 천황 이후 200년 이상이나 중단되었다. 막부의 재정원조가 없었기 때문이다. 이외

---

60) 간무桓武 천황 이후, 황위의 상징인 삼종의 신기를 물려받는 '천조踐祚'와 황위를 계승했다는 사실을 천하에 선포하는 '즉위'를 구별하게 되었다. 단, 현행 황실전범에는 '천조'라는 표현은 사라졌다. 천황 즉위 후 처음으로 조상과 천신지기에게 햇곡식을 바치는 의식을 말한다.
61) 천황 즉위 후 처음으로 조상과 천신지기에게 햇곡식을 바치는 의식을 말한다.

에도 그때까지의 관례가 상당 부분 변경되었다. 천황의 생전 퇴위도 여의치 않게 되었으며 상황, 황태자, 황후조차 없는 상황이 이어졌다.

이토록 어려운 상황이었기에 천황의 지위가 격하되었느냐 하면, 그리 쉽사리 말할 수도 없다. 102대 고하나조노後花園 천황에서 109대 메이쇼明正 천황까지 황위 계승이 거의 다툼 없이 직계로 계승되었다. 애당초 다툼이 생겨날 여력도 없었거니와 다이묘들도 그 정도로 관심을 가지지 않게 되었기 때문이다. 아무리 그렇다고는 해도 남북조시대의 쟁탈전을 돌이켜 생각해보면 놀랄 정도로 평온해진 셈이다. 후계자 쟁탈전은 오히려 쇼군 가문 쪽으로 옮겨갔다고 말할 수 있다. 고하나조노 천황의 동생인 사다쓰네 친왕貞常親王 계통은 계속해서 '후시미노미야伏見宮'를 계승했고 섭관 가문이나 몬제키사원門跡寺院[62] 제도도 정비되었다. 설령 다툼이 있다고 해도 계승과 관련된 기본적 룰은 확립된 상태였다. 황족·공가·몬제키門跡는 일체가 되어 전통문화의 전승자가 되었고 시대를 잘만나 벼락출세를 한 무사들에게는 선망의 대상이었다.

이 시대에 다이묘들은 교토를 떠나 자신의 영지가 있

---

[62] 몬제키사원이란 황실 가문이나 공가의 인물이 출가 후 주지를 맡는 사원을 말한다.

는 지방으로 내려갔고 그곳에서 정착하면서 세력을 구축하게 된다. 그렇다고 해서 그들의 관심이 교토에서 벗어났던 것은 아니었다. 교토는 국가의 중심이었으며 동경해 마지않는 문화 도시였고 천황은 그 상징이었다. 실력본위로 생각해보자면 천황이 주는 관위 따위는 무용지물에 불과했을 것이다. 그러나 그런 관위를 가지는 것이 다이묘의 지배를 정당화해주었고 덕분에 주위의 다른 다이묘보다 우위에 설 수 있었다. 천황은 권력적인 측면에서 무력한 존재였지만 전통문화에 따른 질서의 중핵이라는 권위만은 계속 유지하게 된다. 패권만으로 천하를 다스릴 수는 없는 노릇이었다. 문명의 질서가 필요해지기 때문이다. 그런 조정의 역할은 이후, 에도 시대에도 이어지게 된다. 이리하여 다이묘들은 교토를 지향했고, 교토에서 내려온 공가들은 교토 문화를 전달해주는 스승으로 존중받았다.

영지 통치 이념

무로마치 시대에는 농업 생산력이 향상했고 '소손惣村[63]'의 자치적 조직이 확대되었기 때문에 '쓰치잇키土一

---

63) 소손惣村은 중세 일본에 존재했던 백성들의 자치적이고 지연적인 공동조직(촌락 단위),

揆[64]'로 발전하는 경우도 드물지 않았다. 나아가 그 규모가 커지면 '구니잇키国一揆'나 '잇코잇키一向一揆'를 통해 일국一国을 지배하기에 이르렀다. 아울러 도소土倉[65] 등 금융업도 눈부시게 발전했다. 이로 인해 교토를 비롯해 조닌町人(마치슈町衆[66])의 자치적 활동도 활발해지면서 홋케잇키法華一揆로 이어졌다. 전국시대는 이런 경제적 발전을 바탕으로 한 거대한 사회변동기였다. 이런 와중에 조정이나 막부의 정치력이 약해지면서 각지의 다이묘 세력에 의한 군웅할거가 이어졌고 하극상의 패권주의가 횡행했다. 물론 모든 것이 모조리 무질서 상태에 빠진 것은 아니었다. 다이묘는 한편으로는 신하나 영지 백성들의 불만에 유연하게 대처하며 치안유지나 생산력 향상에 힘썼으며, 다른 한편에서는 전쟁이나 평화를 노련하게 구분해가며 주변 다이묘들과의 긴장 관계에 능수능란

혹은 '소惣'에 의해 운영되던 촌락을 가리킨다.

64) 잇키一揆는 중세와 근세의 일본 사회에 존재했던 무사, 농민의 고유한 결합 및 행동 양식을 말한다. 일치단결하여 봉기하는 경우도 있었는데, 항거하는 주체에 따라 명칭이 약간씩 달라진다. 예컨대 무로마치 시대 농민이 연공미나 부역의 감면 등을 요구하며 장원영주나 도소(고리대부업자) 등을 상대로 일어난 무장봉기는 쓰치잇키土一揆라고 칭했으며 지역 토호나 무사들이 수호守護나 장원영주를 상대로 일으킨 봉기는 구니잇키国一揆, 일향종一向宗신자가 교단 조직을 이용한 무장봉기는 잇코잇키一向一揆라고 불렀다. 아울러 전국시대에 교토의 마치슈町衆를 주체로 한 니치렌종(법화종) 교도의 잇키는 홋케잇키法華一揆라고 불렀다.

65) 가마쿠라, 무로마치 시대의 금융업자. 일종의 전당포로 담보대부를 하는 고금리 대부업자이다.

66) 지역의 부유한 상공업자 계층이 자치적으로 조직한 공동체를 말한다.

한 수완을 발휘해야 했다. 다이묘의 지배 영역은 말 그대로 하나의 '나라国'였기 때문에 '국가国家'라는 단어도 사용되었다. 다이묘는 해당 국가의 왕이나 다름없었기 때문에 왕권을 유지하고 발전시키기 위해 엄청난 능력이 필요했다. 신불과의 관계 역시 중요한 문제였다. 이는 단순히 실리적인 문제가 아니었다. 죽고 죽이는 것이 일상다반사가 된 상황에서 자연스레 신불에게 의지하기 마련이었으며 호조 소운北条早雲이나 다케다 신겐武田信玄처럼 출가 신분으로 실권을 휘둘렀던 다이묘들도 있었다. 비사문毘沙門의 '비毘'를 깃발 표식에 썼던 우에스기 겐신上杉謙信, 정토종 신앙이 돈독한 미카와三河 무사단을 이끌던 도쿠가와 이에야스德川家康 등도 잘 알려져 있다.

다이묘 지배 당시의 사상을 이해할 수 있는 힌트로 분국법分国法이라고 일컬어지는 각지의 법 규정이나 제자, 혹은 자손들에게 전해졌던 가훈, 유훈 등이 알려져 있다. 분국법은 모든 다이묘가 가지고 있었던 것은 아니었으며 오히려 가지고 있던 쪽이 소수에 불과했다. 『어성패식목』이 여전히 권위를 가지고는 있었지만 실제로는 문장화된 경우가 드문 관습법이나 다이묘의 판단에 맡겨진 부분이 컸다. 법적인 규정을 만드는 것은 다이묘의 재량권을 구속할 우려도 있었기 때문에 기피된 측면도 있었다. 선진적인 법 정비로는 이마가와 우지치카今川氏親의『이마가와가나목록今川仮名目録』이 잘 알려져 있으며 특히 '싸움 당사자에 대한 양벌죄喧嘩両成敗'를 정해놓은 제8조가 저명하다. 훗날 이마가와 요시모토今川義元가『가나목록추가かな目録追加』를 추가했는데, 거기에서는 출진할 때 법도를 어긴다면 아무리 고명高名하다 해도 불충不忠하다(제4조)라고 나와 있다. 가신들에게 엄격한 질서를 요구하고 있었다는 사실을 알 수 있다. 분국법 중에는『롯카쿠씨식목六角氏式目』처럼 다이묘의 절대 권력이 약한 탓에 가신단이 원안을 만들고 나서 다이묘의 승인을 받았던 예도 찾아볼 수 있었다.

가훈이나 유훈은 아내나 자식에 대한 애정 등, 무장의 개인적 심정을 알 수 있는 점에서 매우 귀중한 자료이다. 호조 소운의 것으로 알려진『소운지도노이십일개조早雲寺殿廿一箇条』에서는 "그저 마음을 곧고 유연하게 가지며 정직하고 공정하며 윗사람을 공경하고 아랫사람을 측은해하며, ……있는 그대로의 마음이라면 신불의 마음과도 합치될 것이다" 등등의 내용에서 솔직한 윤리관이 표명되고 있다. 이런 무사의 윤리관이 에도 시대 무사도로 이어지게 되는 것이다.

아울러 여기에 "기원을 드려도 마음이 곧지 못하면 천도天道가 이를 저버릴 것이다"라며 천도 사상이 표명되고 있다는 사실도 주목할 만하다. '천도'는 원래 『주역』이나 『장자莊子』 등 중국 고전에 나오는 말이다. 그러나 이 시대에는 신불유神仏儒가 융합하는 가운데 형성된 관념으로 그리스도교와도 이어지는 요소를 가지고 있다. 중세 전기의 '도리' 개념을 이어받아 애매하긴 하지만 윤리의 근원이 되는 초월적 존재로 생각되었다. 에도 시대에도 중시되었고 훗날 태양 신앙과의 일체화를 통해 '오텐도사마ぉ天道様'로 신앙의 대상이 되었다.

천하통일과 동아시아

노부나가는 아시카가 요시아키와 교토로 입성한 후, 요시아키를 15대 쇼군에 앉히면서 일단 중앙을 장악했다. 하지만 그것으로 전란이 종결된 것은 아니었다. 최종적으로 요시아키를 교토에서 추방하면서 무로마치 막부는 붕괴하는데, 그 전후에도 노부나가는 여러 다이묘와 전투를 벌이면서 히에이산을 불태워버리거나(1571), 잇코잇키와 전투를 벌이는 등 종교 세력에도 대응해야만 했다. 조정과의 관계도 미묘해서 노부나가는 조정에 대한 압박을 점차 강화해간다. 교토에서 약간 떨어진 비와호琵琶湖 동쪽 기슭 아즈치安土에 성을 쌓고 스스로를 신격화하려고 했다고도 전해진다. 오기마치正親町 천황은 노부나가에게 어떤 관직이라도 주겠노라며 회유를 시도했지만, 노부나가는 답장을 보내지 않은 채 혼노지本能寺에서 목숨을 잃었다(1582).

노부나가의 뒤를 이은 히데요시는 조정에 경의를 표하며 천황의 힘을 배경으로 자기 정당화를 꾀하면서 저항하는 다이묘들을 제압해갔다. 히데요시는 조정의 관위를 받았다. 정이대장군이 아니라 관백의 위치를 희망해 그 자리에 취임한다(1585). 이는 무가의 동량이 아니라 공가 사회의 우두머리임을 의미했다. 관백의 자리를 놓고 고노에 가문近衛家과 니조 가문二条家이 다투던 상황을 틈타 돈을 가지고 쥐락펴락한 것이다. 오섭가五摂家[67]가 아니면 올라설 수 없는 최고 관위를 능수능란하게 탈취하면서 공가 사회조차 그 권력 아래 두는 데 성공했다. 오기마치 천황의 뒤를 이어 고요제이後陽成 천황이 주라쿠

---

67) 가마쿠라 시대 이후 섭정이나 관백에 임명될 수 있는 다섯 가문을 가리킨다. 후지와라 북가의 후손들로 고노에近衛·구조九条·니조二条·이치조一条·다카쓰카사鷹司 등 다섯 가문을 말한다.

다이聚樂第[68]에 행차해(1588), 양자의 긴밀한 관계를 보여
주었다. 히데요시는 전국적으로 도수령刀狩り이나 검지檢
地를 통해 통치의 기반을 다지는 동시에 교토 호코지方広
寺에 대불을 건립해 새로운 도시 정비에 착수했다.[69]

히데요시 무렵에는 '기리시탄[70]'의 세력도 커졌고 남
만무역도 확대되었기 때문에 그 시야는 국내뿐 아니
라 외부로도 향하게 되었다. 국내를 평정한 히데요시
가 다음으로 눈을 돌린 곳은 조선이었으며, 그 끝에 있
는 것은 명나라였다. 두 차례에 걸친 조선 출병(1592~1593,
1597~1598)이 의도한 바는 고요제이 천황을 베이징으로 옮
기고 히데요시는 대당관백大唐関白의 지위에 오르며 국내
는 친왕親王이 대를 이을 거라는 장대한 것이었다. 전혀
실현 가능성이 없는 망상에 불과했지만, 조선에 대해서
는 '진구神功 황후의 출정 전설' 이후 일본의 속국으로 취
급하는 관념이 저류에 있던 것은 부정할 수 없다. 대마도
의 소씨宗氏가 중개하던 양국의 의사소통은 상호 간의 인

---

68) 히데요시가 교토에 지었던 성곽풍 개인 사저를 가리킨다.
69) 도수령刀狩り은 무사 이외의 사람이 가진 무기를 몰수하는 것을 말한다. 이를 바탕으
로 병농분리를 행해 근세 봉건 체제의 기초를 만들었으며 검지檢地(토지 측량 조사)를 실시
해 조세 징수를 위한 기초를 만들었다.
70) 일본의 전국시대 말기부터 에도 시대에 걸쳐 그리스도교(천주교) 신자를 부르던 표현
이다. 에도 막부시대에는 전면적으로 그리스도교(천주교)를 금지하면서 모든 선교사를 추
방했는데 259년이 넘는 오랜 시간 동안 음지에 숨어서 신앙생활을 하던 천주교인들은
'가쿠레키리시탄(숨은 그리스도인)'으로 불리며 탄압받았다.

식 차이를 여실히 보여주고 있다. 이 문제는 에도 시대의 조선통신사 교류 시대를 거쳐, 메이지 시대의 정한론이나 조선에 대한 식민지정책으로 이어지게 된다.

조선 출병은 현지에 막대한 피해를 준 동시에 격렬한 저항에 부딪혔으며, 출정한 일본 병사 또한 피폐해졌다. 의승医僧으로 종군한 진종真宗의 교넨慶念은 그 참혹한 상황을 다수의 와카和歌와 함께 『조선일일기朝鮮日々記』에 남겼다.

2 일신교의 충격

일신교와의 만남

1549년 일본에 도착한 프란시스코 사비에르Francisco de Xavier는 예수회 창설(1534) 당시 멤버 중 한 사람이다. 16세기 유럽에 종교개혁의 광풍이 불어 닥쳤을 당시, 가톨릭 측에 속했던 예수회는 종교개혁에 대항하는 중심 활동으로 '새로운 수도회 운동'을 일으켰다. 예수회의 주력 활동 중 하나는 이교도에 대한 선교활동이었는데 사비에르는 그 선봉장이 되어 인도의 고아Goa를 거점으로 활동하고 있었다. 그러던 와중에 일본인 안젤로(혹은 야지로)를 알게 되어 일본에 포교할 뜻을 품게 된 것이다. 당시 프로테스탄트는 서구 안에서 벌어진 투쟁에 대처하는 것만으로도 버거운 상황이었기 때문에 해외 포교는 염두에 두지 않았다. 훗날 메이지 시대의 그리스도교는 프로테스탄트가 중심이 되었다. 프로테스탄트가 세속주의를 표방했던 것에 반해 가톨릭에서 성직자는 로마 교황을 정점으로 한 계층에 속해있었다. 이런 까닭에 일본에서도 세미나리오seminario(초등 신학교), 학림collegio(고등 신학교) 등 조직적 교육 시스템이 구축되었다.

순찰사로 일본에 왔던 알렉산드로 발리냐노Alessandro Valignano는 가능한 한 현지 습속에 따른다는 적응주의를 채택해 정착을 도모했다. 이 방침은 중국에서도 채용되어 마테오 리치(이마두利瑪竇) 등은 유교적 조상숭배를 활용하면서 포교에 임했다. 그러나 다른 수도회는 그것을 비판하며 이른바 '전례 논쟁[71]'이 일어났고 결국 예수회는 해산으로 내몰렸다(1773). 일본에서는 금교에 의해 애

---

71) 공자와 조상에게 제사를 지내는 중국 의례가 그리스도교 신앙에 위배가 되는지에 대해 중국에 있던 가톨릭교회 선교사들 사이에 벌어졌던 논쟁을 말한다. 예수회 선교사들은 신앙에 위배가 되지 않는 일정 한도에서 용납할 수 있다고 주장했다.

당초 그런 논의 자체가 일어날 상황에 이르지 못했다. 때문에 덴쇼天正 시대의 '유럽 파견 소년사절단少年遣欧使節 (1582~1590)', 혹은 하세쿠라 쓰네나가支倉常長처럼 유럽에 건너가 공부한 일본인의 노력도 결국 결실을 보지는 못했다. 단, 제도 금지 아래에 있었던 '가쿠레키리시탄隠れ キリシタン[72]'처럼 토착화된 독특한 형태도 생겨났다. 불교의 일본화와 마찬가지로 그리스도교의 일본화는 오늘에 이르기까지 커다란 과제라고 할 수 있다.

그리스도교는 불교 전래 이후 처음으로 일본에 전해진 새로운 종교였다. 선교사만이 아니라 새로운 신앙을 접한 일본인들도 무척이나 당황스럽기는 매한가지였다. 신(데우스Deus)을 어떻게 번역해야 할지에서부터 시행착오의 연속이었다.[73] 일본인에게는 창조신이라는 개념 자체가 이해되지 않았고 세례를 받지 않은 채 이미 세상을 떠난 수많은 조상들이 지옥에 빠져 영원히 구원을 받지 못할 거라는 가르침에 경악했다. 불교 승려와 그리스도

---

72) 밀교 형식으로 신앙을 몰래 유지해온 에도 시대의 그리스도교도를 말한다. 에도막부는 그리스도인을 적발하기 위해 '후미에'를 밟도록 하는 등 철저히 탄압을 가했기 때문에 가까스로 삼아 남은 교인들은 더더욱 깊숙이 숨어버리게 된다. 1873년 그리스도교 금지령이 해제될 때까지 무려 259년 동안이나 음지에 숨어서 신앙을 지켜온 셈이기 때문에 밀교화된 모습의 토착적 형태로 변형되었다.
73) 맨 처음 사비에르는 데우스를 불교 용어인 '대일大日'로 번역했다가 오해가 깊어져 결국 '데우스'라는 원어를 그대로 사용했다고 한다.

교 선교사의 토론에서는 불교가 최종적으로 '무無(공空)'를 설파한 반면, 그리스도교는 신과 천국의 실재(유有)를 강조한다는 점이 중대한 논점이 되었다. '기리시탄'의 가르침을 일본인이 일본어로 기록하며 불교 등을 비판했던 유일한 저서는 에도 시대에 들어온 이후에 나온 파비앙 Fabian의 『묘정문답妙貞問答』(1605)이었다. 파비앙은 여기서 불교의 극락은 어차피 '무無'로 돌아가는 것이지만 그리스도교의 천국은 실제로 존재하기 때문에 믿을 만한 가치가 있다고 논하며, 불교적인 '현세안온現世安穩 후생선소後生善所'라는 문제의식의 연장선 위에서 그리스도교를 이해하고 있다.

전국시대의 불교

지금까지 살펴본 것처럼 과거 가마쿠라 신불교라는 이름으로 일괄적으로 다뤄져 왔던 여러 종파는 실은 하나로 통합이 불가능할 정도로 시간 차를 두고 전개되었다. 이 가운데 전국시대에 단시간에 큰 발전을 이룬 것은 진종真宗(일향종一向宗)의 혼간지파本願寺派와 법화종法華宗(니치렌종日蓮宗)이었다. 진종은 신란의 제자들 중 동국東国 지방 출신 문하생에서 유래하는 다카타파高田派와 붓코지파仏

光寺派가 세력을 키워가던 와중에, 신란의 묘소가 발상지인 혼간지本願寺에서 제8세의 렌뇨蓮如가 나와 순식간에 거대 세력으로 발전했다. 렌뇨는 혼간지가 히에이산의 중도衆徒에 의해 파괴당했기 때문에 오미近江(현재의 시가현滋賀県-역주)를 거쳐 에치젠越前(현재의 후쿠이현福井県-역주)의 요시자키吉崎를 거점으로 포교 활동을 전개하면서(1471), 호쿠리쿠北陸(후쿠이, 이시카와石川, 도야마富山, 니가타新潟 등의 지역-역주)를 중심으로 다수의 신도를 획득했다. 렌뇨가 성공한 이유는 신심信心을 중심으로 신란의 가르침을 간명하게 전파했고, 신란의 자손이라는 귀한 혈통의 카리스마가 있었기 때문이다. 혼간지 문도門徒는 공통의 이해로 결속된 공동체인 잇키一揆를 형성했고 마침내 가가加賀(현재의 이시카와현石川県-역주) 전체를 지배하는 정치적, 군사적 세력으로 크게 성장했다. 이후 혼간지는 황실이나 구조 가문九条家에도 접근했는데 제11세 겐뇨顕如는 이시야마 혼간지石山本願寺를 거점으로 오다 노부나가와 전투를 벌였다가 결국 물러났다(1580). 에도 시대에는 정치 권력을 잃고 동서 양쪽 혼간지파로 나뉘었지만, 승려가 고기를 먹고 처자식을 거느리는 것을 인정한다는 독자적인 입장을 견지하며 세력을 유지했다.

법화종法華宗은 니치조日像의 포교 이래, 교토의 마치슈町衆 사이에서 퍼져갔다. 신흥 상공업자인 마치슈에게 법화종은 매력적으로 비쳤을 거라고 여겨진다. 현세를 중시하고 기존 체제를 격렬히 비판했기 때문이다. '교토 니치렌종 계열 21개 사원'이라고 일컬어지는 대사원이 즐비했고 신자인 마치슈는 자치 체제를 갖추며 '홋케잇키法華一揆'라고 불리는 일대 세력으로 성장했다. 혼간지 세력과 대립해 야마시나혼간지山科本願寺를 불태워버리는 등 (1532) 기세를 올렸지만, 히에이산과 다이묘들의 연합군에 패배해 물러났다(덴문홋케天文法華의 난, 1536). 이후 다시 부활하지만 노부나가는 아즈치종론安土宗論(1579)에서 정토종과 토론 대결을 시켜 의도적으로 법화종을 패자로 만든 후 그 세력을 약하게 만들려는 작전을 폈다.

선종도 눈부신 발전을 보였다. 임제종만이 아니라 가마쿠라 말기의 게이잔 조킨 이래로 조동종도 급속한 발전을 보였다. 전국시대의 다이묘들은 대부분 선종에 귀의했다. 내일 당장 죽을지도 모를 무사들에게 선종의 인간관이 좀 더 친근했을 것이며, 아울러 선종의 장례식 의례가 정비되어 보리사菩提寺를 통해 이에家 전체가 종교화되었다는 점도 크게 작용했다. 이런 방향이 에도 시대의 사단寺檀제도[74]로 이어지게 되었다.

통일국가와 종교

노부나가는 종교 세력과도 전투를 벌이며 거대한 힘을 약하게 만드는 데 성공했다. 그러나 이후 새롭게 재건된 종교 세력과 어떤 관계를 맺을지는 후계자인 히데요시에게 맡겨졌다. 가장 큰 문제는 그리스도교의 위치를 어떻게 설정해야 할지의 문제였다. 그리스도교는 다이묘를 포함해 수많은 신자를 확보했지만, 한편으로는 왕권에 의한 탄압도 이어졌다. 일찍이 오기마치 천황은 '기리시탄'을 싫어해서 '대추방령'(1565)을 냈다. 하지만 실제로 큰 영향력을 끼쳤던 것은 히데요시의 '바테렌 추방령'(1587)이었다. 바테렌 추방령에서는 "일본은 이미 신국이기 때문에 그리스도 국가에서 사법邪法을 받아들인다는 것은 있을 수 없는 일이다"라고 하며 일본이 이미 '신국'이라는 점을 그리스도교를 받아들일 수 없는 근거로 삼고 있다. 여기서 말하는 '신국'은 신불을 포함해 일본

---

74) '단가제도'라고도 하는 '사단제도'는 모든 국민이 이에家 단위로 특정 사원의 단가로 등록하여 기리시탄이 아니라는 것을 증명하도록 하던 정책을 통해 확립되었다. 하지만 단순히 '기리시탄' 탄압의 문제를 벗어나 호적으로써의 역할을 담당하게 되었다. 아울러 사단제도를 통해 현세뿐 아니라 사후의 관리에도 큰 영향력을 발휘하며 장례식 불교라는 독자적인 형태를 정착시켰다.

이 이미 충족되어있기 때문에 외부로부터 새로운 '사법邪法'을 필요로 하지 않는다는 논법이었다. 여기서 '신국'은 그리스도교를 배제한다는 새로운 의미를 부여받게 되었다. 이 논법은 에도 시대의 '기리시탄 탄압'이나 쇄국 정책 당시 계승되었다.

히데요시는 나아가 호코지方広寺의 대불을 거점으로 불교계의 통합을 꾀하고자 호코지에 여러 종파의 승려를 초대해 '천승공양千僧供養'을 행했다(1595). 이는 스스로 권력을 종교계에도 관철하려는 의도였는데, 니치오日奥 등 니치렌종 일파만이 '불수불시不受不施[75]'의 원칙에 따라 출사를 거부했다. 이들은 에도 시대에 들어와서도 이런 태도를 관철시켰기 때문에 결국 금지당해 음지로 숨어 들어가게 되었다. 히데요시는 최종적으로 스스로가 신으로 모셔질 것을 희망해, 조정으로부터 '도요쿠니다이묘진豊国大明神'이라는 '신호神号'를 받아 요시다 신도의 형식으로 '도요쿠니샤豊国社'에 모셔졌다. 오사카 겨울 전투와 여름 전투로 도요토미 씨가 완전히 멸망하면서 '도요쿠니샤'도 파괴되었지만, 정치적 권력자가 사후에 신으로 모셔졌던 것은 이것이 최초였다. 이는 종래의 어령신御霊

---

75) 법화경 신자 이외에는 보시를 받지도 베풀지도 않는다는 원칙을 가리킨다.

神과는 완전히 다른 종류 신으로, 오히려 현창신顯彰神이
라고 칭할 수 있을지도 모른다. 훗날 이에야스는 도쇼구
東照宮에 모셔졌고 메이지유신 이후 다수의 새로운 현창
신이 모셔지게 되었다.

3 다이묘와 마치슈

남만 문화와 글로벌 세계

그리스도교의 전래는 그 자체만의 목적으로 이루어졌
던 것이 아니라 15세기에 시작된 유럽 대항해 시대 일부
를 이루는 것이었다. 대항해 시대는 유럽의 배가 아프리
카, 아메리카, 오세아니아 등 세계 각지로 진출해 교역과
약탈, 학살 등을 반복하며 식민지화를 추진했던 시대였
다. 하지만 이로 인해 그때까지 제각각 존재했던 지구상
의 여러 지역이 통합되면서 세계 지도를 그리는 것이 비
로소 가능해졌다. 그때까지의 동아시아 세계는 중국을
중심으로 한 화이관을 바탕으로 성립되고 있었는데, 그
것만으로는 더는 버틸 재간이 없어졌다. 완전히 이질적

인 서구 문화와 종교를 접하며 선진적인 문화를 채용하는 동시에 식민지화의 위협에 대항해야 했기 때문이다. 이리하여 싫든 좋든 어쩔 수 없이 글로벌한 지구 규모의 세계로 내던져지게 되었다.

15~16세기에는 스페인과 포르투갈이 그 중심에 섰지만, 이후엔 네덜란드나 영국이 그를 대신했다. 영국의 동인도회사 창립이 1600년, 네덜란드는 1602년이다. 때마침 일본도 거대한 정권 교체기였다. 중국 역시 대략 그즈음, 명나라에서 청나라로 교체된다(청의 건국이 1616년). 이런 변화는 일본의 외교 정책에도 크게 반영되었다. 원래 '남만南蛮'이란 중화적 화이관에 의해 남방의 야만족을 의미하던 표현이었다. 애초에 그것이 어디에 위치하는지조차 확실치 않았다. 심지어 스페인이나 포르투갈이 동아시아에 진출했을 때, 해당 해역에서는 후기 왜구(14세기의 전기 왜구와 대비해 부르는 명칭)가 큰 세력을 떨치고 있었다. 후기 왜구의 동량은 중국인인 경우가 많았고 왕직王直 등은 거의 독립 국가에 가까운 세력을 보유하고 있었다. 따라서 남만 세력도 그들의 힘을 빌리면서 중국 범선 '정크'를 타고 일본에 왔던 것이다. 이리하여 동아시아 세계라는 틀 위에 새롭게 글로벌한 세계가 겹쳐서 밀려들게 되

었다. 심지어 스페인과 포르투갈의 알력이 중첩된다. 그리스도교 포교만 해도 포르투갈 계열의 예수교에 대해 스페인 계열의 프란시스코회나 도미니크회가 이의를 주창하는 등 혼란이 이어졌다.

어쨌든 이런 상황 속에서 일본에 도래한 남만 문화는 그리스도교라는 정신세계의 영역만이 아니라 물질문명에 관해서도 심대한 임팩트를 주었다. 주지하는 바와 같이 그 첫 번째로 들 수 있는 것이 바로 '철포'였다. 다네가시마種子島를 통해 도래한 철포는 전국시대의 전쟁 양상을 순식간에 뒤바꿔놓았다. 전국시대의 전쟁은 이전과는 상당히 다른 양상을 보였다. 말을 탄 무사들이 일대 일로 겨루던 방식이 아니라, 아시가루足輕(일종의 보병-역주)로 구성된 부대가 출동하는 집단전이 중심이었기 때문이다. 철포의 사용은 이런 경향을 한층 진전시켜 나가시노長篠 전투(1575) 등에서 그 위력을 여실히 보여주었다.

남만 문화는 문화적 측면에서도 인쇄술이나 미술, 일용품이나 음식 문화에까지 큰 궤적을 남겼다. 이것이 에도 시대에 네덜란드 문화에 관한 관심으로 이어져간다. 남만 문화를 받아들이는 데는 '기리시탄'의 네트워크가 중요한 역할을 했다. 중심인물은 다카야마 우콘高山右近

등의 다이묘나 의사인 마나세 도산曲直瀬道三 등이었는데, 흥미로운 사실은 그들이 다도를 즐기는 다인으로도 알려져 있다는 점이다. 그리스도교 신앙과 남만 문화, 그리고 다도의 네트워크가 농밀하게 이어져 있었다. 전국시대에서 아즈치모모야마 시대로 이어진 문화는 그런 것들이 복잡하게 얽혀있다고 봐야 할 것이다.

'투차'에서 '와비차'로

전국시대부터 근세 초기에 걸쳐『낙중낙외도병풍洛中洛外図屏風』이 다수 그려졌는데, 가장 유명한 것은 '우에스기본上杉本'이라고 일컬어지는 것이다. 젊은 시절 가노 에이토쿠狩野永德가 그린 작품으로 우여곡절 끝에 노부나가가 우에스기 겐신上杉謙信에게 선사한 것이라고 일컬어지고 있다. 16세기 당시 교토의 번화함이 매우 세밀하게 삽입되어 있어서 사람들의 생활이 얼마나 즐거웠고 향락으로 가득 차 있었는지 엿볼 수 있다. 교토 거리는 '오닌의 난' 이후 전쟁터가 되었으며 '덴문홋케天文法華의 난' 등으로 완전히 황폐해져 버렸다. 하지만 이 그림에서는 그런 살벌한 분위기가 느껴지지 않고 오히려 화려하고 밝은 활기로 가득 차 있다. 교토의 거리가 일본의 중심으로 동경

의 대상이 될
수 있었던 것
도 절로 이해
가 갈 것이다.
무로마치 시
대의 문화는
'기타야마北山
문화'의 화려
함과 '히가시
야마東山 문화'

〈그림 12〉『낙중낙외도병풍洛中洛外図屛風』,
우에스기본上杉本(우척右隻, 부분)

의 '유현(유겐)幽玄' 지향이 서로 정반대의 양상을 보인다. 다른 말로 표현하면 빛과 그림자의 부분을 모두 가지고 있었던 것이 이 시대 문화의 특징이었다. 이런 경향은 전국시대에 한층 심해졌고 아즈치모모야마安土桃山 시대로 가면 좀 더 극단적이 된다.

이런 특성을 가장 잘 보여주는 문화가 차노유(훗날의 다도)이다. 화려한 차림새로 값비싼 수입산 차 도구를 자랑삼아 호기롭게 행해지던 투차鬪茶는 무라타 주코村田珠光, 다케노 조오武野紹鷗, 센노 리큐千利休로 계승되면서 점차 '차노유'로 발전해 정신적 측면이 강조된다. 차노유의 애

호가들은 '스키모노数寄者'라고도 일컬어졌는데 이는 바사라에서 가부키모노カブキ者로 이어지는 화려하고 기이한 외형성과 무관하지 않다.[76] 이런 성향은 히데요시가 '황금 차실'을 애호했던 대목으로도 이어진다. '기타노오차노유北野大茶湯(1587)'는 하루로 끝났지만, 신분의 귀천이나 겉치레 형식을 따지지 않는 축제성을 띠고 있었다. 이는 『낙중낙외도병풍』의 세계와 공통점을 가진다.

'무라타 주코-다케노 조오-센노 리큐'의 계보는 이런 동향을 받아들이면서도 좁은 초암의 다실로 간소화한 후후대에 '와비차'라고 일컬어지는 형식을 완성시킨다. 그실태와 정신은 리큐의 제자 야마노우에 소지山上宗二가 지은 『야마노우에 소지기山上宗二記』나 후대에 나온 것이긴 하지만 『남방록南方録』 등에 기록되어있다. 『야마노우에 소지기』에 의하면 '차노유를 하는 이의 각오'의 첫 번째는 "겉은 간소해도 내면은 정중하게"라는 것이었으며, 세속의 신분을 벗어나 주인과 객이 직접 서로를 마주하는 방

---

76) '가부키모노'란 전국시대 말기부터 에도 시대 초기에 걸친 현저하게 보였던 사회 풍조로, 예컨대 이국풍의 화려한 차림새를 하고 상식에서 벗어난 행위로 치닫는 사람들을 가리켰다. '이즈모노오쿠니'라는 여성 예능자는 '가부키모노'의 대표적인 인물로 이국적인 옷차림과 희한한 춤으로 사람들의 이목을 끌었다. 이것이 오늘날 일본을 대표하는 전통 예능인 '가부키'의 원형으로 여겨지고 있는데, '가부키'가 이처럼 전통과는 무관한 사회 풍조에서 잉태되었다는 점은 흥미로운 아이러니라고 할 수 있다.

식을 이상적으로 생각하고자 했다. 렌가連歌와 마찬가지로 '좌座' 문화의 흐름을 이어받으면서도, 다다미 두 장의 비좁은 공간 속에서 양쪽이 '일기일회一期一会[77]'의 만남을 소중히 하는 응축된 자리를 만들어내고자 했다. 그야말로 히데요시의 졸부적 기세와는 정반대 측면에서 궁극의 사치를 발견하고자 했던 것이다. 리큐는 사카이堺 출신의 유복한 조닌 출신이었다. 사카이는 원래 무역을 통해서도 융성해졌지만 전란을 피해 교토에서 모여든 문화인들을 받아들이며 독자적이고 자치적인 세계를 발전시켰다. 근저에 이런 반골성도 지녔던 리큐가 히데요시를 만나게 되고, 최종적으로 등을 돌리지 않았을 수 없었던 부분에서 모모야마 시대의 문화적 전형을 발견할 수 있을 것이다.

서민의 문예

'오토키조시御伽草子'라고 일컬어지는 일군의 이야기는 무로마치 시대에 꾸준히 만들어졌다가 에도 시대에 들어와 출판된 것들이 많다. 따라서 각각이 성립된 시대나 상황은 분명하지 않다. 공가나 무사만이 아니라 비교적 풍

---

77) 생애 단 한 번뿐인 인연이라는 의미를 가진 다도의 대표적 키워드라고 할 수 있다.

요로운 조닌 사이에도 보급되었고, 교토만이 아니라 널리 지방에까지 보급되었다. 개중에는 미적으로 매우 화려한 나라에혼奈良絵本[78] 형태로 완성된 것도 있다. 이런 이야기들은 왕조의 이야기나 '군키모노가타리戦記物語[79]'와 달리 서민 생활에 밀착하면서도 기상천외한 발상으로 꿈이나 바람을 묘사해냈다. 사람들에게 오락을 제공하는 동시에 살아갈 힘과 윤리관, 그리고 신불에 대한 신앙심을 길러주었다. 사람들의 생활이 그만큼 풍요로워졌으며 지배 계급만이 아니라 일반인들 역시 자기 삶을 주체적으로 생각할 수 있게 된 시대를 반영하고 있다. 이는 노能와 대조되는 '교겐狂言'의 서민성이나 비판 정신에서도 엿볼 수 있다. 아울러 셋쿄부시説経節[80]도 이 무렵부터 에도 초기에 걸쳐 유행했다.『산쇼다유さんせう太夫』『오구리 판관小栗判官』『가루카야かるかや』등이 사람들에게 깊은 감명을 주었다.

여기서는 오토기조시의 일례로『분쇼소시文正さうし』를

---

78) '나라에혼'은 무로마치 시대 후기부터 에도 시대 전기 무렵까지 다이묘나 유복 계층을 대상으로 금박 등 색채를 살려 제작된 그림 삽입 필사본을 말한다.
79) '군키모노가타리'란『헤이케모노가타리』처럼 전쟁을 중심으로 한 서사적인 문학작품으로 가마쿠라 시대나 무로마치 시대에 주로 창작되었다.
80) '셋쿄부시'는 중세부터 근세 초기에 걸쳐 민간에서 성행했던 구승 예능이다. 불교 포교를 위해 생겨난 측면도 있으나 대중예술로 발전하여 다양한 형태로 흥행에 성공했다.

살펴보도록 하자. 히타치노쿠니常陸国(현재의 이바라키茨城-역주) 가시마다이묘진鹿島大明神의 고위직인 대궁사大宮司[81]를 모시던 분타文太라는 하급의 잡색雑色이 대궁사에게 해고를 당해 떠나갔다가 소금을 만드는 일을 착실히 하게 되면서 벼락부자가 되어 자신의 이름을 분쇼 쓰네오카文正常岡라고 칭하게 되었다. 아이가 없었기 때문에 가시마다이묘진에게 간곡히 기도드렸더니, 마침내 두 딸을 얻게 되었다. 소문을 들은 교토의 귀공자('중장中将')는 짐짓 미천한 상인 행색을 하고 분쇼를 방문해 큰딸과 인연을 맺는다. 교토로 돌아오자 천황이 이 소문을 전해 듣고 둘째딸이 여어女御가 되면서 황자를 출산해 분쇼는 재상이 되었다는 것이다. 서민의 출세 이야기로 경사스럽기 그지없는 해피엔딩을 맞이하고 있는데, 특히 근면이 덕행이라는 사실, 또 신불에 대한 믿음의 공덕이 강조되고 있다. 아울러 딸들이 자신의 의지로 원치 않는 결혼을 거부하는 등, 비록 한정적이긴 하지만 여성의 지위가 향상되었다는 사실이 엿보이는 측면도 있다.

---

81) 대궁사大宮司의 일본어 음은 '다이쿠지'로 신사나 신궁의 최고위직이었다. 반면에 일본어 음이 '조시키'인 잡색雑色은 하급 관리를 말한다. 이하 이야기 속 관직에 보이는 '중장中将'의 일본어 음은 '주조'이며 '뇨고'로 읽을 수 있는 '여어女御'는 높은 위치에 있던 후궁의 명칭 중 하나이다.

오토기조시 중에서 본지물本地物이라고 일컬어지는 일군의 이야기는 신불의 유래를 자유로운 발상으로 서술하고 있어서 새로운 신불관의 형성을 엿볼 수 있게 해준다. 예를 들어『구마노의 본지熊野の本地』가 잘 알려져 있다. 천축天竺의 마가다국(인도 갠지스강 중역에 있던 고대 왕국-역주)에서 선재왕善財王의 부인들 중 '오쇠전五衰殿의 여어女御'가 왕자를 낳았으나 다른 부인들의 질투 때문에 참수되었다. 하지만 젖에서 모유가 계속 흘러내려 왕자는 이를 먹고 성장한다. 왕과 왕자와 여어는 일본으로 날아와 구마노熊野의 신이 되었다고 한다. 이 이야기는 고난을 거치면서 비로소 신이 되는 '고통받는 신苦しむ神'으로 알려져 있는데 오토기조시 안에는『모노쿠사타로物くさ太郎』처럼 고난을 거치지 않고도 부귀와 장수를 누리는 행복한 사람이 신이 되는 예도 있다. 신의 관념이 조금씩 바뀌고 있다는 사실을 알 수 있다.

7장 안정 사회 구축

에도 초기

1 새로운 질서를 찾아서

도쿠가와 시대의 평화

도쿠가와 이에야스의 에도 진입은 1590년의 일이었다. 히데요시는 오다와라小田原의 호조北条 씨를 멸망시킨 후, 스루가駿河(오늘날의 시즈오카현静岡県-역주), 미카와三河(오늘날의 아이치현愛知県-역주)를 거점으로 한 이에야스를 간토関東 지방으로 옮기게 했다. 이에야스의 세력이 커질 것을 두려워했기 때문이다. 하지만 이에야스는 오히려 이것을 기회로 삼았다. 에도로 거점을 옮긴 후 착실히 세력을 키워가며 세키가하라 전투(1600)를 거쳐 정이대장군이 되었고(1603), 오사카 전투(1614, 1615)에서 도요토미 씨를 멸망시킨 후, 결국 천하를 통일했다. '겐나엔부元和偃武[82]'라

82) '겐나엔부元和偃武'란 겐나元和 원년(1615)에 무기를 거두었다는 의미이다. 오사카 여름

고 일컬어지는 평화가 비로소 달성되었고 이후 250년에 걸쳐 '도쿠가와 시대의 평화', 이른바 '팍스 도쿠가와나[83]'가 이어진다. 이에야스·히데타다秀忠·이에미쓰家光 등 3대에 걸친 약 50년은 장기 정권의 토대를 구축한 시대였다. 각지의 다이묘·조정·사원 등 대항 세력을 무력으로 억누르며, '공의公儀'라는 '위광'을 등에 업고 온갖 방면에 대한 엄격한 규제를 담은 각종 '법도'로 법치주의 원칙을 관철시켰다. 그 누구도 거역할 수 없는 강력한 지배 체제를 구축했던 것이다. 이른바 '막번 체제'라고 표현되고 있는 것처럼 막부는 절대적인 중앙집권제를 취하기보다는 각 번의 자치를 기반으로 하면서도 쇼군이 다이묘보다 우위에 선 강력한 지배권을 장악하게 되었다.

이런 체제는 언뜻 보기에 '중세'와 전혀 다른 '근세'의 출발로 여겨져 기존의 역사와 큰 단절이 있는 것처럼 논의되어왔다. 하지만 여전히 '대전통'의 틀 안에서 이해할 수 있다. 기존에는 에도 시대를 세속화의 시대로 간주해 '신불'의 초월적인 힘이 약해졌다고 평가했지만, 실제로

전투에서 도요토미 가문이 멸망함으로써 오닌의 난 이후 150년 가까이 지속되던 대규모 전쟁이 끝났음을 가리킨다.
83) 고대 로마의 지배로 지중해 세계에 평화가 초래된 것을 가리켜 '팍스 로마나(로마의 평화)'라고 불렀던 것처럼 오랜 전란의 시대 끝에 시작된 에도 막부가 약 270년에 걸쳐 태평성대를 맞이했다는 의미에서 '팍스 도쿠가와나'라는 표현이 사용되는 경우가 있다.

는 에도 초기에 넨카이[84], 막부 말기에는 복고신도가 메이지유신의 원동력이 되는 등, '신불'은 나라를 움직이는 거대한 힘이 되었다. 그러나 세속화가 진행되었던 측면이 있었던 것도 사실이어서, 신불의 힘은 세속 윤리와 밀접하게 얽히고설킨 상태로 전개되었다. 아울러 조정의 힘이 약해졌다고는 해도 그 기능이 완전히 없어진 것은 아니었다. '신불과 왕권의 긴장 관계', 그리고 '왕권 안에서의 중층'이라는 '대전통'의 원칙은 여전히 명맥을 유지하고 있었다.

조정과의 관계를 좀 더 살펴보자. 『금중병공가제법도禁中並公家諸法度』(1615)를 제정하고, 자의사건紫衣事件[85](1629)에서 조정이 막부의 허가 없이 다쿠안沢庵 등에게 자의를 허락한 것을 문제 삼음으로써, 조정에 대한 막부의 지배권이 확립되었다고 파악되고 있다. 분명 일리가 있는 파악 방식이지만, 그와 동시에 결코 조정을 무력으로 궤멸시키지 않았다는 점에도 주목할 필요가 있다. 그렇다면 조정은 어떤 역할을 해내고 있었을까. 『금중병공가제법

---

84) 도쿠가와 이에야스를 비롯한 에도 시대 쇼군들의 자문을 담당했던 저명한 천태종 승려이다.
85) 자의는 천황의 허가가 있어야만 입을 수 있는 옷인데, 조정이 고승(다쿠안)에게 내린 자의 착용의 특허를 막부가 무효로 한 사건(자의사건)이 발생했다.

도』의 제1조는 천황이 응당해야 마땅할 것으로 학문과 와카를 들고 있다. 이는 천황을 한가한 소일거리에 매몰시키려 했다기보다는, 태평성대를 이룰 정치의 근본을 배우게 하고 일본 전통의 습속을 전할 수 있는 역할을 부여한 것으로도 볼 수 있다. 일본의 전통은 조정을 중심으로 한 공가公家 집단에 의해 유지되고 있었으며, 내용적으로는 상세한 의례 규정인 '유직고실有職故実'이 중핵을 이루고 있었다. 조정으로부터 쇼군이나 다이묘가 부여받았던 위계는 그들이 그런 전통적 질서 안에 위치하게 되었음을 의미했다. 이는 폭력적인 전시 상황이 아닌, 평화로운 문명사회를 유지하기 위해 무사정권에 꼭 필요한 요소였다. 결국 이런 식으로 조정의 권위가 지속되었던 것이 마지막에 가서는 막부의 약점이 되었고, 끝내 막부 토벌이라는 상황에 이르게 되었다.

'무사도'의 성립

'동아시아의 근세'에 대해 종종 언급되는 경우가 있다. 유교가 중시되었다는 점만 봐도 동아시아에 공통점이 없지는 않겠지만, 일본에서 유교가 정통으로 간주된 것은 에도 시대가 끝나갈 무렵이었다. 오히려 에도 시대 마지

막까지 장례식 등의 의례는 유교가 아니라 불교가 담당했다. 또한 과거에 의해 채용된 관료가 정치적 실무를 담당하는 '능력 위주의 체제'는 결국 확립되지 못한 채, 무인 계급의 무사가 그대로 지배자 집단이 되었다. 이런 점은 동아시아 중에서도 매우 특이한 사항이다.

애당초 무인이자 전사였던 무사가 장기간 평화로운 시대에 지속적으로 정치적 지배권을 유지한다는 것이 과연 가능할 수 있을까. 전국시대였다면 무력으로 담판 지을 수 있었겠지만 평화롭기 그지없는 시대에 무사가 과연 관료의 역할을 해낼 수 있을까. 그러면서도 막상 결정적인 순간이 오면 무인으로서의 실력도 발휘해야 하므로 무사에게는 결국 문무를 겸비한 실력이 요구된다. 심지어 무사는 생산계급인 농민에 의존하는 무노동 계급이었는데, 그 와중에 화폐경제는 발전을 거듭했다. 무사는 무의미하게 숫자만 많아도 자칫 거추장스러운 존재가 될 뿐이다. 가문의 유지가 지상 과제인 상황에서 무사의 삶은 더할 나위 없는 어려움을 짊어질 수밖에 없었다. 이 점은 쇼군 가문, 다이묘 가문에서부터 가신이나 어가인(고케닌)御家人[86]에 이르기까지 공통적으로 감당해야 할 문

---

86) 에도 시대의 어가인(고케닌)은 쇼군 직속 가신단에서 하타모토 다음의 하급 무사를 말

제였다. 『무가제법도武家諸法度』(1615)는 다이묘를 대상으로 한 규칙인데 제1조가 "문무궁마文武弓馬의 도에 전념하고 그 소양을 쌓을 것"이었으므로 문무를 겸비할 것이 요구되었고, 개별적인 조항에 이르면 참근교대參勤交代[87]에 대한 의무를 비롯해 갖가지 엄격한 제약에 얽매여진 상태였다.

그런 가운데 유교가 무사의 윤리 모델로 채택되어 차츰 이에 대해 배워가게 되는데, 애당초 무인의 삶을 근본으로 삼는 이상, 유교의 덕치주의나 인仁의 정신만으로는 온전히 담아낼 수 없는 독자적인 삶의 방식이 요구되었다. 이것이 '무사도'라고 일컬어지는 것으로 집약되는 동시에 점차 양식화되면서 공가公家와는 다른 의례 작법이 무사의 '유직고실'로 확립되어갔다. 에도 초기에는 무사의 모델로 『다이헤이키』가 유행해서 『다이헤이키평판비전리진초太平記評判秘伝理尽鈔』 같은 주석서도 만들어졌고 정계에서도 활용되었다. 『다이헤이키』를 읽고 그 의미를 논하는 '다이헤이키 읽기'는 무사뿐만 아니라 조닌町人 사

___

한다.

87) 일본어로 '산킨코타이'라고 불리는 참근교대參勤交代는 지방에 영지가 있는 다이묘를 정기적으로 에도에 머무르게 했던 막부의 통치제도 중 하나이다. 다이묘에 대한 견제 수단으로 활용되었다.

이에까지 침투되어 인기를 끌었다.

　나아가 시대적으로 가까운 전국시대 다이묘들의 삶이나 사상 역시 에도 시대 무사의 모델로 계승되어간다. '무사도'라는 단어를 처음으로 사용한 것은 『갑양군감甲陽軍鑑』[88]이었다. 이 책은 고슈다케다 씨甲州武田氏의 흥망을 가신 관점에서 바라보며 기록한 글인데 최종적으로 완성된 시기는 에도 시대에 들어온 이후였다. 다케다 신겐을 이상적인 인물로 떠받들고 있다. 전장에서는 탁월한 군략가였으며 가신이나 영지의 백성들에 대한 배려도 항상 잃지 않았던 다케다 신겐, 그리고 그를 따르는 충직하고 현명한 가신들의 모습을 묘사하고 있다. 나베시마번사鍋島藩士 야마모토 조초山本常朝의 이야기를 듣고 기록한 글로 무사도를 대표한다고 일컬어지는 『하가쿠레葉隱』(1716년경)는 이미 무사가 완전히 관료화되어버린 후, 무사로 목숨을 거는 긴장감이 이미 의미를 상실한 시대의 산물이었다. "무사도란 항상 죽음을 생각해야 한다"라는 유명한 문구는 이런 시대적 상황 속에서 무사의 정체성을 무인이라는 원점으로 돌아가 확인한 것으로 볼 수 있다.

---

88) 지금의 야마나시현山梨県에 있던 가이국甲斐国의 다케다 신겐武田信玄 가문의 전략과 전술을 기록한 군학서이다.

세계사의 전환과 쇄국

도쿠가와 막부가 성립된 16세기 말부터 17세기 초엽은 세계사적으로 봐도 역사적인 전환점이라고 할 수 있는 거대한 변혁기였다. 중국에서는 북방 여진족(훗날의 만주족)의 누루하치(태조)가 1616년, 훗날 청나라의 바탕을 이루게 되는 후금을 건국해 점차 세력을 강화해가고 있었으며 1644년, 내분으로 무너진 명나라 뒤를 이어 베이징을 수도로 삼아 중국을 통일했다. 패한 명나라 세력이 남방에서 계속 저항했지만, 결국엔 타이완에 잠입해있던 정 씨가 굴복하고 만다(1683). 청은 다민족국가였으며 황제는 각각의 민족들에게 상이한 면모를 보임으로써 능수능란하게 통합을 이루어냈다.

동아시아에서 발생한 이런 변화의 배후에는 유럽의 변화도 일조한 부분이 있었다. 가장 먼저 가톨릭 포교와 연계해 세계 제패를 시도했던 스페인과 포르투갈의 뒤를 이어, 네덜란드와 영국도 아시아에 촉수를 뻗치기 시작한다. 이에야스는 애초 그리스도교 포교를 눈감아주며 주인선朱印船 무역[89]이 활발해질 수 있도록 했기 때문

---

89) '주인선 무역'이란 해외 도항을 허가하는 주인장朱印状을 가진 주인선에 의해 행해진 무역을 가리킨다.

에 호상들이 파견한 주인선 무역은 동남아시아 각지에서 활발히 전개되었다. 하지만 리프더Liefde라는 이름을 가진 선박으로 일본에 상륙한 네덜란드인 얀 요스텐Jan Joosten[90]과 영국인 윌리엄 애덤스William Adams(일본명 미우라 안진三浦按針[91])를 도쿠가와 이에야스가 외교 고문으로 삼게 되면서, 점차 포교와 침략을 일체화한 형태로 접근했던 스페인이나 포르투갈에 의구심을 품기 시작하게 되었다.

'바테렌 추방령伴天連追放令[92]'(1614) 이후 그리스도교 신자에 대한 탄압을 점차 강화해가는데 그 과정에서 히데요시의 '신국' 논조가 계승되었고 점차 정착되어간다. 즉 일본은 신국이기 때문에 신불이 이미 지켜주고 있으므로 새로운 '예수교'는 필요치 않다는 논의였다. 최종적으로 이에미쓰 시대에 시마바라의 난[93](1637~1638)을 전후로 그리스도교나 자유로운 해외무역에 대한 금지령이 강화되면서 이른바 '쇄국'이 완성된다(1639). 이처럼 종교 문제와

---

90) 도쿠가와 이에야스에게 중용된 네덜란드 국적의 주인선 무역가이다. 그의 일본명 야요스耶楊子가 도쿄의 지명 야에스八重洲의 유래가 되었다고 알려졌다.

91) 일본에 온 최초의 영국인이었다.

92) 오다 노부나가의 정책을 이어받아 그리스도교 포교를 용인했던 도요토미 히데요시가 규슈 평정 직후 입장을 바꿔 예수회 선교사에게 내린 추방령을 말한다.

93) '시마바라의 난'은 에도 시대 초기에 일어난 일본 역사상 최초의 대규모 농민봉기로 내전에 가까운 전투와 진압과정을 통해 일본의 토착 그리스도교도인 '기리시탄'에 대대적인 탄압을 가했다.

무역 문제가 밀접하게 연계될 뿐만 아니라 침략이나 반란에 대한 우려까지 더해지며 최종적인 방향이 결정되었다. 최대 문제는 종교 문제였으며 그리스도교를 철저히 탄압해가면서 막부의 강력한 지배가 확립되어갔다.

아울러 '쇄국'이라는 단어는 엥겔베르트 켐퍼Engelbert Kaempfer의 『일본지日本誌』의 일부를 난학자 시즈키 다다오志筑忠雄가 『쇄국론鎖国論』(1801)으로 번역했던 것에서 유래한다. 그러다가 결국 양이를 선택해야 할지, 혹은 개국을 해야 할지 격렬한 논의가 전개되었다. 하지만 실제로는, 예컨대 청나라 같은 경우도 무역 통제를 했던 상황이므로 유독 일본에만 존재했던 특이한 문제는 아니었다. 심지어 나라 전체를 완전히 폐쇄했던 것도 아니었다. 오히려 해외 교류를 나가사키長崎에 집약시켜 막부가 일원적으로 통제했다고 보는 편이 적절할 것이다. 종종 네덜란드 무역만 주목되곤 하는데, 실제로는 청나라와의 관계가 좀 더 밀접했으며 문화적으로도 막대한 영향을 받았다. 명나라 말기의 중국을 통해 고승 인겐 류키隠元隆琦가 일본으로 건너와서 쇼군 이에쓰나家綱(도쿠가와 막부 4대 쇼군-역주)도 알현했고 우지宇治에 만푸쿠지万福寺를 창건해 황벽종黄檗宗을 열었다(1661). 인겐은 비단 불교만이 아니라 새로운 중국문화를 전해주는 존재가 되어 미술이나 끽다喫茶 등 다양한 문화 전반에도 절대적인 영향을 끼쳤다. 수많은 문하생을 길러냈지만 데쓰겐 도코鉄眼道光에 의한 황벽판黄檗版(데쓰겐판鉄眼版) 대장경의 출판(1678년 완성)은 특히 그 영향이 지대했다. 또한 조선통신사에 의한 조선과의 교류도 쓰시마의 소宗 씨를 매개로 에도 시대 전체에 걸쳐 계속 행해졌다.

〈그림 13〉 인겐隠元의 필적
「황벽산黄檗山」

2 신불유神仏儒의 시대

이데올로기로서의 신불

이에야스가 최고의 정치고문으로 삼았던 사람은 이신스덴以心崇伝과 덴카이天海라는 두 명의 불교자였다. 스덴은 겐초지建長寺와 난젠지南禅寺의 주지였다가 이에야스의 정치고문이 되어(1608), '제법도'를 비롯한 법제도 정비나 주인선 무역, '기리시탄' 탄압 등 외교와 종교 정책 전반을 주도했다. 무로마치와 전국시대에는 동아시아 정세에 밝았던 오산五山이 외교 분야의 싱크탱크 역할을 담당했는데 스덴은 국내 정치에도 수완을 발휘했다. 그가 시행했던 정책을 보면 자칫 불교색이 희박한 것처럼 보이지만, '기리시탄'이나 여러 불교 종파에 대한 정책이 최대의 과제였던 와중에 불교 사정에 해박했던 스덴이 없었다면 적절하게 대응할 수 없었을 것이다.

실제로 '기리시탄' 정책에서 불교가 해냈던 역할은 매우 컸다. 유교가 논리적으로 정비되지 않았던 상황에서 그리스도교에 대항할 수 있는 것은 바로 불교였다. 시마바라의 난 이후 불안정한 사상적 동향 속에서 스즈키 쇼산鈴木正三의『논파 기리시탄破吉利支丹』(1642)이나 셋소 소사이雪窓宗崔의『대치사집론対治邪執論』(1648)은 결국 그리스도교란 불교 흉내를 내는 것에 지나지 않는다고 통렬히 비판했다. 아울러 쇼산은『만민덕용万民徳用』에서 불교 입장에서 사민四民의 윤리를 언급하며『인과 이야기因果物語』

『두 사람의 비구니二人比丘尼』 등의 가나조시仮名草子[94]로 평이하게 불교에 대해 설파하며 불교가 그리스도교와 달리 새로운 체제에 부합된다는 사실을 보여주려고 했다. 쇼산은 '사단제도'에 가까운 아이디어도 가지고 있었다.

그러나 '기리시탄'에 대한 탄압은 단순히 이론적 문제에 그치지 않고 실제적인 정치의 장에서 더더욱 철저히 관철되었다. 종문宗門 개혁을 위해 시작되었던 종지인별장宗旨人別帳[95]은 '가쿠레키리시탄'을 적발한다는 당초의 목적에서 벗어나 점차 호적의 역할을 해내는 측면으로 중점이 옮겨지며, 막부로 하여금 거의 완벽한 주민 파악과 통제를 가능케 했다. 이에 따라 사원과 단가檀家의 관계를 고정화하는 사단제도가 확립되었고 불교는 국가 제도의 말단을 담당하게 되었다. 역으로 이로 인해 불교가 국민의 구석구석에까지 침투해 공통적 정신세계의 기초 구조를 만들게 되었다는 점도 간과할 수 없다.

이신 스덴에 비해 덴카이는 이에야스라는 지도자의 개

---

94) '가나조시'는 에도 시대 초기에 가나 문자를 기반으로 창작된 산문 문예로 당시의 통속소설 격의 장르를 말한다. 중세의 소설과 본격적인 근세 소설인 '우키요조시浮世草子' 사이의 과도기적 존재로 평가되고 있다.
95) 모든 집에서 전 가족의 이름과 나이, 소속된 사원을 기록해 '기리시탄'이 아니라는 사실을 증명한 기록이다. 시마바라의 난 이후 '기리시탄' 금제 강화를 위해 확립된 제도로 이 기록을 담당관에게 제출할 것을 의무화했다.

인적 신앙과 깊은 관련성을 지녔다. 원래 도쿠가와 가문과 가문의 가신인 미카와三河 무사단은 독실한 정토종 신자들이었다. 그 때문에 에도 막부를 열었던 당시에는 조조지增上寺를 보리사로 삼았는데 덴카이를 알게 된 후 천태종에도 관심을 가지게 되었다. 덴카이의 생애 전반부는 확실치 않지만, 만년에는 이에야스의 신뢰를 얻어 이에야스 앞에서 여러 종파에 대해 논하며 교학의 진흥을 꾀했고, 2대 히데타다, 3대 이에미쓰 시대에 막부의 새로운 종교 체제를 확립했다. 한 가지는 우에노上野에 있는 땅을 하사받아 간에이지寬永寺를 건립하여 조조지와 함께 도쿠가와 가문의 보리사로 삼았다. 또 하나는 도쇼구東照宮를 창건함으로써 천태종의 산왕일실신도山王一実神道[96]의 형식으로 이에야스의 신격화를 실현했다. 이에야스는 '도쇼다이곤겐東照大権現'으로 일컬어지며 최종적으로 닛코日光에 모셔져 도쿠가와 정권을 수호하게 된다. 닛코를 관리하는 린노지輪王寺는 몬제키사원門跡寺院으로 미야가문宮家에서 주지를 맞이하며, 동시에 간에이지 주지와

---

96) 신도와 불교 천태종의 가르침을 결합한 혼합종파로 천태신도라고도 한다. 중세까지의 산왕신도와 구별하여 이에야스를 모시는 근세의 천태계 신도를 산왕일실신도라고 부르기도 한다. 덴카이는 히에이산과 교토의 관계처럼 에도에 간에이지를 창건하고 천황에 대항하는 쇼군의 권위를 확립하려 했다.

천태좌주天台座主[97]를 겸직함으로써 엔랴쿠지를 뛰어넘는 권위를 갖게 되었다. 닛코와 간에이지에 의해 지켜지는 에도는 히에이산의 보호를 받는 교토를 초월한 일본의 중심으로 자리 잡게 되었다. 하지만 거기에는 약점도 있었다. 도쇼구가 설령 천태교학에 의해 권위를 갖추게 되었다고 해도 그것은 '아마테라스-천황'이라는 국가의 신화적 계보 안에 위치할 수 없었기 때문에 불교의 권위가 떨어지면 그 근거를 잃게 될 것이다. 실제로 막부 말기, 존왕론이 고양되는 과정에서 도쇼구는 더 이상 막부를 충분히 지탱해줄 논거가 될 수 없었다.

유교의 형성과 유불논쟁

이에야스는 주로 스덴이나 덴카이를 중용했지만, 한편으로는 주자학자 하야시 라잔林羅山도 막부에 의해 등용되었다. 학문을 좋아했던 이에야스는 치세의 학문으로 유교에도 관심을 기울여 라잔은 23세에 처음으로 이에야스를 알현한 후 25세 때(1607) 정식으로 등용되었다. 삭발한 승려로서의 대우였다. 애당초 새로운 유교는 박사 가문의 유교가 아니라 오산의 선종 사원에서 연구되었다

---

97) 천태종의 모든 말사를 총괄하는 직책을 가리킨다.

가 독립하게 되면서 출발한 상태였다. 에도 초기에 유학자로 활약한 후지와라 세이카藤原惺窩·하야시 라잔·야마자키 안사이는 모두 교토의 선종 사원에서 유교를 배우고 있다. 선종 사원을 벗어난 유학자는 막부나 번에 소속되거나 시정市井에서 강학을 하면서 살아갔다.

세속화가 진행되던 시절, 유교는 현세의 질서나 윤리를 논하는 것으로 점차 높은 평가를 받게 되었다. 후지와라 세이카나 하야시 라잔은 주자학의 입장을 취했지만, 좁은 의미의 주자학이라기보다는 '불교에 대항하는 유교'라는 의식이 강했다. 원래 주자학은 '이기이원설理気二元説'을 채택해 다양하고 무질서해지는 '기'를 '이'에 의해 통제하고 질서 있게 만든다는 원칙에 입각했다. 주자학에서 인간 세계의 윤리란 자연계의 법칙과 병행하기 때문에 자기 탐구와 자연계의 법칙 탐구가 양쪽 모두 중시되었다. 일본에서 유교를 수용했던 초기에는 사회 윤리 확립과 그에 기초한 정치적 안정이라는 측면에 일단 관심이 집중되었다.

물론 불교 측에도 세속 윤리의 기초를 세울 이론이 없었던 것은 아니다. 예컨대 과거와 현재, 미래라는 삼세三世의 인과설로 선악의 행위는 내세에 반영된다는 것이었

다. 하야시 라잔은 친구인 마쓰나가 데이토쿠松永貞德와
『유불문답儒仏問答』을 주고받고 있다. 마쓰나가 데이토쿠
는 하이쿠 가인으로 알려져 있었으며 니치렌종日蓮宗 중
에서도 불수불시不受不施 일파의 신자였다.『유불문답』논
쟁에서 가장 중요한 쟁점은 마쓰나가 데이토쿠가 삼세의
인과를 설파한 반면, 하야시 라잔이 그것을 부정하고 세
계 안의 변화를 '이'로 논했다는 점에 있었다. 비슷한 논
의는 당시 다양한 형태로 진행되어 가나조시仮名草子 중
『기요미즈모노가타리清水物語』(아사야마 이린안朝山意林庵, 1638)
이나 『가보지 못한 교토 이야기見ぬ京物語』(작자미상, 1659)에
도 유교와 불교에 관한 비슷한 논쟁이 담겨있다. 전자는
불교를 비판한 현세주의적 입장, 후자는 유교와 불교가
일치한다는 주장이다. 이 시대의 불교가 삼세인과설을
전면에 내세우고 있었다는 사실은 스즈키 쇼산의『인과
이야기因果物語』가 상당한 평판을 얻었다는 사실을 통해
서도 이미 알려져 있다.

삼세인과설을 인정하는지는 윤리의 기틀을 다진다는
측면에 그치지 않는다. 일상을 초월한 현상을 인정할지,
아니면 현세일원론 입장에 설지, 즉 세계관의 문제와도
연관되기 때문이다. 언뜻 보기에 세속화가 진전되는 와

중에 현세일원론이 강해질 것 같지만, 오로지 한 방향으로만 향했던 것은 아니었다. 사후 영혼(귀신)의 존재를 둘러싼 논쟁(귀신론鬼神論)은 에도 중기 유학자에 의한 부정적인 논조를 거치다가 드디어 히라타 아쓰타네平田篤胤의 출현으로 다시금, 이번엔 반대로 귀신을 인정하면서 현세주의에 대한 비판이 가해지게 되었다. 원래 유교에서도 조상숭배라는 형태의 내세관은 존재했지만 도쿠가와 막부는 그 기능을 불교에 맡기고 기본적으로는 유교식의 장례와 제사를 금지했다. 결국 유교는 장례와 제사의 '예'를 생략함으로써 정착이라는 측면에서 불교에 도저히 미치지 못하게 된다. 근대에 와서 불교 교단이 유지되었던 것에 반해 유교가 조직으로 살아남을 수 없었던 하나의 이유는 바로 이 점에 있었을 것이다.

유교계 신도와 일본형 화이사상

유교는 화이사상에 근거하여 중국을 문명국으로, 그 주변 지역은 야만국으로 간주한다. 일본 역시 동방의 야만국(동이)이었다. 그에 반해 일본형 화이사상이라고 할 수 있는 일본 중심론은 중세의 신국론에서 이미 발견되고 있었다. 그러던 것이 그리스도교에 대한 대항이라는 측면에서 새삼 일본을 신국으로 재평가하게 되었다. 당초에 신국을 실질적으로 지탱해준 것은 불교였지만, 차츰 유교가 불교를 대신에 존재감을 드러내게 된다. 유교는 그것을 두 가지 방식으로 추진했다. 하나는 신도에 관한 재해석이었으며 또 하나는 역사에 대한 재평가였다.

　라잔에게 이 두 가지는 유기적으로 얽혀있다. 라잔은 유교의 합리주의에 근거해 일본 신화와 역사를 재해석한다. 『신도전수神道伝授』(1644)에서 라잔은 '이당심지신도理当心地神道'를 주장한다. 신도의 근본은 마음이며 '이理'이다. 신들의 근원인 '구니노토코타치[98]'는 바로 근원적인 '일심一心'이라고 해석된다. 태극에 해당되는 '일심=구니노토코타치'가 분화되면서 비로소 세계가 형성되는 것이다. 일본 신화는 이런 전개 과정을 언급했던 것에 불과하다. 그렇다면 일본이라는 국가는 어떻게 될까. 라잔은 '태백황조설太伯(泰伯)皇祖説[99]'을 주장한다. 태백은 주나라 태왕의 장자였지만 아우에게 왕위를 양보하기 위해 남방 오랑캐 사이로 몸을 숨겼다고 한다. 따라서 일본에는 주나라 왕의 혈통이 이어지고 있으며 왕조가 단절된 중국

---

98) 천지개벽 후 최초로 출현한 남녀구분이 없는 원시신이자 근원신을 가리킨다.
99) 주나라 문왕의 숙부인 태백을 천황가의 조상으로 보는 설이다.

보다 우월하다는 소리이다.

하야시 라잔은 그런 전통을 역사적으로 해명하기 위해 막부 공인 역사서 편찬을 목표로 삼았으며 이는 아들인 하야시 가호林鵞峰에 의해 『본조통감本朝通鑑』 전310권으로 완성되었다(1670). 도쿠가와 미쓰쿠니가 쓰기 시작했던 『대일본사』 전397권(1906년 완성)은 그보다 더욱 유교적 명분론의 입장을 명확히 내건 것으로 훗날 존왕론에 엄청난 영향을 끼친다. 참고로 이렇게 작성된 역사서에서는 황통의 연속성이 근본에 놓이게 된다. 그렇게 되면 막부는 조정을 보좌하고 조정으로부터 정권을 위탁받았다고 해석되어야 한다. 그렇다면 결국 막부는 조정보다 하위로 전락하게 되는 것일까. 에도 시대 초기까지 아직 이 문제는 크게 부상하지 않는다. 그것이 정면에서 논의되기 시작한 것은 에도 중기에 접어든 이후의 일이었다.

17세기의 유학자 계열 '신도' 중에서는 야마자키 안사이의 스이카 신도垂加神道가 가장 유명하다. 주자를 열렬히 신봉했던 야마자키 안사이는 주자학적 '이'를 일본의 신화에서 읽어내려고 한다. 그 점에서는 하야시 라잔과 비슷한 대목도 있지만, 하야시 라잔이 주자학을 통해 신화를 합리화하려고 한 것에 비해, 야마자키 안사이는 주자학적인 군신 이론을 읽어내려 했다. 그런 점에서 아이즈会津의 호시나 마사유키保科正之를 비롯한 무사 계층에 수용되어 훗날 존왕 사상의 하나의 원천이 되었다. 또한 요시카와 고레타리吉川惟足에게 비전을 전수받아 독자적인 신인일체설神人一体說을 전개시켰다. 스이카 신도의 '스이카'란 고레타리에게 받았던 영사호靈社号이다. 이런 신인관神人觀은 인간이 신이 된다는 발상이 점차 일반화되어간 하나의 원천이 되었다고 생각해볼 수 있다.

　이처럼 유교를 일본적으로 변용시켜가는 방향으로 나아가는데, 일본 중심주의를 명확히 하면서 일본이야말로 '중국'이라고 주장했던 것이 바로 야마가 소코山鹿素行의 『중조사실中朝事実』(1669)이었다. 일본은 세계의 중심에 있으며 일본의 황통은 신대에서 연속적으로 이어져 결코 한 번도 끊어진 적이 없다는 이야기이다. 여기서도 황통의 일관성이 집중 조명된다. 이런 문제를 다음 세대에 남기면서 '일본형 화이론'이 점차 정착되어간다.

3. 다원화하는 윤리와 문화

삶에 대한 탐구

전란이 끝나고 평화를 되찾게 되면서 새로운 질서가 형성되어가자 어떻게 살아야 할지의 문제가 본격적으로 대두되기 시작한다. 정치적으로 처신하지 않고 그렇다고 세속을 초월해버리지도 않은 채, 나날의 세속적 생활에 정착하면서도 그저 아무 목적도 없이 살아가지 않으려면 과연 어찌해야 좋단 말일까. 그것은 인간이란 애당초 어떤 존재인지를 고민하는, 좀 더 근본적인 물음으로 이어진다. 사농공상이라는 신분을 전제로 하기보다는 인간의 본질에 뿌리를 내린 존재 양식, 그것은 과연 어떤 것일까. 이에 대해 보편적인 원리의 장에서 근본적으로 검토해보는 것이 비로소 가능해지기 시작한 것이다. 이는 누군가에게 부여받은 성스러운 경전을 주석서 그대로가 아니라 스스로의 문제의식을 바탕으로 다시금 읽어보는 작업이었으며, 동시에 그것을 실생활 속에서 어떻게든 살려가야 하는 문제였다. 이런 이중의 문제에 대해 자기 나름의 해결 방안을 제시해야 했다.

이런 근본적인 문제에 처음으로 도전했던 사람이 바로

나카에 도주中江藤樹였다. 나카에 도주는 이요오즈번伊予大洲藩(지금의 에히메현愛媛県인 이요伊予에 있던 번-역주)에 소속되어 있었지만 어머니에게 효도해야 한다는 이유로 탈번하여 오미近江(지금의 시가현滋賀県-역주)로 돌아와 사숙을 열었다. 주자학에서 양명학으로 경도되던 와중에 마흔한 살이라는 젊은 나이로 세상을 떠났지만, 저서인『옹문답翁問答』(1641)에는 효를 원점으로 한 독자적인 사상이 전개되고 있다. 효란 단순히 부모에 대한 의무가 아니라 천지의 근본인 '태허신명太虚神明'에 따라 살아가는 것이다. 부모에 대한 경애를 다른 사람에게 미치게 함으로써 천지 만물에까지 널리 퍼지게 된다는 이야기다. 삶의 근본을 추상적인 원리가 아니라 가장 친근한 곳을 출발점으로 파악함으로써 땅에 발을 디딘 실천이 비로소 가능해진다. 심지어 결코 생활 레벨에 머물지 않고 효는 최종적으로 태허황상제太虚皇上帝[100]라는 인격적인 최고 원리를 향함으로써 보편화된다. 또한 나카에 도주는 불교도 전면적으로 부정하지 않고 석가나 달마는 성인보다 하위에 있는 광자狂者(결코 부정적인 의미가 아니다)라고 파악하며 그 체계 안에 포섭하려고 했다.

---

100) 천지의 근본은 태허이며 태허의 황상제는 인류의 태조임을 주장했다.

『논어』나『맹자』라는 유교 성전을 근본으로 돌아가 다시 읽어가며 스스로 납득할 수 있는 원리에 따르고자 했던 사람이 바로 이토 진사이伊藤仁斎였다. 조닌 출신의 진사이는 젊은 시절 주자학에 경도되어 그 근본정신을 체득하려고 하다가 정신적으로 한계에 부딪혔다. 거기에서 재기하는 과정에서 주자의 해석을 버리고, 유교 원전 그 자체로 돌아간다는 '고의학古義学'의 방법을 수립했다. 아울러 유교에서 근본으로 간주되는 '인仁'의 바탕에서 '애愛'라는 원리를 읽어낸다. 그 원점은『논어』에 나오는데 이토 진사이는 오륜오상五倫五常 같은 윤리적 행위도 모두 근저에 '애愛'가 없다면 성립되지 않는다고 말한다. '애愛'란 윤리로 발현되는 것보다 좀 더 근본에 있는 무형의 것이다. 만약 그렇다면 그것이 바로 주자학에서 말하는 '이理'일까. 이토 진사이는 이를 부정한다. 진사이는 '이'가 아니라 '기'가 근본이라고 말한다. '기'는 자연스럽게 솟구쳐오는 에너지 같은 것이다. 타자와의 관계의 근본을, 형식 이전의 자연스러운 결합에서 찾으려 했다는 대목에서 진사이의 탁견을 발견할 수 있다.

불교 측에서도 새로운 움직임이 보이기 시작했다. 스즈키 쇼산은 조동종에 속하면서도 종파에 얽매이지 않는 독자적인 '이(인)왕선二(仁)王禪'을 주창했다. 또한 명에서 건너온 도샤 조겐道者超元의 제자였던 반케이 요타쿠盤珪永琢는 자신이 가지고 태어난 '불생不生'의 마음 그대로면 된다는 '불생선不生禪'을 주창하여 속인 중에도 수많은 신봉자가 나왔다.

지폐 경제와 조닌 문화

17세기 후반에 들어서자 비로소 사회가 평화롭게 안정되기 시작한다. 생산성의 향상은 소비를 자극했고 자본주의적 지폐 경제가 진전을 보였다. 이에 동반하여 기존 전통에 자부심을 느끼는 교토에 대항해 상인들의 도시인 오사카가 급격히 발전했다. 에도도 계속 성장하고 있었지만 메이레키明曆의 대화재(1657) 등 거듭되는 화재로 인해 번번이 부흥이 되풀이되지 않을 수 없었다. 상인들의 에너지는 분출하듯 솟구쳤고 화폐를 매개로 한 물욕은 하염없이 비대해졌다. 막대한 재물을 축적하며 성공을 거둔 사람이 있는가 하면 어딘가에서 길을 잘못 들어 몰락하게 된 실패자도 존재했다. 전장에서 소외된 무사들과는 다른 의미에서 이 역시 새로운 전쟁터였으며, 상인들은 그 와중에 어떻게든 경쟁에서 이겨내어 성공을 거머쥐고자 했다. 물욕과 함께 성욕 역시 막부의 통제 아래서 화폐 경제의 소용돌이 속으로 빨려 들어갔다. 교토의 시마바라島原, 오사카의 신마치新町, 에도의 요시와라吉原를 비롯해 각지에 유곽이 정비되면서 여성은 상품으로 진열되고 매매되었으며 소비의 대상이 되었다. 유곽은 굳게 닫힌 이공간으로 바깥세상과 구분되었다. 현세이면서도 현세와는 이질적인 축제의 장이 펼쳐졌다.

정보 혁명도 큰 진전을 보였다. 인쇄 출판은 예수회에 의해 간행된 '기리시탄' 인쇄물이나 조선 활자본에 자극을 받았고 에도 초기 고활자본의 시대를 거쳐 '판목에 의한 목판인쇄 형'이 정착하며 교토의 출판업자를 시작으로 차츰 대규모 출판이 시도되었다. 실용서나 오락서가 대량으로 유통되면서 순식간에 정보 전달이 가능해졌다. 브로마이드 같은 미인화나 노골적인 춘화가 날개 돋친 듯 팔리며 욕망을 자극했다. 성은 은밀히 숨겨두어야 할 영역이 아니라 거리낌 없이 누리고 아낌없이 즐길 대상이 되었다.

이런 시대의 총아가 된 사람이 바로 이하라 사이카쿠井原西鶴였다. 야카즈하이카이矢数俳諧[101]의 명수로 이름을

---

101) 한정된 시간에 즉흥적으로 다수의 하이쿠를 짓는 유희적 장르였다.

날리며 절묘한 입담과 다작을 능히 감당할 수 있는 필력으로『호색일대남好色一代男』(1682) 등의 호색물好色物,『일본영대장日本永代蔵』(1688) 등의 조닌물町人物,『무도전래기武道伝来記』(1687) 등 무가의 생활을 소재로 한 무가물武家物 등, 우키요조시의 작품들을 계속 세상에 쏟아냈다. 이하라 사이카쿠의 작품군은 극단적인 설정일 경우라도 교묘하게 구성되어 마치 실제로 있을 법한 일화로 완성되었다. 너무 깊이 들어가지 않은 채 마치 르포를 쓰듯 계속해서 다음으로 넘어가며 독자가 싫증이 나지 않게 만들었다.

한편 닌교조루리人形浄瑠璃 방면의 지카마쓰 몬자에몬近松門左衛門은 시대물時代物에서 세와물世話物[102]로 영역을 넓혀가며『소네자키신주曽根崎心中』(1703)를 비롯한 동반자살 이야기로 성공을 거두었다. 세간을 들끓게 했던 실제 동반자살 사건에 바탕을 두면서도 허구의 세계로 관객을 끌고 들어가 '화폐 경제사회에서 패자로 전락해 나락에 빠진 남성'과 '성의 상품화의 희생양이 된 여성'이 함께 했던 '농밀한 죽음으로의 동행'을 묘사하고 있다. 주위 사람들의 인정人情도 함께 수놓아가며 뜨거운 정념의 세

---

102) 가부키나 닌교조루리 등 극문학 상연물은 내용에 따라 그 성격을 분류하여 역사적인 소재를 다룬 장르는 '시대물(지다이모노, 時代物)', 현재 진행중인 세태를 반영한 장르는 '세와물(세와모노, 世話物)'이라고 부른다.

계로 인도한다. '허실의 피막虛実の皮膜[103]'이라는 예술론은 세간을 들끓게 했던 동반자살 사건의 이면을 마치 사실처럼 그려내며 사실 이상의 감동을 불러일으키는 데 성공했다.

동시대 문인 마쓰오 바쇼松尾芭蕉는 고담하고 예술적인 하이카이로 명성이 높았다. 이것 역시 전국적으로 문화적 수준이 고양되면서 골계적 취향이 강했던 기존 하이카이에 만족할 수 없었던 계층이 늘어났기 때문이다. 에도를 거점으로 이른바 '바쇼의 문하'로 불린 문인 네트워크가 전국적인 규모에 달하면서 여행을 이어가던 바쇼의 삶을 지탱해주었다.

겐로쿠 시대라는 전환기

겐로쿠 시대(元禄, 1688~1703)는 에도 초기의 사회적 안정이 청신한 문화를 만들어낸 절정기였다. 5대 쇼군 쓰나요시綱吉 시대에 해당된다. 막부의 기초는 3대 쇼군 이에미쓰에 의해 공고해졌고 4대 장군 이에쓰나家綱에게 후

---

103) '허실의 피막'은 '사실과 허구의 미묘한 경계에 예술의 진실이 존재한다'라는 뜻으로 해석할 수 있는데, 이는 지카마쓰 몬자에몬의 『허실피막론虛実皮膜論』의 핵심 내용 중 하나이다.

계자가 태어나지 않았기 때문에 다테바야시館林[104] 번주이자 동생이었던 쓰나요시가 쇼군 자리에 올랐다. 쓰나요시는 의욕에 가득 차 있었지만 측용인側用人으로 야나기사와 요시야스柳沢吉保를 중용해서 '살생금지령生類憐みの令[105]'이나 화폐의 '악화개주[106]' 같은 악정을 추진했기 때문에 후세의 평판이 좋지 않다. 하지만 그 평가는 다분히 일방적이라고 할 수 있다. '살생금지령'은 지나치게 극단적으로 치달아 폐해를 낳았던 측면이 분명히 있긴 하지만 원래는 불교적인 자비에 바탕을 둔 정책이었으며 고아 구제 등의 긍정적인 측면도 찾아볼 수 있다. 야나기사와 요시야스는 문화인으로 명성이 자자했으며 유학자 오규 소라이를 등용하거나 고전학자이자 가인인 기타무라 기긴北村季吟을 교토로 불러들이는 등, 에도의 문화 수준을 순식간에 향상시켰다. 야나기사와 요시야스의 정실부인이었던 소시 사다코曽雌定子는 학문과 예술에 출중했으며 측실인 오기마치 마치코正親町町子는 『송음일기松蔭日記』로 잘 알려져 있다. 야나기사와의 또 다른 측실인 이즈카 소메코飯塚染子는 선종에 몰입해 『고지록故紙録』을 남겼다.

---

104) 현재의 군마현群馬県을 포함한 고즈케국上野国에 있던 번이다.
105) 개를 비롯한 동물들의 살생을 금지한 법을 가리킨다.
106) 금의 함량을 떨어뜨린 개주를 말한다.

이처럼 요시야스의 문화 살롱은 유교와 불교, 고전과 와카 등 풍요로운 문화적 분위기로 가득 차 있었다.

이처럼 한층 고양된 겐로쿠 문화가 펼쳐진 시기는 에도 시대의 일대 전환점이 되었다. 생산력의 향상과 경제 발전은 소비를 증대시켰을 뿐만 아니라 비생산자인 무사의 곤궁으로 이어졌다. 이후 막부는 여러 차례의 개혁을 시도해 소비 억제를 꾀했지만, 그것도 차츰 한계에 부딪히게 된다. 아울러 막부 정책 방침에 불교가 깊이 관여했던 기존의 시대에서, 실무적인 성격이 농후한 유교 중심의 시대로 변해갔다. 도시 정비를 일단락 지은 에도는 그야말로 '쇼군님'의 휘하에서 새로운 문화의 중심지가 되었다. 무사·상인·직인 등이 각각 나뉘어 거주하던 에도는 전통에 얽매이지 않는 자유롭고 활달한 문화를 잉태시켰으며 특히 '이키[107]'와 '이나세'를 갖춘 장인 기질을 이상으로 삼았던 서민 문화에 활기가 생겨나게 되었다.

겐로쿠 시대가 저물어갈 무렵, 아코赤穂 낭인들이 원수를 베어버린 사건(아코 사건)이 발생한다(1702). 아코번 번

---

107) '이키粋'는 심플하지만 세련된 멋을 가리키고 '이나세'는 호탕하고 당당한 멋을 가리킨다. 이런 미의식은 헤이안 시대의 '모노노아와레'나 중세 시대의 '유겐'처럼 시대를 대표하는 독특한 미의식으로 그 의미가 매우 농밀하여 고유명사로 취급되기 때문에, 따로 번역하지 않고 원음을 그대로 한국어로 표현해두었다.

주 아사노 나가노리浅野長矩가 에도성의 높은 직책인 고가(고케)高家를 이끌던 기라 요시나카吉良義央에게 칼을 휘두른 후 할복하게 되자, 이후 아사노 나가노리의 가신들이 기라의 저택을 습격해 기라에게 복수한 사건이다. 마흔여섯 명의 사무라이는 할복 처분을 받지만, 판정 단계에서부터 찬반으로 갈려 다양한 의견들이 분분했다. 낭인들을 '충'이라는 입장에서 찬미하는 설, 법치주의 입장에서 비판하는 설, 사건의 발단을 문제 삼아 아사노의 행동을 비판하는 설, 막부의 판정을 비판하는 설 등 다양한 논의가 진행되었다. 평화로운 사회 속에서 무사의 윤리와 정치가 새삼 문제시된 사건이었다. 서민들의 공감은 낭인들에게 모여져 닌교조루리나 가부키에서 『가나데혼 추신구라假名手本忠臣蔵』(1748)로 인기를 끌었다. 의리와 인정이 얽히고설킨 이야기가 이후 오랜 세월 동안 일본인들에게 친숙한 이야기로 함께하게 되었다.

8장 사상의 향연

1 유교적 통치의 구체적 정책

막부 정치의 개혁과 조정

막부가 생긴 지 100년, 겐로쿠 문화의 융성은 막부 창건 당시의 긴장감이 이완되며 느슨하고 방만하게 흐르기 시작했다는 반증이기도 했다. 막부 재정도 한계점에 도달했다. 감정봉행勘定奉行[108] 오기와라 시게히데荻原重秀는 화폐 속에 포함된 금과 은의 함유율을 떨어뜨려 인플레 정책으로 돌파해보려 했으나, 결국 그 폐해가 드러나는 결과를 낳았다. 쓰나요시 사후 6대 쇼군이 된 도쿠가와 이에노부德川家宣는 측근 마나베 아키후사間部詮房와 함

---

[108] '봉행(부교, 奉行)'이란 헤이안 시대부터 에도 시대까지 무가의 직책명 중 하나였는데, 에도 시대의 경우 막부와 다이묘의 영지에 존재했던 관료제적 성격이 강한 통치기구의 중상급 직책명에 자주 보인다. 가장 핵심적인 '봉행'을 '삼봉행三奉行'이라고 하는데 '사사봉행(지샤부교, 寺社奉行, 사원 담당), 정봉행(마치부교, 町奉行, 에도의 행정 및 사법), 감정봉행(간조부교, 勘定奉行, 재정 및 막부직할령 관리)이 이에 해당된다.

께 유학자 아라이 하쿠세키新井白石를 등용해 개혁을 꾀했다(1709). 이는 7대 쇼군 도쿠가와 이에쓰구德川家継의 시대로까지 이어져 이른바 '쇼토쿠正德의 치治'라고 일컬어지고 있다. 아라이 하쿠세키는 오기와라 시게히데를 실각시킨 후 화폐의 질적 향상을 단행했다. 즉 디플레이션 정책으로 전환해 긴축재정을 실시하고자 했던 것이다. 동시에 유교적 윤리관에 바탕을 두고 공정한 제도 운용과 제반 비용 삭감을 꾀했으며, 조선통신사에 대한 대우를 개선하는 등 외교 방면에서도 원칙을 세우고자 했다.

아라이 하쿠세키의 개혁은 종래의 제도를 급격히 바꾸는 것이었기 때문에 이에 대한 반발도 강해져서, 결국 8대 쇼군 요시무네吉宗에 의해 중단되었다(1716). 하지만 요시무네에 의해 단행된 '교호享保 개혁'도 실질적으로는 하쿠세키의 방침을 결국 이어받은 것이었다. 무로 규소室鳩巣와 오규 소라이 등을 등용해 유교적 윤리관을 핵심으로 검약과 농경 중시 정책으로 재정을 재건하고 제도나 재판의 공정성을 확보하고자 했기 때문이다. 이후 다누마 오키쓰구田沼意次 시대의 중상주의적 반동을 거쳐 마쓰다이라 사다노부松平定信의 '간세이寬政 개혁'(1787)에서도 유교적 이념이 이어져갔다. 이 시기에는 '간세이 이학

금지寛政異学の禁'에 의해 유시마성당湯島聖堂에서의 강의를 주자학으로만 한정하고, 유시마의 학문소를 하야시 라잔 가문과 분리시켜 막부 직할의 '쇼헤이자카학문소昌平坂学問所(쇼헤이코昌平黌)'로 만들어(1797) 교학을 진흥시키고자 했다. 그러나 일단 균열되기 시작한 막부 체제는 더더욱 크게 흔들리게 되었다.

조정 측은 과연 어떤 상태였을까. 고미즈노오後水尾 천황이나 레이겐靈元 천황은 양위 후에도 상황으로 오랫동안 군림했고 막부 측과 알력이 있으면서도 안정적인 협조 관계를 구축했다. '다이조사이大嘗祭'를 비롯한 궁중 행사도 차츰 부활했다. 그렇지만 그 와중에 막부 비판이나 존왕주의 주장이 대두되었다. 스이카 신도를 배운 다케노우치 시키부竹内式部 등이 처벌된 '호레키宝暦 사건'(1758), 야마가타 다이니山県大弐 등이 연루된 '메이와明和 사건'(1767) 등 막부로서도 도저히 간과할 수 없는 주장들이 튀어나왔기 때문이다. 고카쿠光格 천황의 즉위(1779)와 함께 점차 조정 측이 강하게 의견을 주장하게 되면서 종종 막부와 대립하게 되었다. 그런 사태의 정점이 바로, 고카쿠 천황이 부친인 스케히토典仁 친왕에게 태상천황太上天皇의 존호를 주길 희망한 '존호일건尊号一件'(1789)이었

다. 결국 막부 측의 거부가 관철되었지만, 막부가 우위에
섰던 종래의 협조관계에 균열이 발생하게 되었고, 점차
존왕론이 고조되어가면서 조금씩 조정 측으로 무게중심
이 옮겨지게 되었다.

유학자들의 논쟁 - 조정과 막부

에도 중기가 되자 불교자를 대신해 유학자가 정치에
관여하게 되었다. 신불神仏이 속한 세계보다 세속적 사회
질서에 어떻게 대응해야 할지가 좀 더 중요한 문제로 대
두되었기 때문에, 신불과 쇼군의 위광만으로는 대응할
수 없었던 현실적 문제를 재검토해줄 원리가 절실해졌
다. 정치철학으로서 유교가 전면에 등장하게 된 연유라
고 할 수 있다. 유교의 근본 원리는 하늘에 있다고 여겨
졌으며 그것이 세계의 내재적 원리가 되는 순간 '이理'라
고 일컬어진다. 이것은 원래 보편적인 원칙이었기 때문
에 문화나 지역적 차이에 의해 바뀔 수 있는 성질의 것이
아니었다. 그러나 이것을 일본에 적용할 때 커다란 문제
가 발생했다. 막부를 현실적 정권으로 간주하고 그것이
천명에 의한 것이라고 해석하면 명쾌하겠으나, 만약 그
렇다고 치면 조정의 의미를 어디서 찾아야 할지가 매우

난감해진다. 반대로 '신神=천황天皇'의 일관성을 원리로 고정시키면 유교의 '천天=이理'의 원리를 적용하기 어려워진다. 7장에서 언급했던 '태백 황조설'은 하나의 해답이었지만, 만약 그렇다면 일본은 중국 문명에 종속된다는 말이 될 것이다. 에도 후기가 되면 '천天=이理'의 보편성을 희생시키며 '신神=천황天皇'의 일관성을 근본 원리에 두는 국체론적 흐름이 주류를 이루는데, 중기 단계에서는 주요 유학자들이 이 문제에 일단 눈을 질끈 감는 상태에서 유교적 정치 원칙을 막부 정책에 반영시키고자 했다.

아라이 하쿠세키는 자서전 『오리타쿠시바기折たく柴の記』(1716, 서문)에서 조선통신사의 문서 서식 문제를 통해 '천황과 쇼군의 관계'를 논하고 있다. 즉 천황을 '일본 천황日本天皇', 쇼군을 '일본 국왕日本国王'으로 보고 양자의 관계를 '천天'과 '지地(=国)'의 차이로 규정해 명확히 하며 쇼군을 조선 국왕과 동격으로 보았다. 결국 천황은 그를 뛰어넘는 존재라는 말이 되어버린다. 천황과 쇼군의 관계는 역사론 『독사여론読史余論』(1712)에서 상세히 논해진다. 그에 의하면 미나모토노 요리토모 시대부터 무가는 황실의 '공주共主'가 되어 '무가의 세상'이 되었으며, 아시카가 다카우지 이후 황실은 '허수아비'가 되어 천하는 완전히

'무가의 세상'이 되었다는 것이다. 요컨대 형식적으로는 천황이 상위에 있었으나 실질적으로는 무가의 시대였다는 말이 될 것이다. 천황 문제를 잠시 접어두고 실제 정권은 쇼군이 잡고 있다는 사실을 명확히 함으로써 막부의 지배를 합법화했다.

오규 소라이도 『정담政談』을 쇼군 요시무네에게 바쳤는데 기본적인 내용은 적절한 제도에 의한 '사회 질서의 확립'이라는 대목에 있다. 오규 소라이는 그 제도가 '천天=이理'에 의한 것이 아니라 '옛 성인'이 제정한 것으로 생각했다. 성인이 만든 제도는 분명 보편성과 실용성을 갖추었을 것이므로 효율적일 것이다. 그러나 '천天=이理'의 필연성은 없으므로 천황의 존재보다 근본적일 수는 없다. 천황론은 논외로 제쳐두고, 어디까지나 실질적 문제로 무가 지배의 안정적 사회 제도 확립을 지향할 수 있다. 그렇다면 구체적 정책은 어떻게 되어야 할까. 그 기본은 상하 질서를 명확히 하는 것이며, 농업을 중심에 두고 무사조차도 자신의 영지로 돌아가 지역에 밀착해야 한다는 것이다. 단, 상하 질서에 관해 중대한 문제점을 지적한다. 관위는 조정에서 받는 것이기 때문에 결국 쇼군도 여러 제후나 마찬가지인 존재가 될 것이다. 그러므로 말세에 이르러 쇼군의 무력적 위세가 약해진다면 조정이 진정한 주인이라고 생각할 사람이 나올지도 모른다. 그러므로 무가의 독자적인 관위 질서를 만들어야 한다는 것이다. 결국 이는 실현되지 못했고 결과적으로 오규 소라이의 불안이 적중하게 되었다.

세계로 열린 눈

에도 시대에는 나가사키(네덜란드·중국) 외에도 쓰시마対馬(조선), 사쓰마薩摩(류큐琉球), 마쓰마에松前(아이누)라는 네 개의 문호가 외국을 향해 열려있었다고 한다. 이 가운데 사상사적으로 문제가 되는 것은 우선 조선과의 관계였다. 왜냐하면 에도 시대에 정식으로 국교를 맺고 있었던 것은 조선뿐이었기 때문이다. 그래서 양국 모두 자국이 상위에 있음을 드러내고자 문서 속의 자잘한 표현이나 조선통신사의 대응에 이르기까지 세심한 주의를 쏟게 되었다. 그사이에 위태롭게 끼어있던 쓰시마번이 사안에 따라서는 문서까지 바꿔치기해가며 위험천만한 대응을 했고, 이를 통해 비로소 양자의 평화가 유지되었다. 그런 와중에 도쿠가와 쇼군이 어떻게 표기되는지도 중대한 문제로 대두되었고, 이 때문에 앞서 언급했던 것처럼 아라이 하쿠세키가 '대군大君'에서 '국왕国王'으로 바꿀 것을 주장했다. 아라이 하쿠세키와 함께 기노시타 준안木下順庵 문하에 있던 아메노모리 호슈雨森芳洲는 쓰시마번의 유학자로 탁월한 어학 능력을 살려 교섭의 최전선에서 양자의 평화스러운 교류를 위해 진력했다.

나가사키에서 펼쳐진 중국, 네덜란드와의 관계는 비록 국가 간의 관계는 아니었지만, 무역이나 신문화의 유입이라는 점에서 심대한 영향을 끼쳤다. 특히 데지마出島를 통한 네덜란드와의 교역은 서양을 향해 열린 유일한 통로였다. 그래서 남만을 거쳐 들어오는 물품만이 아니라 의학 등 당시 급속히 발전하고 있던 서양 과학 수입의 창구가 되었다. 서양 과학에 관한 연구는 난학이라는 영역으로 학술계를 리드했다. 중국어와 네덜란드어 모두 세습 통역인인 '통사通詞'의 어학 실력에 의거하는 바가 많았기 때문에 어학 연구의 필요성을 재인식하게 되었다. 오규 소라이의 중국어학 중시도 이런 전제가 있었기 때문에 가능했다.

아라이 하쿠세키는 일본에 몰래 잠입한 마지막 선교사이자 이탈리아인이었던 지오바니 바티스타 시도티 Giovanni Battista Sidotti를 심문한 후(1709) 이 상황을 『서양기문西洋紀聞』에 기록했으며 그를 통해 얻은 세계 지리에 관한 지식을 바탕으로『채람이언采覽異言』을 저술했다.『서양기문西洋紀聞』에는 그리스도교 교리나 세계 지리에 대해 집요한 질문을 쏟아내며 어떻게든 최신 지식을 얻고자 했던 아라이 하쿠세키의 열정이 담겨있다. 나가사키의 니시카와 조켄西川如見은 천문과 역학 등을 배운 후 세계지리를『증보화이통상고增補華夷通商考』(1708)로 정리했는데 이 책에서는 북미와 남미까지 포함해 전 세계를 시야에 담아 기록하고 있다. 쇄국으로 일본인의 시야가 협소해진 것이 결코 아니었으며, 세계 상황에 대한 강한 관심을 계속 간직하고 있었다.

2 복고와 혁신

신화의 재발견

유학자들과 전혀 다른 원리를 바탕으로 정치론을 전개해 이채를 발했던 인물, 바로 모토오리 노리나가였다. 노리나가의 학설은 기슈번紀州藩(지금의 와카야마현和歌山県과

미에현三重県 남부-역주) 영주 도쿠가와 하루사다德川治貞에게 바친 『다마쿠시게玉くしげ』『비본 다마쿠시게秘本玉くしげ』 (1787 헌상)를 통해 확인할 수 있다. 『다마쿠시게』에 의하면 '진정한 도道'는 보편적인 것인데 다른 나라에서는 이미 상실되었고 황국(일본)에서만 올바르게 전해 내려왔다는 것이다. 그것이 바로 "신대神代부터 전해져온 옛 전설"이다. 아마테라스오미카미天照大御神야말로 만국의 지배자이며 그 혈통이 이어지고 있는 황국은 "만국의 원본대종元本大宗"이기 때문에 이국의 학설을 이용하는 것은 당치 않는 소리란 이야기가 된다. 만약 그렇다면 조정이 직접 정치를 집행해야 한단 말인가? 그렇지 않다. "조정의 임명을 받아…… 대장군 가문이 천하의 정치를 널리 펼치신다"라고 언급하며, 조정의 위임을 통해 막부가 정치를 행하는 것이라고 말하고 있다. 이른바 대정위임론大政委任論이라고 일컬어지는 것으로, 이후 마쓰다이라 사다노부 등에 의해 명확해졌고 이를 통해 막부의 통치가 정당화되었다. 하지만 역으로 말하면 막부가 그 임무를 감당할 수 없게 되면 대정大政을 봉환해야 한다는 논리로 이어질 수 있는 시한폭탄 같은 존재였다.

　모토오리 노리나가의 이런 논리는 『고사기전古事記伝』

(1764~1798)으로 집대성되는 신화 연구에 바탕을 둔 것이었다. 노리나가 이전의 신화 해석으로는 주로 유학자 계열의 해석이 대부분으로, 예를 들어 야마자키 안사이는 신화를 오행설로 해석하고 있다. 주목되는 것으로 아라이 하쿠세키의 해석이 있다. 아라이 하쿠세키는『고사통古史通』(1716)에서『구사본기旧事本紀』(쇼토쿠태자가 찬집한 것으로 전해지는 역사서)를 바탕으로 신대神代의 역사를 고찰한다. 하쿠세키의 기본적 태도는 "신이란 인간이다"라고 간주하며 합리적 해석을 내리려는 대목에 있다. 바로 그 점 때문에 중국이나 조선과 비교하거나, 애당초 신화의 거점을 히타치常陸를 중심으로 한 동국 지방으로 보는 등, 자국중심주의나 황통 중심주의를 배척하는 해석을 제시하고 있다.

반면 모토오리 노리나가는 그와 정반대였다. 합리적 해석을 철저히 배척하며『고사기』에 적혀있는 그대로를, 고스란히 사실로 읽어내려고 했다. 이런 방식은 게이추契沖[109]에서 시작된『만요슈』연구에서의 '고대의 발견'을 계승하면서도, 한편으로는 오규 소라이의 고문사학古文辞

---

109) 진언종 승려로『만요슈』를 비롯한 일본의 고전에 대한 면밀한 주석 작업 등을 통해 고전 연구에 획기적인 업적을 남겼던 굴지의 국학자이다. 모노오리 노리나가에도 많은 영향을 끼쳤다.

學의 엄밀한 '텍스트 해석학'의 영향을 받은 것이었다. 노리나가는 당초 와카나 『겐지모노가타리』 연구에서 출발했다. 특히 『겐지모노가타리』를 유교나 불교의 교훈이라는 잣대로 읽어내려는 태도를 비판하며 도덕적 선악을 뛰어넘은 '모노노아와레'야말로 『겐지모노가타리』의 근본에 있는 인간관이라고 주장했다(『자문요령紫文要領』『겐지모노가타리 다마노오구시源氏物語玉の小櫛』). 이런 『겐지모노가타리』 연구에서 시대를 거슬러 올라가 『고사기』 연구로 나아가게 되었다. 『고사기』에서는 신神(kami, カミ)을 "범상치 않은 탁월한 덕(德, こと, koto)을 가진 두려운 존재"(『고사기전』권2)라고 정의하고 종래의 한자 '신神'에 의존했던 해석을 완전히 뒤바꾸는 등, 괄목할 만한 성과를 보여주었다. 그러나 일본에만 '진정한 도道'가 전해 내려와 그것이 황통이 되었다는 '일본 중심론'에는 엄연한 비약이 존재했고, 그럼에도 불구하고, 모토오리 노리나가의 '일본 중심론'은 다음 세대에 큰 영향을 끼치게 된다.

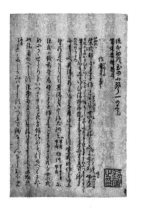

〈그림 14〉
모토오리 노리나가
『자문요령紫文要領』(자필본) 발췌

부처로의 회귀

노리나가는 오랜 세월 동안 축적되어왔던 전통적 고전 해석을 부정하고 고전이 작성된 원점으로 되돌아간다는 점에서, 전통을 부정했다. 전통을 부정함으로써 새로운 전통을 발견하는, 혹은 창조한다는 역설적 작업이었다. 이는 유교의 성전을 제정했던 중국 고대의 성인들에게로 회귀하고자 했던 오규 소라이를 연상시킨다. 똑같은 이야기를 불교에 관해서도 말할 수 있을 것이다.

일찍이 '근세 불교 타락론'이라는 표현이 존재했다. 근세 불교는 타락했기 때문에 논할 가치가 없는 것으로 여겨졌다. 하지만 최근 연구를 통해 에도 시대에도 불교 활동이 왕성했으며 사회적으로도 막강한 영향력을 발휘하고 있었다는 사실이 분명해지고 있다. 앞서 살펴봤던 것처럼 에도 초기에는 정치적으로나 사회적 영향력으로나 유교보다 큰 힘을 가지고 있었다. 에도 중기가 되면 유교 세력이 크게 신장했고 신도의 영향력도 커졌다. 그러나 불교의 역할은 여전히 계속되고 있었다. 특히 조정에서는 '다이조사이大嘗祭'가 중단되었던 기간 중에도 밀교적 방식에 바탕을 둔 '즉위 관정灌頂'은 계속 행해졌다. 또한 황위를 계승할 수 없는 황자나 황녀는 출가해서 몬제키사원에 들어가는 것이 보통이었다.

이처럼 왕권과의 관련성이나 '기리시탄' 대책, 사단제도 등의 정치적 기능뿐 아니라 근세의 사상으로도 불교는 큰 의미를 가진 존재였다. 특히 최신 문화로 들어온 '황벽종'이 가져다준 충격파는 심대했다. 유교나 국학자들의 배불론이 점차 왕성해지는 가운데, 불교 측은 신도와 유교와 불교가 일치한다는 '신불유 일치'라는 입장을 취함으로써 그 존재가치를 증명하고자 했다. 삼교 일치를 설파한 『선대 구사본기 대성경先代旧事本紀大成経』이 위서로 제작된 사건에는 황벽종의 조온 도카이潮音道海가 관련되어있었다.

유교나 국학이 고전을 다시 읽거나 고대로의 회귀를 추진하던 가운데, 불교 역시 전통을 계승하는 것이 아니라 원점으로 회귀함으로써, 교단 개혁이나 새로운 교리 사상의 형성 쪽으로 나아가게 된다. 특히 불교 부흥을 촉구하는 사람들은 우선 계율을 부흥하고 바람직한 교단 질서의 재구축에서 출발했다. 그런 움직임에서 주목되는 것은 천태종 쪽에서 시도된 레이쿠 고켄霊空光謙 등의 '안락율安楽律 운동'이었다. 레이쿠 고켄 등은 사이초가 채용한 일본 독자의 대승계大乗戒만으로는 충분치 않다며 중국에서 주류를 차지하고 있는 '사분율 채용'을 주장하며 전통파와 투쟁했다. 유교나 국학과 다른 경향을 띠고 있음을 알 수 있다. 즉 불교의 복고운동은 일본 중심주의에서 벗어난다는 역방향을 향했다.

이런 동향은 사상 면에서 전통주의 비판으로 이어진다. 안락율 운동을 한 레이쿠 등은 중세의 본각 사상本覚思想에 전해 내려온 구전주의의 전통을 비판하며, 문헌에 바탕을 두면서 중국 천태종의 정통적 교리로 돌아가야 한다고 주장했다. 오규 소라이 등의 고전 해석과 마찬가지로, 불교에서도 화엄종의 호탄 소순鳳潭僧濬은 전통적 해석에 이의를 제기하며 커다란 논쟁을 불러일으켰다. 도쿠몬 후자쿠德門普寂나 지운 온코慈雲飲光 등은 종래 소승불교라는 이유로 거들떠보지 않았던 초기 불교의 이론이나 실천을 재평가하며 대승불교를 우선시하는 일본 불교의 전통에 유의미한 문제 제기를 시도했다. 진언종의 지운 온코는 혼자 힘으로 인도의 범어(산스크리트어) 연구에 착수해, 턱없이 부족한 자료를 가지고 인도 원전 연구를 추진하며 부처가 살았던 시대의 정법으로 복귀하는 '정법 운동'을 펼쳤다. 만년에는 신도 연구로 전향해 밀교적 해석에 바탕을 둔 운전 신도雲伝神道를 주장했다. 이처럼 에도 중기의 불교계는 유교나 국학과 마찬가지로 새로운 사상이나 실천을 전개해나갔고, 그것이 결국 근대 불교 연구의 흐름으로 이어지게 되었다.

세속과 종교

에도 시대의 특징은 '세속화의 시대'로 표현되곤 한다. 생산력이 향상되어 물질적 생활이 풍요로워졌고, 화폐 경제의 진전에 따라 사회가 복잡해지면서 세속적, 현세적 영역이 비대해졌다. 또한 교육이 보급되면서 문화가 대중적으로 광범위한 계층으로까지 보급되었다. 세속화는 종종 막스 베버가 말하는 '주술로부터의 해방'과 연계되어 합리화·근대화의 문제로 논의되어왔다. 최근에는 이런 단순한 근대화론은 존재감이 희박해졌지만, 세속사회가 확대되면서 사람들의 삶이 크게 변용된 것은 사실이었다. 그런 분위기 속에서 과연 어떤 원칙에 따라 삶을 살아가야 좋을지, 종교나 윤리의 존재 양식이 새삼 문제시되었다.

세속사회의 윤리는 원래 유교가 가장 강점을 가졌던 분야였다. 오륜(군신유의·부자유친·부부유별·장유유서·붕우유신), 오상(인·의·예·지·신) 등 세속적 윤리 원칙을 체계적으로 설파해왔기 때문이다. 분명 그런 기본적인 세속 윤리는 사회 전체로 퍼져나가게 되었지만, 이것이 꼭 유교의 원칙으로 파악되었던 것은 아니다. 유교가 체계적으로 수용되었던 것은 주로 무사 계급의 경우였으며, 일반 서민들에게까지 유교 성전의 학습이 전파되지는 못했다. 오히려 세속사회에서의 삶은 불교를 매개로 한 경우가 대부분이었다. 불교에서도 하쿠인 에카쿠白隱慧鶴처럼 한자가 아니라 가나로 된 법어를 사용해 알기 쉽게 깨우침을 전파하려는 방법이 시도되었다. 지운 온코는『십선법어十善法語』에서 십선계를 바탕으로 한 가르침을 널리 퍼뜨렸다. 오미 지역 상인들의 활동에 진종의 가르침이 강한 영향을 끼쳤다는 사실은 종종 지적되고 있는 바이다.

유학자들이 불교를 엄히 배척했음에도 불구하고 실제 생활의 장에서는 이처럼 '신도·불교·유교'가 융합하는 경우가 보통이었다. 그런 사실을 현저하게 보여준 것이 이시다 바이간石田梅岩이 일으킨 심학心學이었다. 이시다 바이간은 원래 농민 출신이었는데 교토의 상인 계층을 중심으로 가르침을 전파해『도비문답都鄙問答』(1739) 등을 저술했다. 원래 에도 시대의 정치 이념으로 본다면 농민이 무사를 먹여 살린다는 구조가 기본이었기 때문에, 상인은 이른바 필요악적인 존재라며 정당한 평가를 얻지 못했다. 그러나 실제로는 화폐 경제가 발전함에 따라 상인 계급의 중요성이 커졌고, 이에 따라 상인의 윤리를 확립할 필요성이 대두되었다. 이시다 바이간의 가르침은 그에 대응한다는 의미가 있었다. 자신의 본성을 깨닫는 것에 바탕에 두고 자신의 처지를 헤아리며 이기심을 버리고 검약에 힘쓰며 세상을 위해 쓸모 있는 인간이 되라고 가르쳤다. 이런 태도를 통해 사회 속에서 상인의 역할을 정당화했다.

이런 사회적 인간의 존재 양식과 함께 개인으로서의 인간의 삶에 지침을 보여준 것은 가이바라 에키켄貝原益軒이었다. 원래 후쿠오카 번사 출신으로 유학자로 활동했지만, 70세 이후인 만년에 『야마토본초大和本草』(1709)로 본초학을 집대성했을 뿐만 아니라, 『양생훈養生訓』으로 양생에 의한 장수의 비결을 설파했으며 『화속동자훈和俗童子訓』(1710)에서 유아 교육에 대해 논했다. 여성 차별의 전형으로 악명 높은 『여대학女大学』은 『화속동자훈』의 여성 교육 부분에 바탕을 두고 있다.

신도 측에서 세속화 시대에 대응했던 것은 마스호 잔코增穗残口였다. 원래 니치렌종日蓮宗의 승려였다는데, 인도(불교)나 중국(유교)과 다른 일본인의 삶을 흥미롭게 강연하는 '세속적 신도(속신도俗神道)'로 세간의 인기를 모았다. 일본에서는 예로부터 음양이 조화를 이루어 남녀가 하나가 되었다는 입장이었다며 남녀평등을 강조했고 남녀의 사랑을 근본으로 삼는 독자적인 신도설을 주창했다. 그의 저서『염도통감艷道通鑑』(1715)은 염서로 취급되었기 때문에 그의 설이 자칫 오해받았던 부분이 없지는 않았지만, 이런 시각은 모토오리 노리나가의 '모노노아와레론[110]'의 '연애 중시'와도 통하는 부분이 있었다. 천황론과 관련된 쪽과는 방향이 다르지만, 또 하나의 '일본적 발상'에 의한 착안으로 주목된다.

110) '모노노아와레'는 헤이안 시대를 대표하는 미의식으로 일반적으로는 애수가 깃든 비애의 마음을 나타낸다. 모토오리 노리나가는『겐지모노가타리』의 본질을 '모노노아와레'로 집약시켜 표현하며 유교의 권선징악의 잣대로 헤이안 시대의 문학을 파악하던 에도 시대 당시의 평가를 비판했다. 나아가 유교나 불교가 일본에 도래하기 이전의, 고대 일본의 고유한 미의식을 재발견하고자 했다.

3 학문과 생활

언어·문헌·사상

고대·중세부터 한적을 어떻게 읽을지는 일본인들에게 골치 아픈 문제였다. 이로 인해 이른바 '훈독'이라는 방법이 생겨났다. 이것은 외국어인 중국어를 번역하지 않은 채 그대로 일본어로 읽어내는 터무니없는 방식이었다. 물론 일본에서만이 아니라 조선에서도 비슷한 방식이 개척되었다. 고전 중국어(한문)를 공통의 문장어로 삼았던 동아시아에서 나타난 현상이라고 말할 수 있을 것이다. 중세의 신란이나 도겐처럼, 훈독에 의한 한문과 일본어의 갭을 교묘하게 살려내서 독자적 사상을 전개했던 예도 있었다. 근세에 와서 유교 전적을 성전으로 새롭게 읽어내야 할 필요가 생겼을 때, 중세까지의 불전 훈독이나 박사 가문의 훈독과는 이질적인 새로운 훈독법이 개척되었다. 하지만 훈독이라는 방법 자체에는 굳이 의구심을 품지 않았다.

훈독에 대해 처음으로 이의를 외친 사람은 오규 소라이였다. 오규 소라이는 자신의 학문 방법을 『학칙学則』(1727)에서 종합적으로 정리했는데, 그 도입부에서 훈독

문제를 거론했다. 소라이에 의하면 훈독은 언어가 엄연히 다르다는 사실을 무시한 처사였다. 훈독해서 읽으면 원문의 의미를 제대로 이해할 수 없게 되므로 훈독을 거치지 않고 중국어 원문 그대로 읽어야 한다고 주장했다. 오늘날의 시각으로 본다면 지당한 주장이라고 할 수 있지만, 당시로서는 지나치게 참신해서 사상계에 큰 충격을 주었다.

모토오리 노리나가도 오규 소라이의 영향을 많이 받았다. 일본의 고대 문헌의 경우『고사기』나『만요슈』가 만요가나, 혹은 일본풍의 독특한 한문으로 표기되어있어서 우선 읽는 방법을 확정해야 했고 고대 일본어 문법에 대한 정확한 이해도 필요했다. 이미 게이추契沖 이후 국학의 선행연구가 축적된 상태였으며, 그 과정에서 예컨대 후지타니 나리아키라富士谷成章처럼 자각적인 문법 연구도 시작되었다. 노리나가의『고사기전』의 서론적인 부분에는 언어학적인 문제가 대대적으로 다뤄지고 있다. 노리나가의 학문이 무엇보다 문헌학적으로 평가받는 이유는 이런 주도면밀한 학문적 절차를 밟고 있기 때문이다.

오규 소라이나 모토오리 노리나가는 이런 엄밀한 절차를 밟아 문헌을 통해 고대의 사상을 끄집어내려고 했다.

이런 시도를 통해 문헌을 읽어내고 이해를 심화시키는 것은 분명 비약적인 진전을 보였다고 말할 수 있다. 하지만 그 내용을 고스란히 성인의 가르침이나 고대의 실제 사실로 받아들임으로써 또 다른 문제가 발생했다. 문헌과 거리를 두고 비판적으로 읽을 수 없게 되었기 때문이다. 이 점에 관해 획기적인 방법을 제시한 사람은 오사카 조닌 출신의 젊은 천재학자 도미나가 나카모토富永仲基였다. 나카모토는 사상 발전의 법칙으로 '가상加上'이라는 학설을 제시했다. 어떤 사상은 그 이전 사상의 위를 지향하여 새로운 설을 주창해 그것이 순차적으로 덧붙여지면서 사상이 발전해간다는 이야기다. 현존하는 저서『출정후어出定後語』(1745)는 나카모토의 학설을 불교 경전에 적용하고 있다. 대승 경전은 석가의 설을 후대에 '가상'하여 확립되었다는 주장이다. 이런 발상은 불교 경전을 모조리 석가의 설법으로 간주하던 불교의 상식을 뒤엎는 것이어서 훗날 엄청난 논쟁을 불러일으켰다. 근대불교학에서도 '대승비불설논(쟁)大乗非仏説論'으로 논쟁의 대상이 되었다.

과학에서 철학으로

이처럼 에도 중기에는 종래의 권위나 상식에 얽매이지 않으면서도 대담하고 자유로운 독창적 사상가가 출현하게 되었다. 도미나가 나카모토의 경우는 순수한 인문과학이라고 말할 수 있지만, 에도 시대에는 자연과학적인 성과도 축적되었다. 중국에 유래하는 학문도 큰 발전을 보였고, 거기에 새롭게 난학이라는 새로운 방법이 네덜란드에서 도입되었다. 일본식 수학이라고 할 수 있는 '와산和算'의 요시다 미쓰요시吉田光由, 천문과 역학의 시부카와 하루미渋川春海·다카하시 요시토키高橋至時, 본초 방면에 가이바라 에키켄·오노 란잔小野蘭山, 지리학의 이노 다다타카伊能忠敬 등이 알려져 있다. 특히 의학 분야에서는 고전에 회귀하면서도 독자적 방법을 활용하는 고방파古方派(고의방파古医方派)의 활약이 두드러졌으며 야마와키 도요山脇東洋 등이 저명하다. 한편으로는 그 한계로 인해 난학이 주목받게 되었다. 스기타 겐파쿠杉田玄白 등이 악전고투 끝에 번역한 『해체신서解体新書』(1774)는 엄청난 충격을 주었다.

이처럼 새로운 자연과학이 도입되는 가운데 기성 유파에 얽매이지 않은 채 완전히 자유롭게 독자적 사상을 전개했던 독립사상가가 나타났다. 도미나가 나카모토도 그중 한 사람인데 그는 오사카의 조닌들이 만든 학문소 学問所인 가이토쿠도懷德堂 출신이었다. 가이토쿠도는 부유한 상인들이 출자하여 유학자 미야케 세키안三宅石庵을 초빙해 창설했고(1724), 훗날 쇼군 요시무네吉宗의 관허를 받아 발전했다.

가이토쿠도 출신 중 또 한 사람의 독창적 사상가가 야마가타 반토山片蟠桃였다. 야마가타 반토는 오사카 환전상의 지배인으로 수완을 발휘했으며 센다이번仙台藩의 재정 재건에도 진력했던 유능한 상인이었다. 이후 50대가 되어 대저『유메노시로夢ノ代』를 쓰기 시작해 죽기 1년 전(1820)에 완성했다. 이 책은 천문에서 시작해 지리·신화·역사에서 정치 문제나 불교 비판까지 아우른 백과전서이다. 기본적 입장은 철저한 합리주의였다. 지동설을 채용했고 신화에 대해서는 문자 이전의 전승은 논할 수 없다며 모토오리 노리나가 등을 비판했으며 귀신이 없다는 설을 주창해 사후 세계를 부정했다. 가히 유물론이라고 말해도 좋을 독자적 철학 체계를 확립했으며, 백과전서파 등 프랑스 계몽주의자들과도 일맥상통하는 부분이 있었다. 참고로 근세에는 나카무라 데키사이中村惕斎의『훈

몽도휘訓蒙図彙』(1666), 데라지마 료안寺島良安『와한삼재도회和漢三才図会』(1712) 등의 백과사전적 대저서가 출판되었기 때문에 세상 만물에 관한 지식이 제법 광범위한 층에서 공유되고 있었다는 사실을 짐작할 수 있다.

이 시대에 나온 독립적이고 독창적인 사상가로 미우라 바이엔三浦梅園을 빼놓을 수 없다. 바이엔은 분고豊後(현재의 오이타현大分県-역주)의 작은 촌에 살던 일개 의사로 일생을 마쳤지만, 평생토록『현어玄語』를 비롯한 저술 작업에 전념했다. 다수의 원환円環(둥근 고리) 그림과 함께 논술된 저작들은 매우 난해하여 오늘날에도 여전히 충분히 해명되지 못한 채 남아있다. 그러나 근본적인 태도는 불교와 유교처럼 인간의 자의에 의해 자연을 바라보지 않고, 선입관 없이 자연 그대로의 이치를 추구하는 것에 있었다. 과학적 시점에 선 자연철학이라고 말할 수 있다. 이론의 중핵은 음양설에 바탕을 두고 이항 대립적인 요소가 전체로서의 '일'이 된다는 '반견합일反観合一'이었기 때문에 헤겔의 변증법과 종종 비교되기도 한다. 이처럼 에도 시대에는 종래의 전통적 유파에 얽매이지 않는 자유로운 사색을 점차 모색하게 되었다. 성숙한 사회 안에서 잉태된 토착적 근대 사상으로 평가할 가치가 충분하므로

오늘날 제대로
된 검토와 평
가가 필요할
것이다.

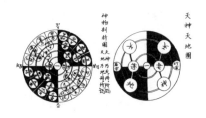

<그림 15> 미우라 바이엔三浦梅園 『현어玄語』 발췌

농정 사상

에도 시대라고 하면 일반적으로 도시형 조닌 사상에만
자칫 주목하기 쉽지만, 원래 에도 무사 사회의 이념은 무
사가 농촌에 의존하는 바에 존재했기 때문에 사농공상
가운데 '농'이 높은 위치를 차지하고 있었다. 물론 현실에
서는 무사를 공양하기 위한 막대한 연공 부담이 농민들
을 짓눌렀기 때문에, 그만큼 생활도 고통스러워졌다. 하
지만 개간에 의한 농경지 개발이나 생산력 향상으로 농
민 중에서도 제법 경제적 기반을 갖춘 지도층이 양성되
었다. 물론 농민이 직접 사상적 발언을 하는 경우는 극소
수에 그쳤다.

그런 가운데 17세기 미야자키 야스사다宮崎安貞의 활동
이 주목된다. 야스사다는 원래 히로시마번 무사 출신으
로 후쿠오카번에 출사했는데, 농업에 관심이 많아서 결
국 직접 농경에 종사하면서 농민 지도에 진력했다. 저서

『농업전서農業全書』(1697)는 명나라의 『농정전서農政全書』에 바탕을 두면서도 농경 기술을 비롯해 각종 농산물을 상세히 소개하며 이후 농학의 기초를 구축했다.

농업을 바탕에 두고 독창적인 사상을 구축한 사람은 안도 쇼에키安藤昌益였다. 안도 쇼에키는 아키타 출신으로 하치노헤八戶에서 의사로 일하면서 『자연진영도自然真営道』 『통도진전統道真伝』 등의 저서를 저술했고 농업을 중심으로 한 세계관을 전개하는 동시에, 현실에서 농민들이 재해나 기근으로 비참한 상태에 놓인 상황을 고발하고 바람직한 사회에 대한 고찰을 심화시켰다. 안도 쇼에키는 오행설을 바탕으로 세계의 생성과 변화를 설파하며 천지天地(쇼에키는 '전정転定'이라고 표기한다)에서 인류·금수초목에 이르기까지 모조리 활진活真이 기능한다고 지적하며 그 본래의 기능이 바로 '직경直耕'이라고 파악했다.[111]

이것은 말 그대로 직접적인 농경 활동을 가리키는데, 인간만이 아니라 세계 전체에 원래 존재하던 생명의 존재 양식을 말한다. 그 과정에서 인류도 고려되는데, 그것은 근세 주요 사상가들이 말하던 신분제도와 완전히 반

---

111) 안도 쇼에키는 기일원론気一元論을 주장하며 근원적 실재인 '활진'(기気)이 분화해 만물을 생성하는 것을 '직경'(본연의 존재 양식)이라고 파악했다.

대였다. 즉 인간사회의 계급적 차별을 부정하고 모든 인간이 동등하게 '직경'에 종사하는 사회를 이상적 사회로 평가한다. 이렇게 안도 쇼에키의 농본주의는 일본에서는 보기 드문 사회주의적 인간 평등론으로 향한다. 쇼에키 사후 제자들의 활동이 이어지지만, 시대를 지나치게 앞서간 사상은 결국 매몰되고 말았고 근대 이후 그의 사상이 재발견될 때까지 기다려야 했다.

쇼에키에 비해 온건하고 현실적인 농정 사상을 전개했던 인물은 19세기 전반의 니노미야 손토쿠二宮尊德였다. 손토쿠는 오다와라번小田原藩에 속한 농가 출신이었지만 근면하고 계획적인 농업에 의해 몰락한 생가를 재건하고 오다와라번과 관련 있는 각지의 농촌 부흥을 위해 진력했다. 손토쿠는 자연의 섭리인 '천리天理'와 인간의 작위作為인 '인도人道'를 구별하면서 양자가 협력할 필요성을 설파했다. 신도와 불교, 유교 모두를 존중했으며 사리사욕을 버리고 근면하게 일할 것을 이상으로 삼았다. 손토쿠의 이른바 보덕報德사상은 근대 이후 지역에 뿌리내린 보수적 이데올로기로 활용되어 니노미야 긴지로(손토쿠의 아명) 동상이 각지의 초등학교에 건립되었다.

가혹한 연공이 부과되었을 때 농민들이 그저 수동적

으로 묵묵히 따르기만 했던 것은 결코 아니었다. 농민들은 저항운동 격인 농민봉기 '햐쿠쇼잇키百姓一揆'로 영주에 대항했고 이것이 결국 막부 말기에 세상을 바꾸는 민중봉기 '요나오시잇키世直し一揆'에 이르게 되었다. 농민봉기 소식은 다양한 스토리로 만들어져 유포되었고 특히 사쿠라 소고로佐倉惣五郎처럼 전설이 되어 널리 사랑받게 된 경우도 생겨났다.

9장 내셔널리즘으로의 길

에도 후기

1 국난과 왕권

막부의 고뇌와 조정

간세이寬政 개혁으로 쇄신을 꾀했으나 막부 체제는 더는 봉합이 불가능한 단계에 이르렀다. 미즈노 다다쿠니水野忠邦의 '덴포天保 개혁'(1841~1843)은 '간세이 개혁'을 모방해 나라의 기강을 바로잡고 긴축재정을 꾀했으나 충분한 성과를 거둘 수 없었다. 국내적으로 사회적 모순이 격해지고 있었을 뿐만 아니라 외국 배가 출몰해 개국을 요구하기 시작했다. 먼저 러시아가 내항했고 이후 미국, 영국, 프랑스 등의 배도 들이닥쳤다. 이 지경에 이르자 해안가 방어나 쇄국 체제 유지 여부가 심각한 문제로 대두되었고, 결국 종래대로 쇄국 방침을 고수하는 것만으로는 도저히 대응이 불가능해졌다. 19세기 중엽에 접어들자 아편전쟁에서 청나라가 영국에 대패하면서 굴욕적인 난징조약을 체결하게 되었고(1842), 이런 상황은 일본에도 엄청난 충격을 주며 위기감이 고양되었다. 원래 외교권은 막부가 일원적으로 가지고 있었는데, 막부 선에서 도저히 감당할 수 없자 조정의 의향을 묻지 않을 수 없는 상황으로 내몰렸다. 설상가상으로 다이묘들의 의견도 갈라져서 막부는 다이묘들의 의향까지 물어야 하는 상황이 되어 더더욱 난감한 처지에 놓이게 되었다.

조정도 고카쿠光格 천황 무렵부터 목소리가 높아져 다양한 의례의 부활이나 '고쇼御所(궁궐-역주)' 재건 등 복고 기운이 고양되었다. 특히 주목할 점은 고카쿠 천황 사망 후 천황의 호칭을 '직접' 붙여 '고카쿠 천황光格天皇'이라고 칭하는 것을 막부도 승인했다는 사실이다(1841). 실제로 '천황'이라고 칭해졌던 것은 아주 먼 옛날인 무라카미村上 천황(967)이 마지막이었고 이후 정식으로는 시호에 '천황' 호칭을 넣지 않은 채, 예컨대 '고모모조노인後桃園院'처럼 '인院'이라는 호칭이 부여되는 것이 관례였다. 이는 천황뿐 아니라 계명戒名에도 광범위하게 사용되었기 때문에 천황이 딱히 특별한 존재로 취급되지 않았다. 하지만 천황 호칭의 부활로 천황은 다른 공가公家나 무사와 결코 동격이 될 수 없는 특별한 존재로 인식되게 되었다. 아울러 고카쿠 천황과 그다음의 닌코仁孝 천황까지는 센뉴지泉涌寺에 불교식 석탑을 세워 능을 만들었는데, 고메이孝明 천황에 이르자 센뉴지 영역 내이긴 하지만 왕릉(노치노쓰키노와노히가시노미사사기後月輪東山陵)을 조성하기에 이르렀다. 독자적 왕릉 조성 방식은 메이지 이후에도 답습되었다. 이런 식으로 천황을 특별한 존재로 각별하게 취급하려는 흐름이 정착되어갔다.

페리의 내항(1841)으로 막부는 그간 애매하게 유지해왔던 기존 대응 방식을 더는 이어갈 수 없는 사태로 내몰렸다. 결국 미일화친조약을 체결하고(1854) 개국으로 방향을 틀게 된 것이다. 공가와 무가 모두 개국파와 양이파로 나뉘어 수습이 힘든 상황에 빠졌고 '안세이安政 대옥'(1858~1859)과 '사쿠라다몬외桜田門外의 변'(1860)에 의해 양자는 결정적으로 대립하게 되었다. 하지만 막부와 조정의 핵심부는 부족하나마 '공무합체公武合体'에 의해서라도 어떻게든 난국을 헤쳐나가려는 현실주의적 방침을 취했고, 그 상징으로 가즈노미야和宮와 쇼군 이에모치家茂의 혼인도 성사되었다(1862). 하지만 양이파 공가는 조슈번長

州藩[112])과 연계해 과격해졌으며, 마침내 '대정봉환'에서부터 '왕정복고'까지 일사천리로 진행되었다(1867).

'국체'의 모색

존왕양이가 사상적으로 얼마나 굳건히 확립되었는지에 관해서는 매우 의문스럽다. 천황의 권위가 높아지고 존왕주의가 광범위하게 확산된 것은 분명하지만, 그렇다고 당장 막부 토벌로 이어지지 않았다. 오히려 황국을 보호하는 것이야말로 막부 역할이라는 사상이 막부 말기에 이를 때까지 주류를 차지했다. 에도 초기부터 황통이 계속 이어졌다는 사실에 주목하며 바로 그 점에서 일본의 우월성을 찾으려는 시점이 이미 성립되어있었다. 아울러 현실적으로 조정에 실질적 정치기구가 존재하지 않았기 때문에 막부가 정치를 대행할 뿐이라는 이른바 '대정 大政(천하의 정사, 국정-역주) 위임적' 발상이 많은 사상가의 공통된 인식이었다. 단, 막부 그 자체로는 존재의 근거가 없다는 부분에 치명적인 약점이 존재했기 때문에, 결국 마

---

112) 세키가하라 전투 이후에 도쿠가와 막부를 섬기게 된 강성의 다이묘를 '도자마 다이묘外樣大名'라고 부르는데 조슈번(지금의 야마구치현山口県)은 대표적인 도자마 다이묘 모리毛利 가문을 번주로 하고 있었다. 에도 말기에 사쓰마薩摩번(지금의 가고시마현鹿児島県)과 삿초薩長동맹을 맺고 메이지유신의 주축이 된다.

지막에 가서는 의외로 허술하게 무너지게 되었던 것이다.

예를 들어 막부 말기에 베스트셀러가 되었던 라이 산요賴山陽의 『일본외사日本外史』(1827)는 헤이시平氏 시대에 대한 집필에서 시작되어 적확한 논평을 덧붙이며 무사의 시대에 대해 논파해가는데, 대부분 아라이 하쿠세키의 『독사여론』을 답습하고 있는 양상이다. 마지막 부분에서는 도쿠가와 씨에 대해 "아아. 이는 오래도록 천하를 장악함으로써 오늘날의 번성을 기초한 까닭일까"라는 찬미로 마무리하고 있다. 언뜻 보기에 명쾌하지만 그리 단순하지 않은 대목이 있다. 라이 산요는 어디까지나 조정 중심의 입장에 서서 구스노키 마사시게를 찬미했으며 아시카가 씨를 비판한다. 아시카가 요시미쓰足利義満에 대한 평가에서는 하쿠세키를 확실히 비판한다. 그런 논법으로 계속 가다 보면, 막부가 조정을 보호할 수 없다면 존재의 의미가 없어진다는 막부 토벌론, 즉 '토막론'으로 향할 가능성을 내포하게 된다. 중국처럼 왕조가 교체되는 역성혁명은 존재하지 않기 때문에 조정은 그대로지만 조정을 보호할 무사 정권 측에는 흥망성쇠가 인정되었다.

후기 미토학水戸学 학자 아이자와 야스시会沢安(세이시사이

正志斎)의 『신론新論』(1825)도 그즈음에 나왔는데, '국체国体'라는 문제를 처음으로 정면에 내세웠다는 점에서 획기적이었다. 하늘에 유래한 후예가 나라를 다스리고 신하가 그것을 뒤엎지 않으며 군신君臣의 의義가 올바른 것을 '국체'의 근본으로 삼는다. 광신적 존왕론을 분출시키기보다는 지극히 이치에 맞고 냉정한 분석으로 일관하고 있다. 우선 유교적인 '하늘天'과 '천조天祖'를 연결시킴으로써 유교의 보편적인 윤리를 살리고자 했다. 그리고 2장 이하에서는 당시의 세계정세를 분석하며 국가적 위기에 어떻게 대처해야 할지에 대해 논했다. 단순히 일시적인 임시방편이 아니라 장기적인 계획을 세워 적극적으로 공격할 필요가 있다는 것이다. 그렇게 함으로써 오랑캐(이적夷狄)를 교화하고 올바른 질서를 만들어간다는 소리이다. 아이자와는 '예礼'에 대한 연구자로 알려져 있는데, 이 책에서도 예의 질서를 확립하는 것을 강조했다. 핵심은 죽은 자를 기리는 제례였다. 죽은 자에 대한 문제를 소홀히 해왔던 일본의 유교에 대한 비판이었으며 히라타 아쓰타네의 복고신도에서도 공통으로 대두된 시대적 과제였다.

이 책 역시 막부를 부정하고 있지는 않다. 그러나 바야흐로 국가를 움직일 주체가 더는 막부일 필요는 없었다. 요컨대 올바른 질서를 확보하고 국내만이 아니라 세계를 향해 적극적으로 나아감으로써 오히려 국난을 극복하고 일본을 중심으로 만국의 질서를 바로 세울 수 있다는 말이다. 이것이야말로 메이지 시대의 일본 제국이 실제로 하고자 했던 바였다. 아이자와의 시선은 저 멀리 미래 세계를 향하고 있었다.

변혁사상

라이 산요와 아이자와 야스시는 막부 말기의 지사들에게 지대한 영향을 끼쳤지만, 그들이 직접 자기 생각을 실제 행동으로 옮겼던 것은 아니었다. 애당초 도쿠가와 막부의 질서를 부정하지도 않았다. 그러나 덴포天保 시대가 되자 그야말로 내우외환의 격동기에 빠져들었고 국내 정세에서도 기근이 이어져 종종 '잇키'가 발생하곤 했다. 그런 와중에 막부를 뒤흔들었던 것은 양명학자 오시오 주사이大塩中斎(헤이하치로平八郎)의 봉기(1837)였다. 오시오는 원래 오사카 정봉행소大坂町奉行所에서 요리키与力라는 직책으로 일하던 일종의 공무원으로 '기리시탄' 적발 등에서 성과를 냈다. 하지만 기근으로 궁핍한 처지에 놓은 사람들을 차마 볼 수 없어 마침내 봉기를 감행한다. 해당 격문은 "온 세상이 곤궁해지면 하늘의 복이 영영 끊어질 것이며 소인에게 국가를 다스리게 하면

〈그림 16〉 오시오 헤이하치로大塩平八郎의 봉기로 불타고 있는 오사카
(『출조인석간적문집기出潮引汐奸賊聞集記』)

재해가 이어지게 될 것이다"라는 『논어』 『대학』의 문구로 시작되고 있다. 곤궁에 허덕이는 서민들을 아랑곳하지 않고 오사카의 소수 사람들은 사치에서 헤어나지 못하고 있는데 막부가 아무런 조치를 하지 않는다며 통렬히 비판하고 있다. 봉기의 정당성을 호소한 격문이었다.

양명학은 주자학이 '이理'를 중시했던 것에 반해 '심즉리心卽理'라며 마음가짐을 중시했고 지행합일을 설파했다. 오시오 역시 그의 저서 『세심동차기洗心洞劄記』에서 "하늘은 내 마음이다"라며 마음을 중시했는데 이때 마음을 '허虛'로 이해했다. '허虛'이기 때문에 더더욱 그것은 자기 안에 갇히지 않은 채 만물과 서로 통하는 것이다. 오시오가 위에서부터의 지배 논리가 아니라 곤궁한 서민

의 마음에 공감할 수 있었던 까닭은 이런 '허虛'의 마음에 귀를 기울였기 때문이다. 애당초 중국의 양명학이 사회적 실천을 반드시 권했던 것은 아니지만 양명학 좌파였던 이지李贄(탁오卓吾)처럼 당시의 유교나 학자들을 격렬히 비판하다가 결국 옥사한 사람도 더러 있었다. 반면 일본의 양명학은 중국을 능가할 정도로 과격한 양상을 보였고 실제로 테러리즘적인 행위에 이르게 되었다. 오시오는 그런 선례를 보여준 사람이었다. 요시다 쇼인吉田松陰 역시 이탁오李卓吾의 저서인『분서焚書』에 깊은 울림을 받았던 사람이었다. 쇼인은 아울러『세심동차기洗心洞箚記』도 읽었다.

쇼인은 쇼카손주쿠松下村塾에서 다카스기 신사쿠高杉晋作 등 막부 토벌에 나선 조슈번의 지사들을 길러낸 것으로 유명하지만, 해외 밀항을 시도하거나 로주老中 마나베 아키카쓰間部詮勝 암살 계획을 획책하는 등 극단적인 행동으로 치우친 부분이 있어서 '안세이安政 대옥'에 연루되어 참수형에 처해졌다(1859). 맹렬한 독서가로 알려져 있으며 양명학이나 미토학水戸学만이 아니라 국학까지 포함해 폭넓은 소양을 익혔다.『강맹여화講孟余話』는 노야마감옥

野山獄[113)]에 수감되었을 당시 함께 수감중이던 죄수에게 가르치기 시작한 내용이었다. '고전 텍스트'와 '강렬한 실천지향성'이 팽팽한 긴장감 속에 표현되고 있다. 일본은 중국과 달리 황위 계승(천황)이 이어져 왔는데 정이대장군(쇼군)은 천황이 하명하는 것이기 때문에 능히 그 직을 감당할 수 있는 자만이 그 자리에 오를 수 있노라고 설파하며(『양혜왕하梁惠王下』 8장), 막부 토벌의 가능성을 말하고 있다. 쇼카손주쿠는 무사 이외의 조닌 등도 받아들였는데 이런 식의 신분 차별 철폐는 다카스기 신사쿠의 기병대에서 실전 부대 편성에 적용되었다. 무사가 주축이 된 기존의 국가 건설과 이질적인 방향이 추구되었다고 평가할 수 있다.

2 신도의 약동

복고신도와 재야의 국학

일찍이 근세 사상이 합리화, 근대화의 길을 모색했을

---

113) 에도 시대 하기萩에 있었던 감옥이다.

무렵, 히라타 아쓰타네는 다루기 까다로운 존재였다. 모토오리 노리나가가 근대 학문과 일맥상통하는 합리적 문헌학 연구 방법을 수립했다면, 히라타 아쓰타네는 그것을 다시금 비합리적 신앙 세계로 후퇴시켰기 때문에 반동적인 에피소드이자 비주류로 취급될 뿐이었다. 하지만 현실 속에서 히라타 아쓰타네와 그 문하의 복고신도가 메이지유신에서 각별한 역할을 담당했다는 사실은 부정할 길이 없다. 기존의 통설과는 반대로 막부 말기에 이르자 결국 다시 종교적 기운이 고양되었던 것이다. 에도 중기에는 세속화가 진행되어 종교적 세계가 다소 뒤로 물러난 것처럼 보이지만 그것은 일시적인 경향에 지나지 않았다.

이런 점에 대해서 히라타 본인도 자각하고 있었다. 히라타 아쓰타네의 최초의 본격적 저서 『귀신신론鬼神新論』(1805 완성)에서는 아라이 하쿠세키의 『귀신론鬼神論』 등 귀신 부정론을 비판하며 귀신이 실제로 존재한다고 주장하고 있다. 여기서 말하는 '귀신'이란 죽은 자의 영혼뿐 아니라 천지의 신들까지 포함한 표현이다. 모토오리 노리나가는 사람이 죽으면 더러운 황천국[114]에 갈 뿐이니 슬

114) 신도는 불교와 달리 현세를 긍정적으로 표현하고 사후 세계인 황천국(요미노쿠니, 黃

프지만 어쩔 수 없는 노릇이라고 해결을 포기했었다(『다마쿠시게玉くしげ』등). 아쓰타네에게는 사후의 문제야말로 당장 해결해야 할 근본 문제였다. 에도 초기에는 불교 측이 삼세三世의 인과설을 주장하며 유교와 대치했지만, 이번엔 신도 측이 사후의 영혼을 문제삼았다. 이런 영혼론은 이윽고 신도식 장례인 신장제神葬祭 운동으로 발전한다. 참고로 말하자면, 유교 계열에서도 아이자와 야스시가 제기했던 것처럼 죽은 자의 영혼을 어떻게 모실지가 중요한 문제로 대두되고 있었다. 5장에서도 언급했던 것처럼 충신 구스노키 마사시게의 영혼을 모시는 신사 창설에 대한 요구가 막부 말기부터 시작되었다가 메이지 시대에 들어와 드디어 '미나토가와湊川 신사'가 창건되었다(1872). 이후 메이지유신의 공신을 모시는 신사나 야스쿠니신사 창건으로 이어졌다.

죽은 이들에 대한 아쓰타네의 논조는, 죽은 자가 지하의 황천국으로 가버려 이 세계와 무관해지는 것이 아니라 이 세계에 죽은 자들의 영혼이 머물면서 산 자들과 관

泉の国)을 더러운 곳으로 본다. 예컨대 일본의 창세 신화를 보면 황천국으로 아내를 찾아간 이자나기가 추한 모습으로 변한 이자나미의 모습에 놀라 달아난 후 죽은 자들과 접촉한(게가레) 자신의 몸을 씻기 위해 목욕(미소기)하고 이때 아마테라스, 스사노오 등의 신들이 태어났다고 표현되고 있다.

계를 계속 유지해간다는, 이른바 '현명顯明'과 '유명幽冥'의 일체성을 강조한 대목에 특징이 있다(『영능진주靈能真柱』). 이런 영혼관은 이후 히라타파에 계승되었고 서민 감각에 가까운 것이었다는 점에서 복고신도가 민간에 정착할 때 강력한 동력이 되었다. 아쓰타네의 학설은 저승 세계란 오쿠니누시大国主가 지배하는 곳이며 황손이 지배하는 '현명'의 세계와 세트를 이룬다는 '이원론'이었다. 따라서 아쓰타네 사상은 '아마테라스-천황'의 '일원론'에 선 막부 말기의 존왕양이론과 정확히 일치되었던 것은 아니다.

아쓰타네의 제자들은 각지에서 풀뿌리 확산을 이루어간다. 예를 들어 교토 교외 무코샤向日社의 신관神官 가문에 태어난 무토베 요시카六人部是香는 이즈모出雲의 오쿠니누시大国主의 지배 아래 있는 우부스나가미産須那神(産土神)가 각 지역 사람들의 현생과 사후 세계 모두를 관장한다고 보았다(『우부스나샤고전초産須那社古伝抄』). 이런 학설은 지역 신사의 존재 의의를 확인해주었다.

막부 말기가 되면 히라타파 신도가들이 순식간에 존왕양이로 기울어진다. 시마자키 도손島崎藤村의 『동트기 전夜明け前』에 생생히 묘사되고 있는 것처럼 이 운동은 농촌의 나누시名主 계급의 마음을 사로잡아 메이지유신의 풀뿌리 지지기반이 되었다. 또한 그것이 근대에 들어오고 나서도 풀뿌리 보수 내셔널리즘을 형성해갔다고 여겨진다.

메이지 정부의 중핵으로 파고들어 가는 거대한 흐름은 쓰와노번津和野藩(지금의 시마네현島根県 중 일부-역주)의 국학과 신도였다. 번주 가메이 고레미亀井茲監 휘하에 있던 번교藩校 요로칸養老館에서 니시 아마네西周, 모리 오가이森鴎外 등을 배출했다. 그곳에서 신도를 지도했던 인물은 오쿠니 다카마사大国隆正로 아쓰타네의 제자였지만 독자적인 입장을 내세웠다. 기존 히라타파의 '유명幽冥' 중시에 대해, '현명顕明' 세계에 중점을 두고 서양과 비교하면서 일본이야말로 가장 훌륭한 나라라고 강조했다. '보조무궁宝祚無窮'(이른바 천양무궁天壌無窮)의 '신의 계시神則'로 천황 가문이 이어지는 것이 바로 그 근거라고 파악하는 등(『본학거요本学挙要』), 메이지 시대의 신도로 이어지는 기본적인 사상이 형성되었다.

서민 신앙

시대를 거슬러 올라가 에도 초기, 겐나元和·간에이寛永 무렵의 일이었다. 에도의 사쿠마佐久間라는 사람의 집에 다케竹라는 이름을 가진 하녀가 있었다고 한다. 신앙심 깊고 순종적이었으며 더할 나위 없이 자비로운 하녀였다. 그 무렵 무사시武蔵 사람으로 조렌乘蓮이라는 이름을 가진 수행자行者가 대일여래大日如来를 자기 눈으로 직접 배알하고 싶다는 소망을 안고 하구로산羽黒山(야마가타현山形県-역주)에 자주 다니곤 했는데, 어느 날 꿈에 에도로 가서 다케라는 이름을 가진 사람을 배알하라는 계시를 받게 되었다. 이에 사쿠마 가문을 찾아내 다케에게 예를 올렸다는 것이다. 그녀는 '오타케대일(여래)お竹大日'이라는 이름으로 큰 평판을 얻게 되었다(『오타케대일여래연기에마키於竹大日如来縁起絵巻』). 이후 다케를 모시는 사당이 하구로산에 지어졌고 에도 시대 내내 에도로 종종 출개장出開帳[115]을 행했다고 한다. 이 이야기를 통해서 알 수 있는 것은 슈겐도修験道 수행자를 매개로 에도에 살던 서민과 하구로산 신앙이 이어지고 있다는 사실이다. 에도 시대에는 평화가 지속되며 교통이 정비되었기 때문에 '강講'을 이룬 형태로 행해지는 영지 참배(일종의 성지 순례-역주)가 활발해졌다. 이는 신앙인 동시에 오락이기도 했다. 이런 여행 일정을 전체적으로 관리하고 원활하게 운영하는 사

---

115) 영험한 본존불 등을 다른 고장으로 옮겨 감실을 열고 공개하여 참배하게 하는 것을 말한다.

람이 바로 '오시御師'라고 일컬어지던 사람들이었다. 이들은 해당 신앙을 광범위하게 전파하는 역할도 수행하고 있었다. 영험한 지역은 이세伊勢 등을 제외하면, 후지산이나 하구로산 등 산악신앙과 밀접한 관련성을 가진 곳이었다.

에도에서는 후지산 신앙이 융성해 가쓰시카 호쿠사이葛飾北斎의 〈부악백경富嶽百景〉[116] 등이 저명하다. 에도 시대의 후지산 신앙은 초기의 가쿠교 도부쓰角行藤仏에서 시작되었다는 설이 있지만, 실은 에도 중기에 지키교 미로쿠食行身禄가 등장한 후 급속히 퍼져갔다. 지키교는 에도에서 기름 장사를 하면서 후지산 신앙을 전파했고 후지산 속에서 단식하다가 세상을 떠났다(1733). 그토록 고행을 마다하지 않던 산악수행자였으면서도 그 가르침은 세속적인 생활과 밀착되었기에 에도 시대 서민들의 지지를 얻을 수 있었다. 이런 계통은 막부 말기에 이르면 고타니 산시小谷三志에 의해 일상 윤리를 설파하는 후지도不二道 신앙으로 결집된다. 서일본에서는 '시코쿠 88개소四国八十八箇所[117]' 순례가 성행했다.

서민들 사이에서 생겨난 자연발생적인 신앙 중 하나로

---

116) 부악삼십육경富嶽三十六景의 성공 이후 발표된 단색 판화를 말한다.
117) 고보弘法 대사의 공덕을 기리는 시코쿠 88개소 사찰을 가리킨다.

황거 주변을 천 번에 걸쳐 도는 행사가 있었다. '덴메이天明 대기근'이 발생했을 때 사람들 수만 명이 기도하며 교토의 황거 주위를 함께 돌면서 시작되었다(1787). 고카쿠光格 천황 때의 일이었다. 조정은 궁핍자 구제를 막부에 청했다. 천황은 이데올로기를 운운하기 이전에 이런 신비한 카리스마를 보여주고 있었다. 특별한 형태의 이세 신궁伊勢神宮 참배인 이른바 '오카게마이리お蔭参り'도 자연발생적으로 생겨났으며 상당히 광범위한 지역에서 찾아볼 수 있었다. 다른 여행과 달리 이세 신궁 참배는 부모나 주인들도 막지 못했을 뿐만 아니라 여행 도중에 갖가지 혜택도 있어서 종종 유행에 가까운 집단 참배가 이루어졌다. 막부 말기에는 비단 이세 신궁만이 아니라 신사의 부적이 하늘에서 떨어졌기 때문에 "좋지 아니한가"라고 노래 부르며 춤을 추는 대소동이 일어났다(1867). 이미 막부의 통제가 힘들어진 말기적 상태로 세상을 개혁하자는 이른바 '요나오시' 기운을 조성하게 되었다. '안세이 대지진'(1855) 이후 대량으로 유포된 메기 그림도 이런 시대성을 반영하고 있다.

자연발생적인 대중적 광란과 달리, 메이지 시대에 들어오면 교파 신도로 여겨지는 다양한 종교운동이 대두

되었다. 대표적인 것은 나카야마 미키中山みき에 의해 시작된 천리교天理教였다. 나카야마 미키는 지주의 아내였지만 장남의 다리 통증을 고치기 위해 야마부시山伏의 기도를 받다가 갑자기 '신내림'을 받는다(1838). 이후 '천리왕(천리왕명天理王命)'이 종종 미키의 입을 빌려 그 가르침을 전했고 미키는 그것을 '오후데사키おふでさき'라는 글에 적었다. 이는 사회 불평등을 해소하고 아버지신親神[118]의 가르침에 따라 '기쁨에 쌓인 한없이 즐거운 생활陽気暮らし'을 한다는 가르침이었다. 이런 서민 친화적 가르침에 의해 점차 신자가 늘어갔다. 나카야마 미키가 살던 주거지('지바地場')도 성역이 되었다. 막부의 통제가 느슨해짐에 따라 이런 부류의 종교가 성장했지만 메이지 시대가 되어 정부의 통제가 엄격해지자 나카야마 미키도 투옥되어 고초를 겪게 되었다.

불교자의 대응

반불교적 언설이 강해지던 에도 후기의 분위기에 대해 불교 측이 그저 수수방관하고 있었던 것은 아니다. 적극적으로 불교의 의의를 역설하는 새로운 불교자의 활동

---

118) 천리왕명(덴리오노미코토, 天理王命)을 가리킨다.

이 전개되었다. 그런 활동 중 하나가 후몬 엔쓰普門円通의 범역운동梵曆運動이었다. 명나라 말기와 청나라 초기에 걸쳐 유자육游子六(유예游芸-역주)이 저술한 『천경혹문天経或問』[119]이 에도 시대 중기에 출판되어 서양 천문학이 소개되었고 지동설도 보급되었다. 이미 야마가타 반토가 지동설을 채용하고 있었고 에도 시대 후기가 되면 시바 고칸司馬江漢[120] 등이 지동설을 널리 보급했다. 이 중에서 후몬 엔쓰는 불전에 나온 수미산설須弥山説에 바탕을 둔 세계관을 적극적으로 채용해 널리 선전했다. 3장에서 언급했던 것처럼 불교의 세계관에 의하면 수미산은 이 세계의 중심에 위치한 산으로 그 주위는 일곱 겹으로 이루어진 바다와 산맥에 에워싸여있었고 바깥 바다에 있는 네 개의 대륙 중에서 남쪽에 있는 염부제, 즉 남염부제南閻浮提에 인간이 살고 있다는 것이었다. 엔쓰는 이런 수미산 세계설을 채용해 『불국력상편仏国暦象編』에서 상세히 설명하는 동시에 '지구의'에 대항하는 정교한 '수미산의'를 작성했다. 그러므로 이것은 새로운 과학을 헤아리지 못하

---

119) 중국 천문학 서적으로 예수교 선교사가 일본에 전해주었으며 천동설이나 지구 구체설, 튀코 브라헤Tycho Brahe 등의 설을 소개하고 있다. 일본에서 재출판되어 중국 본토보다 일본에서 왕성하게 읽혔다.

120) 에도 시대의 화가이자 학자로 일본에 서양식 유화를 도입한 선구자이다.

는 수구적이고 조악한 학설이 아
니라, 새로운 과학을 섭취한 이후
의 대항적 세계관으로 제시된 것
이었고 바로 이 점이 오늘날 재평
가되고 있는 상태이다.

〈그림 17〉 수미산의須弥山儀

또 하나의 동향으로 제시할 수
있는 것은 적극적으로 존왕양이 운동과 관련을 맺어가는
승려가 나타나기 시작했다는 점이다. 특히 존왕양이 운
동의 중심이 된 조슈長州는 진종의 니시혼간지西本願寺 계
통(혼간지파)가 막강한 지역으로 이곳을 중심으로 겟쇼月性
등 근황승勤皇僧[121]이 활동해 요시다 쇼인 등에도 지대한
영향을 끼쳤다. 혼간지파에서는 '삼업혹란三業惑乱' 논쟁
이 일어나(1801~1806), 본산의 학림을 대표하는 고존功存이
"도와주소서たすけたまえ"라고 부탁할 필요성을 언급한 데
대해 아키安芸(현재의 히로시마현広島県 부근-역주) 지역의 문도
門徒(종문에 속한 문하의 제자-역주)들이 이를 '자력주의'라며 반
발하는 사건이 발생했다. 결국 사사봉행寺社奉行[122]의 판
정으로 고존의 설이 부정되었다. 이에 따라 이후 진종의

---

121) 근황승은 근왕승勤王僧이라고도 하는데 존왕양이 운동에 관여한 불교 승려를 가리
킨다.
122) '사사봉행(지샤부교, 寺社奉行)'은 절이나 신사를 담당한 무가武家 직책명이다.

'타력주의'가 결정적이 되었다.

이와 함께 막부 말기에는 '진속이제설眞俗二諦說'이 진전을 보이게 되었다. 이는 진제(종교적 세계, 불법)와 속제(세속적 세계, 왕법)가 협조할 필요성이 있음을 강조한 것으로 렌뇨蓮如[123]까지 거슬러 올라간다. 속제라고 할 수 있는 국가의 안정은 불법을 위해서도 필요하다는 측면에서 겟쇼 등의 활동이 시작되었다. 겟쇼는 호국과 호법을 일체화시키며 지대한 영향을 끼쳤다.

겟쇼 등에서 영향을 받아 오즈 데쓰넨大洲鉄然은 진무대真武隊[124]나 호국단護国団을 결성해 무력으로 막부 측과 싸우고 메이지유신 달성에 중요한 역할을 담당했다. 메이지 시대 초기에 조슈가 정부의 중심을 차지하는 가운데 조슈 출신의 '혼간지파'인 오즈 데쓰넨이나 아카마쓰 렌조赤松連城, 시마지 모쿠라이島地黙雷 등이 종문 개혁을 추진했다. 그와 동시에 정부와 밀접한 관계를 유지하면서 국가의 종교정책을 좌지우지할 힘도 가지게 되었다. 이 때문에 메이지유신 초기의 종교정책에 관해서는 신도 계통과 함께 혼간지파의 동향도 무시할 수 없다.

---

123) 무로마치 중기 정토진종의 중흥에 기여한 저명한 승려이다.
124) 막부 말기 조슈번에서 결성된 군대 중 하나인 남기병대南奇兵隊의 전신을 가리킨다.

3 전환을 추구하며

난숙기의 에도 문화

에도기에는 출판업이 크게 발전했으며 '데라코야寺子屋' 등에 의한 습자교육도 성행했기 때문에 중후반기에 이르면 서적을 매개로 문자문화가 널리 보급되었다. 생활에 어느 정도 여유가 생긴 서민들은 다양한 오락을 추구했고 출판 세계도 그에 부응해 대중적이 되었다. 고가의 서적을 살 수 없는 서민들은 책 대여점을 이용했기 때문에 책 대여업도 성행했다. 무대극, 우키요에 등도 대중오락으로 인기를 끌었다. 정보를 추구하는 서민에게는 가와라반瓦版[125]이 욕구를 충족시켜주었다. 오늘날의 정보사회, 대중문화사회를 엿볼 수 있게 해주는 선구적인 상황이라고 해도 좋을 것이다.

문화의 중심이 교토와 오사카에서 점차 에도로 옮겨가면서 출판계도 에도에 있는 업자가 교토나 오사카를 능가하게 되었다. 에도의 출판계를 순식간에 끌어올린 전설적인 출판업자가 바로 쓰다주蔦重, 즉 쓰타야 주자부로蔦屋重三郎였다. 다누마田沼 시대의 자유로운 분위기 속에

---

125) '가와라반'은 에도 시대에 시사성 있는 뉴스를 신속히 전해주던 정보지를 말한다.

서 우키요에의 기타가와 우타마로喜多川歌麿·도슈사이 샤라쿠東洲斎写楽, 기뵤시의 산토 교덴山東京伝, 교카의 오타 난포大田南畝(요모노 아카라四方赤良) 등을 내세워 에도 문화의 융성을 구가했다. 그런 분위기에 대대적인 타격을 준 것이 바로 간세이 개혁이었다. 검약과 유교적 윤리를 정면에 내세워 출판도 엄격히 단속했다. 정치 비판이나 호색적인 서적을 금지했으며, 일벌백계의 본보기로 산토 교덴은 수갑형에 처해졌다(1791). 이후에도 출판 통제는 이어지는데 그런 와중에도 가세이化政(분카文化·분세이文政) 문화로 일컬어지는 에도 후기의 문화는 최고조에 달했다. 다키자와 바킨滝沢馬琴의 『난소사토미핫켄덴南総里見八犬伝』(1814~1842), 류테이 다네히코柳亭種彦의 『니세무라사키이나카겐지偐紫田舎源氏』(1829~1842) 같은 장편이 평판을 얻었다. 짓펜샤 잇쿠十返舎一九의 『동해도 도보 여행기東海道中膝栗毛』(1802~1814)도 이 시대를 대표한다. 야지弥次 씨와 기타喜多 씨의 여행 이야기로 친숙해졌지만 어처구니없는 이야기 안에 향토색이나 풍속을 탁월하게 묘사했다는 점이 높은 평판을 얻었다.

에도 문화는 '야보野暮'의 반대말인 '이키' '이나세' '스이(粋)' 등 미의식을 표현한 키워드로 대표된다. 도회적이고 세련되었으며, 경묘하고 순발력이 있으면서도 진취적인 기상과 올곧은 심지를 굽히지 않는 특징을 가진다. 상인보다는 오히려 직인들의 기질에서 유래하며 종종 협객이 이상적인 인물로 간주되었다. 역대 이치카와 단주로市川團十郎에 의해 연기된 〈스케로쿠助六〉의 하나카와도 스케로쿠花川戸助六(실은 소가 고로曾我五郎)는 '이키'를 대표하는 인물이다. 상대 배역인 아게마키揚卷 역시 교토, 오사카와 다른 요시와라의 오이란[126]이 지닌 진취적인 기상을 보여주고 있다. 겉으로 보이는 정치나 사회비판이 봉인된 가운데 가부키 세계는 점차 사회의 이면을 집요하게 묘사해내기 시작한다. 쓰루야 난보쿠鶴屋南北의 〈도카이도 요쓰야 괴담東海道四谷怪談〉(1825)은 냉철한 악역 다미야 이에몬民谷伊右衛門과 철저히 고통받다 결국 유령이 되어 복수하는 '이와岩'의 긴박한 사투가 단순한 권선징악을 뛰어넘어 읽는 이를 압도한다. 막부 말기가 되면 〈산닌키치사쿠루와노하쓰가이三人吉三廓初買〉(1860)처럼 도적을 주인공으로 한 가와타케 모쿠아미河竹黙阿弥의 시라나미모노白浪物[127]가 불안하고 퇴영적인 세태를 반영하여 인기

---

126) 에도를 대표하는 유곽인 '요시와라'의 유녀 중 최고의 위치에 오른 자를 '오이란'이라고 부른다.
127) 도적을 주인공으로 한 가부키 장르를 '시라나미모노'라고 부른다.

를 끌게 되었다.

해외를 주시하며

'필립 프란츠 폰 시볼트Philipp Franz von Siebold'는 독일인
이었지만 네덜란드 상관商館 근무 의사 자격으로 일본에
건너왔다(1823). 이듬해에는 데지마 외곽에 나루타키주
쿠鳴滝塾를 개설하면서 본격적으로 서양 의학을 지도하
게 되었고 다카노 조에이高野長英 등 제자들도 길러냈다.
또한 네덜란드 상관장이 막부로 갈 때 수행하면서 에도
의 난학자들과도 만나 심대한 영향을 끼쳤다. 하지만 귀
국할 때 외부 반출이 금지된 일본 지도를 가지고 나가려
던 것이 발각되면서 이른바 '시볼트 사건'으로 발전했다
(1828). 지도를 건넨 막부 천문연구 고위직 다카하시 가게
야스高橋景保는 결국 투옥되었다.

시볼트는 일종의 스파이 역할을 담당하고 있었던 것일
까. 그에 대한 사실 여부는 차치하더라도, 자기 나라로
돌아간 후 일본에 관한 종합백과전서 스타일의 대저서
『일본日本』을 출판했으니, 일본 체재 중 일본에 관해 온갖
영역의 자료를 수집했던 것은 사실이었다. 거기에는 나
루타키주쿠의 제자들이나 화가 가와하라 게이가川原慶賀

등도 협력했다. 그 이전에는 역시 네덜란드 상관 소속의 의사 자격으로 일본에 왔던 독일인 엥겔베르트 켐퍼의 『일본지』가 일본에 관한 최대의 정보원이었는데, 부정확한 부분도 적지 않았다. 반면, 시볼트의 저서는 방대한 자료를 과학자의 눈으로 냉정하게 정리해 서술하며 지리·자연·식물에서부터 역사·문화에 이르기까지 정확도가 높은 정보를 서양에 제공했다. 또한 일본 본토뿐만 아니라 에조蝦夷·남치시마南千島(남 쿠릴열도)·사할린·조선·류큐 등 주변 지역에 관한 정보도 포함되어있었다.

시볼트가 일본에 온 것을 계기로 서양 의학 수준이 매우 고도화되었으며, 오가타 고안緖方洪庵의 데키주쿠適塾(1838 창건) 등에서 많은 의사가 배출되었다. 개별 과학만이 아니라 서양 정세에 관한 정확한 지식이 축적되는 가운데 위기감이 고조되면서 막부 정책에도 의견을 내거나 비판하는 학자들이 등장하게 되었다. 그런 분위기의 중심에 있었던 사람이 와타나베 가잔渡辺崋山이나 다카노 조에이였다. 그들은 '만사蛮社의 옥'(1839)에 의해 탄압을 받았는데, 발단은 모리슨호 사건(1837)이었다. 미국 선박 모리슨호는 일본 표류민을 보호해 우라가浦賀 앞바다에 나타났는데 일본 측은 외국 선박 타격령에 근거해 포격을 통해 철퇴시켰다. 이에 대해 와타나베 가잔은『신기론慎機論』, 다카노 조에이는『무술년 꿈 이야기戌戌夢物語』를 써서 막부를 비판했고 이로 인해 투옥당했

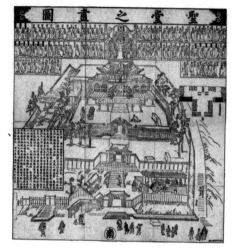

〈그림 18〉 유시마 성당
(오른쪽 아래에 쇼헤이자카학문소昌平坂学問所가 보인다)

다. 이들은 서양 역사나 현상을 적확하게 파악하고 있었다. 서양 세력이 일본에 곧 들이닥칠 것이며 그저 쇄국정책을 고수한다고 해결될 일이 아니라고 인식하고 있었다. 하지만 만약 그러하다면 개국으로 과연 해결될 수 있을까. 이 부분에 대해서는 아직 판단이 서지 않은 상태였다. 막부 측도 암중모색을 거듭하던 단계에서 마침내 페리의 내항을 맞이하게 되었다.

근대국가의 설계도

간세이 개혁으로 하야시 가문[128]에서 벗어나게 된 '쇼헤이자카학문소昌平坂学問所'는 비토 니슈尾藤二洲 등을 새롭게 맞이했고 각 번의 번사들도 여기에서 배우는 것이 허락되어 우수한 인재가 모여들었다. 특히 사토 잇사이佐藤一斎가 지도를 담당했을 때는 주자학만이 아니라 양명학에도 해박해 폭넓은 시야를 가지고 있었다는 점 때문에 사쿠마 쇼잔佐久間象山·와타나베 가잔·요코이 쇼난横井小楠 등 막부 말기와 메이지유신 시기에 활약한 다수의 제자가 배출되었다. 사쿠마 쇼잔은 시나노信濃(현재의 나가노현長野県-역주) 마쓰시로松代의 번사였는데 번주 사나다 유키쓰라真田幸貫가 로주老中 겸임으로 해양 방위를 맡았기 때문에 아편전쟁 이후의 세계정세를 연구하는 한편, 네덜란드어를 배워 서양 병법이나 화포술을 전수받았다. 가쓰 가이슈勝海舟·요시다 쇼인·사카모토 료마 등 메이지유신을 이끌어낸 사람들도 사쿠마 쇼잔에게서 배우고 있다. 제자인 요시다 쇼인의 밀항 사건에 연루되어 칩거해야 할 상황에 놓이지만, 만년에는 막부의 브레인으로 활약하면서 공무합체로 개국 정책 추진을 설득하다가, 결

---

128) 하야시 라잔 이후 대대로 주자학을 바탕으로 막부를 섬기던 가문이다.

국 존왕양이파에게 암살당했다(1864). 일반적으로 쇼잔은 "동양도덕, 서양예술"(『성건록省謇錄』)이라는 말로 저명하다. 단순히 '도덕'과 '예술'(과학기술)이라는 별개의 것들을 기계적으로 결합한 것이 아니라 주자학적 유교의 근본정신은 견지하되 옛 성인들도 미처 알지 못했던 새로운 과학을 섭취해간다는 유연한 자세를 보여주었다.

사쿠마 쇼잔에게도 앞으로 어떤 사회가 도래할지 명확하지 않았는데, 그것을 정면에서 문제 삼았던 사람이 바로 요코이 쇼난이었다. 쇼난은 구마모토번 출신이었다. 이후 후쿠이번의 번주 마쓰다이라 슌가쿠松平春嶽에게 발탁되었다가 슌가쿠가 막부의 정사총재직에 올랐을 때 브레인으로 활약했다. 훗날 은퇴하여 구마모토로 돌아오지만 메이지 신정부의 초청에 응했다가(1868) 다음 해 교토에서 암살당했다. 요코이 쇼난이 후쿠이 번주에게 발탁되었을 때 저술한 것이 『국시삼론国是三論』(1860)이었다. 이 저서는 부국론·강병론·사론士論 등으로 이루어졌는데 그 근본은 일본만의 '사私'로 폐쇄되는 것은 국제사회에서 통용되지 않을 것이므로 만국 공통의 '공공의 도道'를 따라야 마땅하다는 대목에 있다. 당시까지 '공公'이라고 하면 오로지 막부를 의미할 뿐이었으나, 바야흐로 세계를 향해 널리 열린 '공'이 어떤 것인지가 중요한 화두가 되었다. 대정봉환 이후 슌가쿠에게 바친 건언建言(1867)에서 '의사원議事院'을 창건해 널리 천하의 인재를 모아야 한다고 이미 제안하고 있다. 쇼난은 주자학을 근본으로 하면서도 존왕양이 운동과 차별성을 가진 근대를 가장 먼저 내다본 선구자였다.

막부 말기에 개국이 단행된 이후, 일본은 구미로 연이어 사절단을 파견했다. 신미 마사오키新見正興를 정사로 한 '만엔 원년 미국행 사절단万延元年遣米使節団'(1860)에는 미국 함정의 호위를 받으며 일본 선적 간린마루咸臨丸가 함께했다. 이 배에는 가쓰 가이슈나 젊은 날의 후쿠자와 유키치福沢諭吉도 동승했다. 이어 '분큐 유럽행 사절단文久遣欧使節団'(1861)에는 후쿠치 겐이치로福地源一朗, 후쿠자와 유키치 등이 동행했다. 파리박람회에도 사절단을 파견한다(1867). 또한 막부령으로 니시 아마네 등이 네덜란드로 유학을 떠난(1862) 것을 비롯해 조슈번에서도 이토 히로부미伊藤博文, 이노우에 가오루井上馨 등 5인(조슈 5걸)이 영국으로 유학가는 등(1863), 계속해서 유학생들이 일본을 떠났다. 이리하여 구미의 신지식을 익힌 유학파 청년들이 새로운 정권에서도 요직을 차지함으로써 일본의 근대가 만들어지게 된다.

IV
세계 속의 일본[근대]

19~20세기

10장 일본적 근대의 형성

1 국체의 형성

메이지유신의 정신

'유신維新'이라는 말은 원래『시경詩経』대아大雅·문왕文王에서 유래하는데 일본에서는 후지타 도코藤田東湖가 사용하면서 알려지게 되었다. '메이지유신'이라는 단어가 자주 보이게 되는 것은 메이지 30년대 이후의 일이었으며 당초에 사용되던 표현은 '어일신御一新'이었다. '유신'이란 '이는 새롭노라'라는 말이다. 영어로 'restoration(왕정복고-역주)'로 번역되는 것은 자못 기묘하지만, 아마도 '왕정복고' 중 '복고'의 의미를 담은 것으로 이해된다. 왕정복고의 대호령大号令(1867)은 도쿠가와 요시노부德川慶喜의 대정봉환 이후, 이와쿠라 도모미岩倉具視의 구신具申(상황을 윗사람에게 자세히 아룀-역주)에 의해 정식 회의를 거치지 않고 발

표된 기발한 책략이었
다. 거기서는 "모든 일이
진무神武창업이라는 시원
에 바탕을 두고"라고 표
현되고 있다. 신기관神祇
官의 부활 등 일부 정책에
서는 율령의 원형으로 회

〈그림 19〉
〈대일본제국 헌법 발포 정식 그림
大日本帝国憲法発布正式之図〉

귀하는 방침이 취해졌지만, 근본은 율령은커녕 그보다
훨씬 시대를 거슬러 올라가 '진무 천황의 창업'으로까지
되돌아가는 것이었다. 그러나 누구도 '진무 천황의 창업'
이 과연 어떤 것이었는지, 아는 이가 없었다. 요컨대 '진
무 천황의 창업'이란 모든 것을 리셋해서 완전히 새로운
상태에서 출발한다는 의미였다. 미리 무언가의 방침이
정해져 있었다기보다는 그야말로 '어일신'이라는 말 그
대로 빈손으로, '제로'에서 다시 시작해 하나씩 정해가자
는 것이었다. 그 때문에 유신 초부터 방침이 확실히 정해
져 있던 것은 아니었다.

원래 유신은 존왕양이파에 의해 달성되었지만, 앞장에
서 살펴본 것처럼 또 하나 중요한 흐름으로 해외를 응시
한 개국파의 개명開明주의가 있었다. 따라서 이후의 전개

는 양자의 줄다리기로 진행되어간다. 5개 조의 서약문(1868)은 메이지유신의 근본 방침을 보여준 것인데 기본적으로는 개명파적인 방침이 드러나 있다. 1조 "널리 논의를 일으키고 천하의 정치는 공론으로 결정해야 한다"가 유명하지만, 4조에서는 "낡은 관습을 타파하고 천지의 공도를 따라야 한다"라며 '천지의 공도'가 지닌 보편성이 표명되고 있다. 유교적인 '하늘의 이치天理'가 좀 더 보편적인 '공도公道'로 치환되고 있다. 5개 조의 서약문은 신 앞에서 맹세한다는 형식으로 공가나 존왕양이파에 대한 배려가 드러나 있지만, 실질적으로는 도쿄로의 천도(1869)로 인해 공가의 힘은 매우 약해졌다. 이는 '공가에 의한 유직고실有職故実 문화의 중핵으로서의 천황'이라는 '대전통'에서, '중전통'인 '중앙집권의 중핵인 절대군주 천황'으로의 전환을 결정적으로 만들어버렸다.

막연히 존왕양이파라고 지칭해도 사쓰마나 조슈의 군사 세력, 유교주의자, 복고신도가 가지고 있는 생각들은 제각각이었다. 이미 양이가 불가능하다는 사실은 명백했지만, 존왕양이파는 일본 지상주의, 자존주의로 거대한 세력을 유지하고 있었다. 개명주의와 자존주의의 대립은 세계 곳곳의 근대화 과정에서 보이는 현상으로 현대에도 고스란히 지속되고 있는 문제이다. 개명주의는 타국과의 밸런스 속에서 자국의 위치를 가늠하려는 상대주의이지만, 반면에 자존주의는 자국의 가치관을 절대시하면서 이해관계를 따지지 않고 오로지 앞으로만 전력 질주한다. 메이지 시대부터 다이쇼 시대에 걸쳐 개명파가 전면에 등장해 새로운 국가를 만들어갔던 반면, 이면에서 힘을 축적하고 있던 자존파는 쇼와 시대에 들어와 마침내 전면에 등장하게 된다.

헌법 제정과 교육칙어

개명파가 지향했던 것은 불평등 조약을 개정해서 구미와 대등한 입장에 서는 것이었다. 그를 위해서는 일본이 근대국가로 우뚝 서서 구미에 조금도 뒤지지 않는 당당한 문명국임을 보여주어야 했다. 세이난전쟁(1877)을 통해 극단적인 자존파는 배제되었다. 자유민권운동에 탄압으로 대처했던 정부는 메이지유신 제2세대인 이토 히로부미 등에게로 실권이 넘어가면서 이노우에 가오루가 선도한 로쿠메이칸鹿鳴館의 서구화주의 시대(1883~1887)를 거쳐 마침내 대일본제국헌법의 제정에 이른다(1889). 이로써 일본은 입헌국가로 최소한의 근대국가 체제를 정비한 후 불평등 조약 개정을 향해 거대한 첫걸음을 내딛게 되었다.

메이지 헌법의 핵심은 첫머리에 나온 천황에 관한 조항에 드러난다. 1조는 "대일본제국은 만세일계의 천황이 이를 통치한다"라고 천황의 근본 성격을 표명하고 있다. 여기서 주목할 것은 천황의 성격을 '만세일계'라고 특징적으로 표현하고 있다는 점이다. 당연한 일이겠지만 '만세일계'는 헌법 자체 안에서 근거가 제시되어있지 않다. 이토 히로부미의 이름으로 나온 공식 해석서 『헌법의해憲法義解』에 언급된 것처럼, 그 근거는 『일본서기』일서一書에 나온 천양무궁天壤無窮의 '신의 계시神則'(황손강림 때 아마테라스가 이 나라를 "내 자손이 왕이어야 할 땅"이라고 언급한 조詔)이다. 신화를 근거로 삼은 것이다. 바로 이것이 서양의 왕권신수설과 다른 일본 왕권의 특징이라고 일컬어지고 있는데, 헌법 외부에 존재하는 신화에 최대 근거를 두고 있다는 점으로 헌법이 미치는 범위가 한정되게 되었다. 2조는 "황위는 황실전범이 정하는 바에 따라 황실의 남성 자손이 이를 계승한다"라고 되어있다. 여기서도 헌법의 힘이 미치지 않는 외부 규정, 즉 '황실전범'이 헌법의 근거가 되고 있다.

"천황은 신성불가침하다"라는 3조 조항은 독일 헌법을 모델로 하고 있다. 황제에게 정치적 책임을 물을 수 없다는 내용을 채용한 것이라고 할 수 있다. 그러나 『헌법의 해』에 의하면 여기서도 『일본서기』가 근거가 되고 있어서 천황은 "신민군유臣民群類의 바깥表에 존재한다. 흠앙(존경하고 사모함-역주)하여야 하며 감히 범하여서는 아니 된다"라고 되어있다. 천황은 정치적 책임에서 벗어날 뿐만 아니라 일체의 '지척指斥과 언의言議'를 용납하지 않는 신성한 존재가 되었다. 4조에 이르러 마침내 "천황은 국가의 원수로 통치권을 총괄하고 이 헌법의 규정에 따라 이를 실행한다"라며 천황의 통치권이 헌법에 근거한 것임을 언급한다. 이 부분이 이후 미노베 다쓰키치美濃部達吉 등의 천황기관설의 근거가 되었다. 하지만 1조, 2조, 3조에서 이미 천황이 헌법 규정을 초월할 수 있는 근거를 지니고 있다고 했던 것을 보면, 헌법의 틀 안이라는 것은 어디까지나 천황의 일부이며, 천황은 헌법 규정을 초월한 존재라는 것을 전제하고 있다.

천황의 이런 초월성은 자존파의 존왕주의를 배려한 것으로, 개명파와 자존파의 주장을 교묘하게 결합하려고 하고 있다. 이는 지극히 아슬아슬한 밸런스였으며 마침내 그 밸런스가 무너지며 자존파가 견인해 제국은 붕괴로 치닫게 되었다.

헌법이 발포된 이듬해, 헌법의 외부를 보완하는 의미에서 교육칙어가 공포되었다. 이것은 이노우에 고와시 井上毅 등에 의해 종교의 자유에 위배되지 않도록 신중히 배려하며 천황이 '신민'에게 외치는 도덕적 훈계라는 형태를 취하고 있다. 내용은 유교적 도덕 항목을 주로 하되 집안에서의 '효'가 천황에 대한 '충'으로 이어진다는 구조이다. 즉 가부장적인 윤리의 연장선상에 국가의 위치를 설정하여 국가적으로 봤을 때 천황은 마치 아버지 같은 존재로 이해되었다. "나 역시 국민 여러분들과 함께 이 가르침을 소중히 지키어 다 함께 높은 덕성을 갖출 수 있도록 염원하는 바이다"라고 마무리되고 있는 것처럼 천황과 신민이 하나가 되어 지키자고 말하고 있다. 이런 가부장적 성격은 메이지 국가를 생각할 때 매우 중요한 문제였다.

자유민권운동에서 대역사건으로

교육칙어가 공포된 바로 그 해(1890), 처음으로 중의원 의원 선거가 실시되었고 제1회 제국의회가 개최되었다.

돌이켜보면 이타가키 다이스케板垣退助 등이 최초로 '민선의원창립 건백서'를 제출한 것이 1874년이었으며 이를 계기로 자유민권운동의 물결이 생겨났다. 처음엔 일부 사족들이 불만을 분출시키는 배출구라는 측면이 있었으나, 점차 각지로 퍼져나가 풀뿌리 운동처럼 전개되었다. 그래서 정부는 1881년, '10년 후 국회 개설'을 약속했고 조기 개설을 주장하는 오쿠마 시게노부大隈重信는 하야했다('메이지 14년의 정변'). 같은 해 이타가키를 당수로 하는 자유당, 이듬해 오쿠마를 당수로 하는 입헌개진당이 결성되었는데 정부는 민권民權운동을 철저히 탄압해 위로부터의 헌법 제정과 의회개설에 가까스로 도달했다.

자유민권운동의 이론가로는 우에키 에모리植木枝盛가 저명하지만 이를 심화시킨 사람은 나카에 조민이었다. 나카에 조민의 『삼취인경륜문답三酔人経綸問答』(1887)은 '양학신사洋学紳士'와 '호걸군豪傑君', '난카이 선생南海先生'이라는 세 사람의 좌담 형식으로 진행된다. 서양 유래의 자유민권을 주장하는 것은 양학신사로, 약소국가 일본은 무력이 아니라 자유·평등·박애의 이상을 무기로 강대국과 교류해야 한다고 말한다. 그에 반해 호걸군은 자존주의적 경향을 보이며 군비를 강화해서 무력으로 해외 진출을 해야 한다고 주장한다. 난카이 선생은 이런 양자를 조정하는 역할을 한다. 원래 조민은 프랑스로 유학 갔을 당시 루소의 민권론에 경도되었기 때문에 그의 사상은 양학박사에 반영되고 있다. 하지만 조민은 그것이 단시간으로 실현된다고는 생각하지 않았다. 먼 길을 돌아가면서 민권사상이 진정으로 정착될 것을 기대했다. 유언적인 작품 『여명 일년 반』(1901), 『속 여명 일년 반続一年有半』(1901)은 "예로부터 오늘에 이르기까지 일본엔 철학이 존재하지 않았다"라고 갈파하며 유물론적인 합리주의 철학을 형성하고자 시도했다.

국가의 기본체제가 갖춰진 후 일본은 어떻게든 제국주의 열강에 끼어들려고 했다. 청일전쟁(1894~1895), 러일전쟁(1904~1905)의 승리로 국위를 발양하기도 한다. 이는 단순히 정부의 독주가 아니라 열광적인 '국민 내셔널리즘'의 고양에 뒷받침된 것이었다. 이를 기반으로 결국 조선과 중국에 대한 식민지화의 길로 나아갔다. 그렇지만 급속한 근대화, 제국주의화는 사회적 왜곡을 낳았고 빈곤과 격차가 큰 문제로 떠올랐으며 결국 사회주의가 발흥했다. 동시에 러일전쟁의 경우, 전쟁에 의한 확대주의가 진정으로 옳은 길인지에 대해 의문이 제기되어, 그리스도교도인 우치무라 간조內村鑑三나 사회주의자 사카이 도시히코堺利彦·고토쿠 슈스이幸德秋水를 중심으로 비전론이 고양되었다. 그들은 애초 〈만조보万朝報〉를 거점으로 삼았는데 이 신문이 개전론으로 태도를 바꾸었기 때문에 사카이 도시히코와 고토쿠 슈스이 등이 '헤이민샤平民社'를 결성한 후(1903), 〈헤이민신문平民新聞〉을 발행해 비전론과 사회주의를 주장했다.

이에 대해 정부는 혹독한 탄압을 가했으며 최종적으로 '대역大逆사건'(1910)에 의해 반정부적인 사회주의운동을 괴멸시켰다. 대역사건에는 고토쿠 슈스이 등 사회주의자나 무정부주의자 이외에도 오이시 세이노스케大石誠之助 등 그리스도교도, 우치야마 구도內山愚童 등 불교자들도 연좌되었다. 철저한 언론탄압은 지식인들에게 엄청난 충격을 주면서 '겨울의 시대'를 맞이하게 되었다. 한편 의회에서는 남북조 정윤론南北朝正閏論이 문제가 되어 최종적으로 남조가 정통으로 간주되면서(1911), 일원화된 '국체'라는 방향성이 명확해졌다.

2 국체와 신불

신도 국교화의 방향

'어일신御一新'은 단순히 정치적 차원의 문제라기보다는 전국 규모로 확대된 복고신도 계열 활동가들의 힘에 의한 측면이 컸다. 그들이 지향했던 것은 고대적 제정일치 체제였다. 신기관神祇官을 부활시켜 태정관太政官과 나란히 있도록 했고(1869), 쓰와노번津和野藩의 번주 가메이 고레미亀井玆監가 신기관 부지사가 되었으며 후쿠바 비세이福羽美静 등 쓰와노파가 실권을 장악했다. 대교선포조大教宣布詔(1870)에 의해 제정일치가 확인됨과 동시에 선교사에 의한 포교가 표명되었다. 후쿠바 비세이 등은 궁중 제사 정비에 노력했고 그것이 일단락되자 신기관은 태정관 관할 하의 신기성神祇省이 되었으며(1871), 이윽고 그것도 해체된다. 궁중 제사는 궁내청宮内庁 식부료式部寮가 담당하고 포교 임무는 교부성教部省 담당이 되었다(1872).

교부성을 설치할 당시에는 신도만 우대하는 것에 대해 반발하는 불교 측 움직임도 강했는데 그 중심에 있던 것이 조슈 출신의 진종真宗 혼간지파本願寺派의 시마지 모쿠라이였다. 교부성에서는 도쿄에 대교원大教院, 각각의 지방에 중교원中教院·소교원小教院을 설치해 신관뿐만 아니라 불교 승려도 선교사宣教使를 대신하는 교도직에 임명해 국민교화를 담당시켰다. 교화 내용은 경신애국敬神愛国·천리인도天理人道·황상봉대皇上奉戴 등 '삼조三条의 교칙教則'이었다. 이는 선교사 방침의 계승이라는 측면에서 당연한 일이었지만 불교 측으로서는 신도적인 것에는 따를 수 없다며 이번엔 시마지 모쿠라이가 중심이 되어 진종 계통 여러 종파가 이탈했고(1875), 교부성 자체도 해체되었다(1877). 이는 결국 신도 국교화 정책의 종결을 의미했으며, 이에 따라 헌법에 종교의 자유가 명기되었다. 단, 신도 의례는 국가의 제사이기에 종교가 아니라는 '신도 비종교론神道非宗教論'을 근거로 종교의 자유라는 틀 바깥에 놓이게 되어 국민이 예배하는 것은 당연한 의무로 간주했다.

그런데 메이지 시대의 신불 관계를 생각하기 위해서는 오히려 메이지유신 초기의 신불분리 정책을 살펴볼 필요가 있다. 신불분리령神仏分離令(신불판연령神仏判然令, 1868)은 특정한 하나의 법령이 아니라 몇 차례에 걸친 통달通達이나 선포를 총칭하는데 기본적으로는 신사에서 불교적 요소를 배제할 의도로 추진되었다. 즉 사승社僧[129]이 승려의 모습으로 임하는 것, 본지불本地仏을 모시는 것, 곤겐権現이나 고즈텐노牛頭天王 같은 불교적 신호神号를 폐하는 것이다. 이는 신불습합神仏習合을 불순한 혼효混淆로 생각해, 이 두 가지가 섞이기 이전의 순수한 신도(물론 허구이지만)로 돌아갈 것을 목표로 삼고 있었다. 그래서인지 불교 측에는 법화종(니치렌종)이 만다라에 신명神名을 넣는 것이 문제가 되었던 것 이외에는 딱히 별다른 요구를 하지 않았다. 단, 신불습합적인 요소가 강한 슈겐종修驗宗[130]에 대해서는 종宗으로서의 자립을 인정하지 않고 신도나 불교로 귀속시킨다는 방침을 취했다.

신불분리로 시작된 민간의 폐불훼석 운동이나 이후의 상지령上地令(1871)에 의한 사사령寺社領의 몰수, 승려가 육식을 하고 가정을 꾸릴 수 있도록 허가하는(1872) 등의 정책은 불교계를 강타했다. 이런 것들은 특히 진언真言·천태天台 등 현밀계顕密系 불교에 큰 타격을 주었는데 진종真宗 계열의 피해는 일부가 영향을 받는 선에서 그쳤다. 진

---

129) 신사에 소속한 상태로 불사를 집행했던 승려를 말한다.
130) 슈겐종修驗宗보다는 슈겐도修驗道라는 용어로 널리 알려졌는데 깊은 산속에서 혹독한 수행을 함으로써 깨달음을 얻고자 했던 일본 고유의 산악신앙이다. 불교에 포섭된 일본 특유의 종교라고 할 수 있다.

종은 원래 신불습합적 요소가 적었고 토지 수입보다 문도門徒와의 사단寺檀 관계에 의존했던 까닭에 상지령의 영향이 크지 않았기 때문이다. 또한 육식을 하고 가정을 꾸리는 것은 진종에서 애당초 당연한 일이었다. 조슈長州의 진종은 존왕양이 운동과 밀접히 관련되어있었고 신정부와도 친밀한 관계에 있었기 때문에 시마지 모쿠라이의 주장은 쉽사리 정책에 반영되었다. 신란이 메이지 시대로 넘어가자마자 겐신대사見眞大師라는 대사호大師号(1876)를 얻을 수 있었던 것도 그 때문이다. 종교의 자유에 대한 시마지 모쿠라이의 주장이 국가신도 사고방식의 선도적 존재였던 것도 지적되고 있다. 즉 종교는 각자의 내면과 연관된 것이기 때문에 국가나 정치가 개입할 수 없는 대상이라며 종교의 자유를 확립시키는 동시에, 신도는 황실 조상에 대한 존경이지 종교는 아니라며 '신도비종교론'을 제창했다. 이것은 그야말로 훗날 국가신도에서 이용된 논법이었다.

가부장제 국가와 신불

이미 살펴본 것처럼 '대전통'은 왕권과 신불이 긴장 관계 속에 존재하며 그 안에서 다양한 문화현상이나 사람들의 생활이 성립된다는 구조를 취하고 있었다. 신불 측은 부처와 신이 중층 구조를 취했으며, 왕권 측도 중세 이후에는 조정과 막부가 중층 구조를 이루고 있었다. 이런 중층 구조는 복잡하고 비능률적인 측면도 있었지만 상호 긴장감 속에서 밸런스를 유지하며 장기적으로 안정된 시스템이 되었다(1장 1~3 참조). 그런데 '어일신御一新'은 그것을 모조리 해체해 천황으로 일원화하는 중앙집권체제를 목표로 삼았다. 대전통과 상반되는 새로운 정신 구조였다. 그것을 이 책에서는 '중전통中伝統'이라고 부르고 있다. 이는 긴박한 세계정세 가운데 국가 의지를 통합해 기민하게 움직일 수 있도록 했지만, 거기에서는 브레이크를 거는 기능이 사라져버렸다. 일단 시동이 걸리면 오로지 가속도가 붙을 뿐이었다. 파멸의 길로 전락할 위험성을 애초부터 내포하고 있었다.

일본 근대의 이런 정신구조는 시행착오를 거쳐 점차 형태를 갖추며 1890년 전후에 거의 틀이 잡혔다. 법 정비 측면에서는 헌법과 교육칙어 이외에 황실전범과 민법이 중요하다. 황실전범(1889)은 『황실전범의해皇室典範義解』에 "황실이 직접 그 가법家法을 조정조定하는 자이다"라고 나와 있는 것처럼 황실의 가족법이다. 제1조는 "대일본국 황위는 조종祖宗의 황통으로 남계의 남자가 이를 계승한다"라며 '남계 남자의 계승'을 명언하고 있다. 이를 통해 황위가 가부장제적 원칙에 따라 계승된다는 사실이 명확해졌다. 이미 앞서 살펴본 것처럼 교육칙어는 '가부장제 국가'의 '아버지로서의 천황'을 보여주고 있었는데 이 점은 황실 제도적으로도 확정되게 되었다.

그렇다면 국민들 각각의 가정도 당연히 동일한 원칙에 서야 한다. 그것을 규정하는 것이 바로 민법이다. 민법은 원래 프랑스인 보아소나드Gustave Emile Boissonade 등이 프랑스 민법을 모델로 개인주의적인 성격이 강한 법안을 초안으로 만들었다(1890). 하지만 그것이 일본 이에家 제도에 맞지 않는다며 호즈미 야쓰카穗積八束 등이 "민법이 생겨 충효가 붕괴된다"라고 맹렬히 반발해 전면적으로 개정되었다(1896, 1898). 개정된 민법에서는 가독의 상속을 설정해 남자·적출자·연장자를 우선한다. 상속은 단순히 재산 문제가 아니라 가부장의 의무와 권한을 동반하는 '집 그 자체'를 가독家督으로 상속 계승하는 것이다. 이리하여 국민 각자의 가부장제적인 집을 바탕으로 하되, 그것을 확대한 형태로 천황을 가부장으로 하는 국가가 성립된다. 가부장이 가족을 대하는 것과 마찬가지로 천황 역시 국민(신민)에게 위엄과 자애로 임해야 한다.

'이에家'는 선조 대대로 계승된 것이다. 가부장은 그것을 이어받아 다음 세대로 넘기는 역할을 맡는다. 따라서 그 집안을 계승해왔던 조상에 대한 숭배가 필수적이었다. 막부 말기의 미토학이나 신도에서도 조상에 대한 제사가 중시되었다. 이는 눈에 보이지 않는 존재의 세계(명冥·유명幽冥)의 질서에 관한 것이다. 이리하여 신도는 황실 조상숭배의 제사라는 위치에 오르게 된다. 그에 반해 민간에서는 조상 제사를 불교가 담당했고 그것을 상징하는 묘와 위패를 불교 방식으로 유지하는 것이 기본이었다. 불교가 근세의 국가 종교적 지위에서 끌어내려져 신불분리 등으로 타격을 받아도 쇠퇴하지 않았던 이유는 이른바 '장례식 불교'라고 일컬어지는 형태로 그 존립 기반을 재편했기 때문이다.

이상과 같은 구조를 그림으로 나타낸 것이 27쪽의 〈그림 4〉였다. 근대 일본의 정신구조는 이런 형태이다. 표면(현顕·현명顕明)적으로는 세계를 향하고 있는 근대적 입헌국가로 표현되지만 이를 지탱하는 하부 구조는 교육칙어의 도덕이었다. 이면(명冥·유명幽冥)에서는 신도와 불교가 각각 '황실=국가'와 국민 개개인 가정의 조상에 대한 제사를 담당하게 되어 이런 네 방향으로 뻗어나간 구조에 의해 대전통을 대신하는 중전통의 기초 구조가 만들어지게 되었다.

그리스도교 수용과 불교계의 혁신

메이지유신 당시에는 그리스도교 금지가 계속되었지만 서구 여러 국가의 압력도 있어서 금교 게시판 철폐(1873)로 묵인하게 되었다. 구미 선교사가 일본에 와서 포교하는 동시에 모리 아리노리森有礼, 나카무라 마사나오中村正直 등 개명적 유학생들도 이에 대한 신앙을 가지게 되어 지식 계급을 중심으로 널리 퍼지게 되었다. 과거 탄압을 받던 '기리시탄' 시대와 다른 점은 프로테스탄트가 중심이 되었다는 점이다. 삿포로 밴드의 우치무라 간조와 니토베 이나조新渡戸稲造, 요코하마 밴드의 우에무라 마사히사植村正久, 구마모토 밴드의 에비나 단조海老名弾正 등이 저명하다. 그들은 대부분 무사 출신으로 유교적 소양을 갖추었으며 그런 기초 위에서 그리스도교를 수용하고 있어서 강한 윤리관이나 사명감, 애국심과 관련성이 있다는 특징이 있다. 특히 우치무라는 '두개의 J(예수Jesus와 재팬Japan)'를 내세우며 외국인 선교사의 지도를 거부하고 독자적인 무교회주의 입장에 서서 포교 활동이나 사회적 발언을 적극적으로 시도했다.

교육칙어가 발포된 이듬해(1891), 우치무라는 당시 제일고등중학교 교원이었는데 칙어에 경례하지 않았다는 이유로 규탄당해 결국 사임으로 내몰렸다. 이를 계기로 『칙어연의勅語衍義』의 저자 이노우에 데쓰지로井上哲次郎가 그리스도교를 비판해(1892), 이후 많은 논자가 합세해 '교육과 종교의 충돌'에 관한 논쟁이 전개되었다. 이노우에가 그리스도교에 대해 비판한 대목은, 그리스도교가 세속에서 벗어난 신을 절대시하기 때문에 국가를 경시하고 충효 윤리를 저버리게 될 거라는 것이었다. 이에 대해 그리스도교 측도 반론을 제시했는데 칙어 자체를 비판할 수 없는 상황이었기 때문에 결국 수동적인 위치에 설 수밖에 없었다. 우치무라 본인은 이후에도 아시오足尾 광독鉱毒 사건, 러일전쟁 비전론 등에 관해 적극적으로 발언했고 다이쇼 시기에 들어오자 그리스도의 재림을 설파하는 재림운동에 적극적으로 가담했다.

그렇다면 불교 측은 어떻게 대응했을까. 원래 불교는 국가 정책과도 깊은 관련성을 가지고 있었으며 반그리스도교의 자존주의적 입장에 서는 경우가 많았다. 한편 시마지 모쿠라이 등이 이와쿠라 사절단에 동행해 유럽을 경험한 것을 비롯해, 일찍부터 구미로 유학생을 파견해 최신 연구를 배우는 등 시대 동향에도 민감했다. 시카고 만국 종교회의(1893)에는 샤쿠 소엔釈宗演을 비롯해 일본의 불교자도 참가했다. 또한 이노우에 엔료井上円了의『진리금침真理金針』(1886~1887)은 그리스도교를 비판하고 불교의 우위를 논증하기 위해 새로운 철학이나 과학 사상을 채용하고 있다. 그리스도교의 영향을 받아 사회적 문제에 관한 관심을 고양했던 사카이노 고요境野黄洋, 다카시마 베이호高島米峰 등은 불교청도동지회仏教清徒同志会(1899 결성. 훗날 신불교도동지회新仏教徒同志会로 개칭)를 결성하고 잡지《신불교新仏教》(1900 창간)를 간행해 신불교 운동을 일으키며 사회문제에 관해 논리적 전개를 도모했다. 한편 진종真宗 오타니파大谷派의 기요자와 만시清沢満之는 고코도浩々洞[131]에서 제자들과 공동생활에 들어가 잡지《정신계精神界》(1901 창간)를 간행하며 정신주의 운동을 일으켰다. 이는 신불교의 사회지향과 반대로 '내면주의적 종교체험의 심화'를 목적으로 한다. 이에 의해 전근대적 미신이라며

---

131) 기요자와 만시를 중심으로 만들어진 오타니대학大谷大学의 전신인 신슈대학真宗大学 학생들의 사숙이다.

자칫 부정되곤 했던 아미타불 신앙을 절대 무한자와 유한자의 관계로 재정립하면서 이후의 불교 재해석에 지대한 영향을 끼쳤다. 단, 이런 새로운 사상이나 학문으로서 불교는 경제적 기반을 장례식 불교에 의존하면서도 장례식 불교와 분리된 상부구조로 발전시킴으로써, 양자의 관계를 불문에 부쳤던 부분에 여전히 문제의 불씨가 남게 되었다.

3 계몽과 국수

계몽에서 국수, 그리고 번민으로

구미 유학을 통해 서양 사상에 접한 최초의 세대는 서구의 발달된 문화에 놀라 그것을 어떤 방법으로 일본에 도입해야 할지에 대해 고심했다. 정부 안으로 들어가 직접 나라를 움직이는 선택지도 있었지만 드높은 곳으로 올라가 제도만 만든다고 근대화가 가능할 리 없었다. 그 이상으로 중요한 것은 국민의 정신이 근대화되는 것이었다. 이 점이 주목되면서 언론에 의한 계몽 활동도 활발해진다. '어일신'의 거대한 개혁이 어느 정도 방향성을 보이기 시작한 단계에서 새로운 학제가 공포되자(1872), 초등·중등 교육이 시작되었고 사범학교에 의한 교원 양성도 시작되었다.

국민 측에서도 새로운 사고를 받아들일 준비가 갖춰져 갔다. 이 해에 초편이 출판된 후쿠자와 유키치의 『학문의 권장学問のすゝめ』은 "하늘은 사람 위에 사람을 만들지 아니하고 사람 아래 사람을 만들지 아니한다"라는 권두의 명문장과 함께 온갖 계층의 국민에게 받아들여져 엄청난 베스트셀러가 되었다. 사민평등, 남녀평등의 입장에서 학문을 함으로써 만물의 이치를 깨우치고 일신의 행동거지를 바르게 함으로써 나라 전체도 번영한다는 희망에 넘친 지침을 제시했다. 쓰다 마미치津田真道·니시 아마네·모리 아리노리森有礼·가토 히로유키加藤弘之·후쿠자와 유키치 등 초기 계몽사상가들이 집결된 메이로쿠샤明六社의 《메이로쿠잣시明六雑誌》(1874~1875)에서는 민선의원에서 남녀와 부부 문제까지, 근대적 사상을 어떻게 받아들일지에 대해 다양한 논의가 진행되었다.

메이지 10년대는 자유 민권의 물결이 거세게 밀려든 한편, 정부는 로쿠메이칸鹿鳴館의 서구주의 정책을 밀고

나갔다. 하지만 메이지 20년대에 헌법을 제정할 즈음에는 양쪽 방향 모두를 반성하는 가운데 새로운 동향이 생겨났다. 한편 도쿠토미 소호德富蘇峰는 위로부터의 근대화를 비판하고 평민주의를 주장하면서 민유샤民友社를 설립, 《국민의 벗国民之友》을 창간했다(1887). 한편 서구주의에 대한 비판은 세이쿄샤政教社의 국수주의적 주장에 실리게 되었다. 잡지 《일본인日本人》이 창간되어(1888) 미야케 세쓰레이三宅雪嶺·시가 시게타카志賀重昂 등이 활약했다. 여기서 말하는 국수주의는 훗날의 그것과 달리 단순한 자존주의가 아니라 개명주의를 채택하면서 일본문화를 다시금 돌아보자는 것이었기 때문에 국수 보존주의라고도 일컬어진다. 비슷한 경향의 것으로 구가 가쓰난陸羯南의 신문 〈일본日本〉(1889 창간)에는 하세가와 뇨제칸長谷川如是閑·마사오카 시키正岡子規 등이 있었는데 훗날 세이쿄샤에 흡수되어 《일본 및 일본인日本及日本人》이 되었다(1907). 오카쿠라 덴신岡倉天心에 의한 미술잡지 《국화国華》(1889 창간)나 다카야마 조규高山樗牛 등이 활약한 하쿠분칸博文館의 《태양太陽》(1895 창간)도 비슷한 경향의 잡지였다.

하지만 메이지 30년대에 들어서면 그때까지 국가나 사회를 향하고 있던 눈이 차츰 개인의 내면으로 향하게 된다. 외적 근대화를 서두른 나머지 자칫 망각하고 있던 개인의 존재 방식이 문제시되기 시작했다. 그것을 상징하는 것이 제일고등학교 학생 후지무라 미사오藤村操의 투신자살 사건이었다(1903). 닛코日光의 게곤華厳 폭포에서 일어난 이 자살 사건은 청년들에게 엄청난 충격을 주어 이 사건으로 인해 '번민'이라는 키워드가 유행하게 되었다. 이즈음 결핵에 의해 죽음에 직면한 사상가들이 종교적 사색을 심화시켰기 때문에 이를 전후로 한 시기를 주관주의 시대라고 부르기도 한다. 기요자와 만시의 정신주의 외에도, 일본주의에서 개인주의로 전환했다가 훗날 니치렌日蓮 신앙에 귀의한 다카야마 조규 등이 저명하다. 특히 쓰나시마 료센綱島梁川은 신과의 합일 체험을 '나의 견신 실험予が見神の実験'으로 보고해(1905), 언론계에 찬부 논란을 일으켰다. 이런 동향이 메이지 말기의 니시다 기타로西田幾多郎나 나쓰메 소세키夏目漱石에 의해 심화되었다.

고용외국인에서 유학파 인재로

메이지 시대가 되자 정부는 새로운 고등교육기관을 만들기 위해 즉각 행동에 나섰다. 그 기반이 된 것은 막부의 쇼헤이자카학문소昌平坂学問所였으며 거기에 의학교와 양학을 배우는 가이세이학교開成学校를 병합해 대학교로 삼았다(1869). 본교인 쇼헤이자카학문소昌平坂学問所는 폐 교가 되었고(1871), 도쿄의학교와 도쿄가이세이학교가 합 병해서 도쿄대학이 되었다(1877). 법학부, 문학부, 이학 부, 의학부가 설치되었고 최종적인 통합을 거쳐 가토 히 로유키가 총리가 되었다(1881). 애당초 중심이었던 전통 적인 유학이나 국학은 문학부 안에 있던 '화한和漢문학과' 로 축소되었고 수입 학문이 위세를 부리게 되었다. 이후 제국대학령에 의해 도쿄제국대학(1886)이 되었고 이후 교 토제국대학(1897) 등 순차적으로 제국대학이 정비되었다. 제국대학령 제1조에서 "제국대학은 국가적 수요에 따른 학술과 기예를 가르치고"라고 되어있는 것처럼 '국가적 수요'를 위한 학문이 요구되었다. 한편 사립대학은 대학 인가는 늦어졌지만(1920) 후쿠자와 유키치의 게이오기주 쿠慶應義塾, 오쿠마 시게노부의 도쿄전문대학(훗날의 와세다 대학早稲田大学), 이노우에 엔료의 철학관哲学館(훗날의 도요대 학東洋大学) 등이 각각의 이념을 바탕으로 설립되었다.

대학이 세워진 초창기에는 정부기관과 마찬가지로 구 미의 학자들을 고용외국인으로 초빙해 기초를 만들고자 했다. 철학 관련해서 어니스트 페널로사Ernest Francisco Fenollosa는 헤겔 철학을 도입하는 한편 일본미술의 발견 자가 되었고 오카쿠라 덴신과 협조해 도쿄미술대학교(도쿄예술대학東京芸術大学의 전신) 창설에도 관여했다. 독일 철학을 강의했던 라파엘 폰 케벨Raphael von Koeber은 폭넓은 교양과 고귀한 인품으로 이후의 일본을 이끌어갈 수많은 지식인을 길러냈다. 또한 라프카디오 헌Lafcadio Hearn은 영문학을 강의했다.

교육의 중심이 이런 고용외국인에서 점차 유학파 일본인으로 바뀌어간다. 철학 교수가 된 것은 이노우에 데쓰지로였다. 이노우에는 원래 동양철학 조교수였지만 독일 유학 후에 교수가 되어 서양철학을 가르쳤다. 『칙어연의』나 '교육과 종교의 충돌' 논쟁 등을 통해 어용학자로 악명이 높았지만, 본연의 학문 영역은 오히려 『일본 양명학파 철학日本陽明学派之哲学』(1900), 『일본 고학파 철학日本古学派之哲学』(1902), 『일본 주자학파 철학日本朱子学派之哲学』(1905) 등 일본 유학 3부작에서 그 진가를 발휘했다. 국학의 전통은 국문학에 계승되었는데, 하가 야이치芳賀矢一가 독일 유학을 통해 문헌학을 도입함으로써 근대적 학문으로서의 형태를 갖추게 되었다.

문학자의 저항

근대 문학은 쓰보우치 쇼요坪内逍遥의 이론서『소설신수小說神髓』(1885~1886)에서 시작된다고 평가되고 있는데, 실제 작품으로는 후타바테이 시메이二葉亭四迷의『뜬구름浮雲』(1887~1989)이 최초이다. 주인공 분조文三는 관청에서 면직처분을 당한 실패자였으며 마음에 두고 있던 오세이お勢는 성공한 혼다本田에게로 떠났다. 인텔리면서도 현실 속에서는 무력하기 그지없는 패자에 초점이 모아져 있다. 그야말로 번민하는 청년 그 자체였으며 나쓰메 소세키의 '고등유민'과 일맥상통하는 측면이 있다.

관리나 저널리스트, 학자, 실업가 등 출세해서 성공한 사람들은 당시의 고등교육이나 유학 성과를 효과적으로 활용해 국가를 위한 인재로 영광의 한가운데 섰다. 소설가 역시 인텔리였다. 쓰보우치 쇼요는 영문학자로 와세다대학에서 교편을 잡았고 후타바테이 시메이는 러시아 문학 전문가였다. 이런 점에서 에도 시대 통속소설작가戲作者와는 확연히 다른 위치에 있었다. 하지만 '패자, 혹은 실패한 사람'의 위치에 섬으로써 '승자, 혹은 성공한 사람'에게는 보이지 않았던 근대의 이면을 파헤칠 수 있었다.

일본은 무리해서 부국강병의 길을 향해 돌진했다. 그리고 일단 일류국가 안에 가까스로 합류하기는 했다. 그러나 과연 그러면 되는 것일까. 표면적인 이익만 추구한다면 너무 허무하지 않을까. 이런 고민은 주관주의 시대 사상가들이 내면적으로 고민을 거듭해왔던 문제였는데, 이것을 문학자들이 좀 더 생생하게 묘사해낸 것으로 볼 수 있다. 이시카와 다쿠보쿠石川啄木의 단카短歌가 많은 이의 공감을 불러일으켰던 이유는, 청운의 뜻을 품었으나 좌절하고 굴절되어가는 심정이, 성공을 쟁취한 소수의 그늘에서 짓밟히고 있는 다수의 공감을 얻을 수 있었기 때문이다. 이시카와 다쿠보쿠가 사회주의에 접근했던 것은 필연적인 일이었다.

시마자키 도손의 『파계破戒』(1906)는 자연주의 문학의 기념비적인 작품으로 평가받고 있다. 이 작품은 이후의 자연주의가 빠져들어 가게 되는 폐쇄적인 사적 성격으로의 도피가 아니라, 부락 차별이라는 거대한 사회문제에 직면한 한 청년이 과연 어떤 선택을 할 수 있었는지, 그런 문제를 정면에서 제기했던 작품이었다. 주인공 세가와 우시마쓰瀬川丑松는 작중에 나오는 운동가 이노코 렌타로猪子蓮太郎처럼 정정당당하게 자신의 출신을 밝히고 싸울 수 없었다. 그런가 하면 그것을 숨긴 채 성공을 향해 돌진할 수도 없었다. 마치 죄인처럼 자신의 출신을 고백한 후 텍사스로 이주하는 길을 선택한다. 이는 패배나 도피처럼 보이는 한편, 번민하며 제3의 가능성을 탐색한다는 문학적 문제 제기라고도 할 수 있었다. 참고로 전국수평사全国水平社가 생겨나 차별 철폐를 향해 움직이기 시작하는 것은 다이쇼 시대 이후의 일이었다(1922).

『뜬구름』과 『파계』에서는 여성을 어떻게 대할지가 주인공 남성의 커다란 고민으로 묘사되고 있다. 연애 역시 과거의 유희적 사랑놀이와 차원이 다른, 서구에서 수입된 새로운 삶의 방식이었다. 그것에 대해 문학인들은 혼란스럽게 머뭇거리며 접근한다. 연애에 대한 문제를 전면에 내세운 사람은 시인 기타무라 도코쿠北村透谷였다. 논평 「염세시인과 여성厭世詩家と女性」(1892)은 "연애는 인생의 비밀을 푸는 열쇠이다"라는 연애 찬미로 심대한 영향을 끼쳤다. 시마자키 도손 역시 시집 『와카나슈若菜集』(1897)에서 풋풋한 연애 감정을 노래했다. 문예지 《묘조明星》를 중심으로 활약한 요사노 아키코与謝野晶子는 가집 『헝클어진 머리みだれ髪』(1901)에서 여성의 주체적이고 격렬한 성애를 읊어 충격을 주었다. 하지만 실제로

는 『뜬구름』이나 오자키 고요尾崎紅葉의 『금색야차金色夜叉』 (1897~1902)에서 볼 수 있는 것처럼 이성에 대한 남성의 뻔뻔스러운 기대는 종종 배반당하곤 했다. 젠더 문제가 진지하게 다뤄지는 것도 다음 시대를 기다려야만 했다.

11장 전쟁과 사상

다이쇼·쇼와 전기

1 데모크라시에서 총력전으로

다이쇼 데모크라시

대역사건으로 고토쿠 슈스이 등이 처형된 이듬해, 충격이 채 가시기도 전에 메이지 천황의 병세가 악화하면서 결국 서거하게 된다(1912). 설상가상으로 메이지 천황의 장례식 당일, 육군대장 노기 마레스케乃木希典 부부가 자결했다는 뉴스가 세상을 놀라게 했다. 이 사건은 메이지유신으로 시작된 거대한 변혁기의 종결을 의미했다. 같은 시대를 살아온 이들은 자신들의 시대가 마침내 막을 내리게 되었다는 사실을 처절히 느낄 수밖에 없었다. 나쓰메 소세키의『마음こゝろ』(1914)에 나온 '선생님'은 노기 대장의 순사 소식을 듣고 자살할 결심을 한다. 모리 오가이 역시『오키쓰 야고에몬의 유서興津弥五右衛門の遺書』

(1912), 『아베 일족阿部一族』(1913)을 연이어 발표한다. 『아베 일족』은 외부의 강압으로 순사殉死를 할 수 없게 됨으로써 오히려 일족이 멸망에 이르게 된다는 이야기였다. 아이러니하면서도 잔혹한 이야기 속에 노기 대장의 순사에 대한 복잡한 심정이 묘사되고 있다. 모리 오가이는 이보다 먼저 대역사건이 발생했을 당시엔 『마치 그런 것처럼かのやうに』(1912)을 발표했다. 국가체제의 근거가 되는 신화를, 사실이 아닌데도 불구하고 마치 사실로, '마치 그런 것처럼' 받아들임으로써 견뎌내려 한다는 허무주의적 사상이 표명되고 있었다. 고급관료이면서도 그 체제를 온전히 신뢰하지는 못한 채 어떻게든 양심을 지켜내려 했던 지식인의 고뇌가 읽힌다.

하지만 다이쇼 시대는 전반적으로 '밝은 시대'라는 이미지를 가진다. 한동안 이어지던 전쟁이 잠시 숨을 고르면서, 어찌 되었든 데모크라시가 진전을 보였고 보통선거도 실현되었기 때문이다(1925). 요시노 사쿠조吉野作造라는 지도자와 함께 민본주의가 광범위하게 지지를 받았고 호헌운동의 분위기가 한껏 고조되었다. '민본주의'는 데모크라시의 번역어로, 인민주권을 주장하는 '민주주의'와 달리 딱히 주권을 문제삼지는 않는다고 한다. '인민의

의향'에 의해 '인민을 위한' 정치면 된다는 소리이다(「헌정의 본의를 언급해 그 유종의 미를 다할 길을 논하다憲政の本義を説いて其有終の美を済すの途を論ず」[132], 1916). 천황주의가 명시된 메이지 헌법하에서라면, 가능하고 현실적인 대안으로 이 길밖에 답이 없었을 것이다. 아울러 다이쇼 시대의 이런 환한 등불이 결국 2차 세계대전 이후로 이어진다는 측면도 무시할 수 없다. 그렇지만 도도한 시대적 흐름을 거시적으로 뒤돌아보면 그야말로 자존파가 개명파를 삼켜버리는 일대 격랑 속에서 잠깐 스쳐 지나간 자그마한 에피소드에 불과했다.

20세기 전반은 세계정세 자체가 거대한 전환점을 맞이하고 있었다. 아시아에서는 신해혁명에 의해 마침내 청나라가 무너졌다(1911). 혁명에 의한 황제 타도였음에도 불구하고 일본 정부는 그다지 위기감을 느끼지 못했다. 오히려 자존주의적 우익들 중 미야자키 도텐宮崎滔天, 도야마 미쓰루頭山満 등 아시아주의 세력이 혁명 지지로 선회했다. 쑨원의 대아시아주의 강연(1924)은 아시아의 도덕적 우위로 서양에 대항하자는 것이었기에 일본의 제국주의적 확장주의자들에게도 솔깃한 이야기였다. 일본

---

132) 요시노 사쿠조가 《주오코론中央公論》 1916년 1월호에 게재한 글이다.

은 대만(1895), 남사할린南樺太(1905)에 이어 대한제국을 병합해 식민지로 만들었다(1910). 유럽에서는 1차 세계대전(1914~1918)에 의해 당시까지 키워왔던 근대에 대한 신뢰가 크게 흔들리게 되었다. 그사이에 러시아혁명을 통해 역사상 처음으로 마르크스주의 국가가 출현했다(1917). 유럽의 위기를 지켜보면서 일본의 아시아 침략은 더더욱 그 기세를 더하게 되었다.

마르크스주의에서 초국가주의로

대역사건으로 사회주의자들이 일망타진되면서 사회운동도 후퇴하게 된다. 하지만 산업이 더욱 발전하자 도시로의 인구 집중과 노동 조건의 악화, 노동자의 빈곤, 농촌의 피폐를 초래해 대규모 쌀 소동도 발생했다(1918). 가와카미 하지메河上肇의『가난이야기貧乏物語』(1916~1917)가 베스트셀러가 되었으며 노동조합에 의한 쟁의도 격렬해졌다. 간토대지진의 혼란을 틈탄 오스기 사카에大杉榮 학살(1923), 치안유지법 성립(1925) 등 어려운 상황 속에서 비합법적인 일본공산당 활동이 활발해졌다. 일본공산당의 활동은 러시아혁명과 이후의 소비에트 연방을 모델로 삼아 코민테른의 지도를 따르는 국제적 연대하에 조직화되어있었다. 과학적 사회주의를 표방하고 혁명의 역사적 필연성을 외침으로써 종래의 사회주의와 일선을 긋고 있었다. 이런 이유로 학생들이나 젊은 지식인들 다수가 이에 공감을 표명했다. 노로 에이타로野呂栄太郎 등『일본자본주의발달사강좌日本資本主義発達史講座』(1932~1933)를 중심으로 한 '강좌파'는 일본이 여전히 절대주의 왕정 단계이므로 우선 부르주아 혁명을 일으킨 후 사회주의 혁명으로 나아가야 한다는 '2단계 혁명설'을 채택했다. 이는 코민테르의 32년 테제와도 부합했기 때문에 주류를 형성하면서, 직접 사회주의 혁명을 주장하는 '노농파'와 대립하게 되었다. 그러나 탄압은 점차 강화되었고 사노 마나부佐野学·나베야마 사다치카鍋山貞親의 전향(1933)을 계기로 전향이 이어져 괴멸 상태에 빠진다.

1930년대에 들어서자 만주사변(1932) 이후 전쟁의 기나긴 수렁 속으로 빨려 들어가게 되었다. 괴뢰정부에 불과했던 만주국 건국(1932)은 훗날 미국과의 최후 혈전을 획책했던 니치렌日蓮주의자 이시와라 간지石原莞爾(『세계최종전론世界最終戦論』, 1940)가 연관되어있었다. 일본 내에서는 혈맹단 사건(1932), 5·15 사건(1932), 2·26 사건(1936) 등 테러나 반란이 연이어 발생했다. 그들은 기타 잇키北一輝·오

카와 슈메이大川周明·이노우에 닛쇼井上日召 등 이른바 초
국가주의자들의 이론에 영향을 받았으며 군 내부에 이
에 공감하는 사람들을 만들고자 했다. 빈곤을 비롯한 사
회적 모순을 해소하기 위해 부패한 정치가나 자본가들을
제거하고 천황이 직접 다스리는 일군 만민의 새로운 국
가를 지향하기도 했다. 그들은 종종 '쇼와유신'이라는 말
을 구호로 삼곤 했다.

그들의 이론적 지도자로 여겨지던 기타 잇키는 일찌
감치 『국체론과 순정사회주의国体論及び純正社会主義』(1906)
를 통해 메이지 헌법의 국체론을 비판했고 진화론을 바
탕으로 사회주의국가를 이상으로 삼는 설을 제시해 판
매금지조치를 당했다. 이후 중국혁명에 가담해 상하이
에서 『국가개조안원리대강国家改造案原理大綱』(1919)을 완성
했고 훗날 『일본개조법안대강日本改造法案大綱』으로 출판했
다(1923). 이 책은 천황을 받들어 헌법을 정지하고 국가를
개조해 자유와 평등이라는 이상을 달성하고자 했다. 때
문에 황도파 군인들이 신봉하게 되면서 결국 기타 잇키
는 2·26 사건의 사상적 원흉으로 내몰려 처형당했다. 비
슷한 시기에 독일에서 정권을 획득한 나치스도 정식 호
칭은 '국가사회주의독일노동자당'이었으며 국가사회주

의를 표방했다. 소비에트 연방이 강해지면서 그 영향력이 확대되던 와중에 그에 대항하는 세력도 마찬가지로 사회정의 실현을 구호로 삼아 강권주의를 추구했다. 일본에서 황도파의 정권 탈취는 결국 실패로 끝났지만 그들의 활동으로 천황의 절대성이 전면에 등장했다.

국체와 대동아공영권

『헌법강화憲法講話』(1912) 등에서 제시된 미노베 다쓰키치의 천황기관설天皇機關說은 개명파적 방향에서 헌법을 해석한 것이었다. 따라서 서양식 입헌군주제의 상식과 견주어봐도 타당한 해석이었다. 천황의 대권은 헌법의 제약 아래 어디까지나 국무대신의 보필을 필요로 했으며, 그럴 때 비로소 천황의 '불답책不答責'(무답책. 책임 없음-역주)이 성립된다. 하지만 『헌법의해』에서도 천황의 불가침성이 정치적 불답책을 초월하는 가능성을 보였던 것처럼, 해당 조문에는 애당초 애매한 구석이 있었다. 특히 군의 세력이 점차 확대되는 가운데 통수권 독립을 방패삼아 통수권간범문제帥權干犯問題(1930)가 발생하기도 했다. 이런 흐름 가운데 국회에서 천황기관설이 제기되자, 오카다 게이스케岡田啓介 수상은 두 번에 걸쳐 국체 명징에 관한 성명을 내고 천황기관설을 국체에 반하는 것으로 부정하게 되었다(1935). 《원리일본原理日本》을 중심으로 한 미노다 무네키蓑田胸喜는 미노베 다쓰키치를 비롯해 쓰다 소키치 등 다수의 학자를 집요하게 공격하며 언론통제의 길을 열었다.

이리하여 확립된 쇼와 시대의 국체론은 문부성이 편찬한 『국체의 본의国体の本義』(1937)로 집약된다. 그에 따르면 천황은 바야흐로 헌법에 제약받는 국가통치의 주권자가 아니라 "황조황종皇祖皇宗의 뜻에 따라 우리나라를 통치하시는 현어신(아키쓰미카미)現御神"으로 간주된다. 즉 법규를 초월한 현인신現人神이라는 이야기이다. 하지만 만약 그렇다면, 헌법의 천황불답책(천황무답책)과는 앞뒤가 맞지 않게 된다. 헌법을 초월한 천황의 책임을 신하가 물을 수는 없는 노릇이다. 그렇다면 그 책임은 과연 누가 져야 할까. 신神인 천황이 보필자에게 책임을 전가할 수 없다면 천황 스스로 책임을 질 수밖에 없는 노릇이지 않을까. 이 문제에 대해 여태껏 충분한 논의가 있었다고는 결코 말할 수 없지만, 천황의 전쟁책임은 초법규적인 이른바 신학적 문제로, 야스퍼스Karl Jaspers가 말하는 '형이상학적인 죄'(『죄의 문제(전쟁의 죄를 묻는다)Die Schuldfrage』)라는 이름으로 제기된 문제일 것이다.

중국 전선이 교착 상태에 빠진 가운데 마지막 기대를 모아 고노에 후미마로近衛文麿가 수상의 자리에 올랐고 (1937), 루거우차오盧溝橋 사건을 계기로 본격적인 중일전쟁에 돌입했다. 고노에 후미마로의 브레인인 오자키 호쓰미尾崎秀実·로야마 마사미치蠟山政道·미키 기요시三木清 등이 소속된 쇼와연구회昭和研究会는 '동아東亜(동아시아) 공동체' 이념을 내걸고 아시아의 각성을 전쟁의 대의명분으로 삼았다. 오자키는 전면 전쟁 회피를 위해 소련 스파이 리하르트 조르게Richard Sorge와 협력해 이른바 '조르게 사건'으로 체포당했다(1941). 이렇게 미국, 영국과의 전쟁에 돌입하게 되면서(1941) 그 대의명분으로 '대동아공영권' 구상이 내세워졌다. 이는 일본, 중국, 만주를 중심으로 하되 동남아시아나 인도까지 포함한 공존공영의 상호부조 구상이었다. 대동아회의(1943)에서 채택된 '대동아공동선언'에는 미국과 영국의 침략 착취에 대한 대항이 강조되었다. 이처럼 '대동아구상'에서는 기존의 일본과 중국만이 아니라 아시아 전역이 문제가 되었으며 그를 위한 이데올로기로 인도학의 태두 다카쿠스 준지로高楠順次郎나 인도 이슬람권까지를 사정권에 두었던 오카와 슈메이大川周明 등이 활약했다.

2 수난과 협력

생명주의와 오컬티즘

다이쇼 시대의 사상으로는 데모크라시의 기반인 '개인의 확립으로서의 인격주의·교양주의'가 종종 거론되어왔다. 이는 메이지 후기의 주관주의 시대에 이어지는 것으로 시라카바파白樺派나 아베 지로阿部次郎의 『산타로의 일기三太郎の日記』(1914~1918) 등이 대표적으로 꼽힌다. 기존의 종교적 인간관에서 벗어나고 가부장제적인 이에家에서 자립해 내면의 양심에 따른 '개個의 확립'이 지향점이었다. 라파엘 폰 케벨이나 나쓰메 소세키 등의 영향이 컸다고 생각된다. 소세키는 강연《나의 개인주의私の個人主義》(1915)에서 일본에 개인주의를 정착시키는 것이 얼마나 곤란한지를 호소했다.

하지만 근년에는 이런 인격주의의 저 너머에 있는 '생명주의'의 중요성이 지적되고 있다. 그것은 세계나 인간을 기계적인 물리법칙으로 파악하지 않고, 유기체적 통합이자 살아 꿈틀거리며 활동하는 대상으로 파악하는 시각이다. 인간에 대해 말하자면 내적 생명론에서 성애, 연애 등을 중시하고 사회나 우주 전체에 관해서도 유기체적인 생명 활동으로 바라본다. 이런 시각은 19세기 말 구미에서 왕성해져서 예컨대 베르그송이나 윌리엄 제임스 William James 등의 철학에도 그런 경향이 현저히 발견되었다. 일본에서는 철학의 니시다 기타로 등과 자연주의·시라카바파, 기타하라 하쿠슈北原白秋·사이토 모키치斎藤茂吉·하기와라 사쿠타로萩原朔太郎·미야자와 겐지宮沢賢治 등에 이르는 문학자들이 폭넓게 생명주의적 경향을 공유하고 있다. 이는 종래의 기성 종교가 지닌 비합리성에 만족하지 못할 뿐 아니라 기계론적인 자연과학에도 안주할 수 없었던 새로운 지식인층을 매혹시켰다. 아인슈타인의 상대성이론은 종래의 뉴턴식 기계적 물리학에 대항하는 우주 신비의 개현開顯으로 관심을 불러보았고 아인슈타인의 일본 방문(1922)은 열렬한 환영을 받았다.

그와 관련되어 19세기 구미에서는 기계적 과학이나 합리주의에 대한 반발로 초상현상超常現象[133]이나 심령현상

---

133) 초상현상paranormal phenomena은 과학적 설명이 불가능한 초자연적인 현상을 말한다.

등 오컬트occult에 대한 관심이 고조되었다. 일본에서도 이런 경향의 영향을 받아 도쿄제국대학의 심리학 조교수 후쿠라이 도모키치福来友吉가 영적 능력자에 의한 투시 실험에 성공했다고 했다가 훗날 사기로 판명되어 퇴직한 적도 있다(1919). 당시 성행했던 오컬티즘occultism 중에 가장 주목받았던 것은 헬레나 블라바츠키Helenena Petrovna Blavatsky 부인이 헨리 스틸 올콧Henry Steel Olcott 대령과 함께 창립한 신지학협회(1875)였다. 이 협회는 아시아까지 포함해 광범위한 운동을 전개했다. 블라바츠키는 그 신비한 능력이 사기에 불과했다는 사실이 폭로되어 결국 실각했지만, 올콧은 불교에 귀의한 후 그 선전에 힘썼기 때문에 스리랑카 불교의 부흥자 아나가리카 다르마팔라Anagarika Dharmapala 등도 그들에게 배움을 청했다. 올콧이나 다르마팔라는 일본을 방문해 일본의 불교자들과 교류를 가진 적도 있다. 선禪의 세계 포교에 가장 앞장섰던 스즈키 다이세쓰鈴木大拙도 아내인 베아트리체 어스킨 래인Beatrice Erskine Lane을 통해 신지학협회와 교류하고 있었다. 이런 흐름은 넓은 의미에서의 심령주의(Spiritualism, 영성주의)로 볼 수 있으므로 과학(혹은 의사疑似과학)과 종교가 아슬아슬한 형태로 이어져 있다고 하겠다. 20세기 후반의 뉴사이언스 운동으로도 이어져가는 맥락이다.

변모하는 사회와 종교

메이지 말기부터 사회적 모순이 확대되면서 사회주의 운동이 활발해졌는데, 이런 분위기 속에서 가가와 도요히코賀川豊彦, 기노시타 나오에木下尚江 등 그리스도교 사회주의자들의 활동이 확인된다. 불교 측은 신불교 운동의 활동이 눈에 띈다. 이런 운동의 영향 탓인지, 다이쇼 시대에는 공동생활을 바탕으로 자급자족 생활을 하며 신앙심을 심화시키는 공동체 운동이 활발해졌다. 이토 쇼신伊藤証信의 무가엔無我苑, 니시다 덴코西田天香의 잇토엔一灯園 등이 그런 예다. 잇토엔은 오늘날까지 이어지고 있다. 또한 무샤노코지 사네아쓰武者小路実篤의 '아타라시키무라(新しき村, 새로운 마을)나 아리시마 다케오有島武郎의 농장 해방에도 비슷한 측면이 있다. 이런 운동들은 원시공산제에 가까운 이상적 공동생활을 지향했다. 미야자와 겐지가 꿈꾸었던 '이하토브[134]'도 이와 비슷한 부류일 것이다. 그는 라스지인협회羅須地人協会를 만들었고, 『농민예술개론강요農民芸術概論綱要』(1926)를 통해 농민 생활의 장에서

---

134) '이하토브'는 미야자와 겐지가 만든 용어로 심상 세계 안에 있는 이상향을 말한다.

진정한 예술이 탄생한다고 주장했다.

반대로 종교인이 적극적으로 대중들에게 직접 호소하는 포교 활동도 활발해졌다. 그리스도교의 우치무라 간조, 니치렌주의의 다나카 지가쿠田中智学 등은 강연을 위해 각지를 돌며 인기를 끌었다. 나아가 라디오 방송이 개시된 후(1925) 점차 보급되면서 라디오를 활용한 포교도 시도되었다. 이 방면의 개척자는 도모마쓰 엔타이友松円諦였다. 진리운동眞理運動을 일으켜 기존까지 소승 경전으로 치부되던『아함경阿含経』이나, 그 일부로 가장 간략한『법구경法句経』을 널리 보급시켰다. 당시 농촌에서 도시로 인구가 유입되면서 도쿄 등은 지역에 뿌리내리지 못한 새로운 도시 스타일의 시민들이 늘어남으로써 신흥 대중문화가 확대되던 와중이었다. 도모마쓰 엔타이는 종래의 종파에 속박되지 않은 채 간소하고 소박한 인간의 삶의 방식을 강조한 원시 불전에 주목했다. 불교에 대한 신앙 방식을 새롭게 제시한 것으로, 이 방향은 훗날 나카무라 하지메中村元 등에 의해 계승되었다.

도시가 급속히 발전함에 따라 농촌도 변용되었고 일본인의 생활 전반에 큰 변화가 생겨났다. 원래 농상업성 관료였던 야나기타 구니오柳田国男는 그런 상황에 위기감을

느끼며 문헌에 의존하기보다는 자신의 귀로 직접 들어가면서 점차 사라져가고 있던 전통 생활이나 신앙의 모습을 복원하고자 했다. 그 기념비적 작품은 사사키 기젠佐々木喜善이 제공한 이와테현岩手県 도노遠野 지방의 전승 기록, 『도노모노가타리遠野物語』(1910)였다. 야나기타는 그림 형제에 의한 독일 민속학 방법도 채용해 일본 민속학을 확립했고 그것을 통해 일본인과 일본문화의 거대한 뿌리를 탐색하고자 했다. 야나기타의 방법은 수많은 연구자를 매료시켰다. 특히 야나기타의 방식을 응용해 이를 고대문학이나 신도 연구와 연계시켜 독자적인 영역을 개척한 사람이 바로 오리쿠치 시노부折口信夫(샤쿠초쿠釈迢空)였다. 오리쿠치는 오키나와 탐사 등으로 일본 고유 신앙을 탐구했고 이계에서 온 방문자인 '마레비토まれびと(객인客人)'에서 일본의 신神의 원형을 찾았다. 또한 시라카바파 출신의 야나기 무네요시柳宗悦가 이름 없는 서민들의 투박한 물건들에서 아름다움을 발견해 민예운동을 일으켰던 것도 민속학과 관련된 운동 중 하나로 주목되었다.

전쟁과 종교

전쟁에 임했던 시기에는 좌익 활동이 탄압을 받아 차

즘 활동이 한정되어갔기 때문에 조직적 탄압은 종교 교단을 향하게 되었다. 불교계에서는 신흥불교청년동맹新興仏教青年同盟에서 사회주의 활동을 한 세노오 기로妹尾義郎(1936), 이세 신궁의 신궁대마神宮大麻(부적)를 불태운 창가교육학회創価教育学会(훗날의 창가학회創価学会)의 마키구치 쓰네사부로牧口常三郎와 도다 조세이戸田城聖 등이 체포되었다(1943). 그리스도교 계열에서는 조치上智대학 학생들이 야스쿠니신사 참배를 거부해 문제가 되어(1932) 가톨릭교회는 신사참배를 공식적으로 인정했다. 한편 조선의 장로파 신자들은 신사참배를 거부해 대대적인 탄압을 받았고(1938), 재림사상을 설파한 성결Holiness 교회가 탄압받았다(1942). 일본 본토에서 벌어진 최대 탄압은 오모토교大本教에 대한 것이었다. 오모토교는 교토 아야베綾部에 살던 주부 데구치 나오出口なお가 신 내림을 받으면서 시작되었는데(1892), 이후 데구치 오니사부로出口王仁三郎가 협력함으로써 크게 발전했다. 하지만 두 번에 걸쳐 탄압을 받았는데(1920, 1935), 두 번째 탄압에서는 천명 가까운 사람들이 검거당했으며 모든 시설이 철저히 파괴되었다. 광기에 가까운 대대적 탄압이 감행된 이유는 무엇 때문이었을까. 데구치 오니사부로의 주저인 『영계이야기霊

界物語』(1921~1934)는 최고신인 스가미素神 아래 이 세계를 통치하는 구니토코타치国常立를 스사노오(=오니사부로)가 구출해낸다는 SF적인 이야기이다. 이는 아마테라스를 중심으로 한 국체 신화와 완전히 상반된 내용이었

<그림 20> 탄압으로 파괴당한 오모토 본부(1935년)

다. 따라서 국가의 근간을 뒤흔드는 것이었기 때문에 절대 허용할 수 없었을 것이다. 마찬가지로 진무神武 천황 이전의 신통보神統譜를 거론한 다케우치 기요마로竹内巨麿의 다케우치문서竹内文書도 탄압을 받았다.

여타의 그리스도교나 불교의 여러 종파는 신사참배를 받아들였고, 특히 불교 측의 많은 종파는 승전기도 등을 통해 적극적으로 전쟁에 협력했다. 특히 최대 종파인 진종 계열에서는 오타니파大谷派의 아케가라스 하야晓烏敏나 가네코 다이에이金子大栄가 천황을 아미타불과 동일시하는 전시 교학을 형성하는 등, 전쟁 수행의 중핵적 동력이 되었다. 아울러 초국가주의자가 종종 독실한 불교 신자였다는 사실도 주목된다. 《원리일본》의 미쓰이 고시三

井甲之·미노다 무네키 등은 신란親鸞 신앙, 기타 잇키·이시와라 간지 등은 니치렌 신앙을 가진 것으로 알려져 있다. 고토주쿠皇道塾의 오모리 잇세이大森一声는 전쟁이 끝나자 선禅의 노사老師 오모리 소겐大森曹玄으로 위세를 떨쳤다. 전근대의 대전통 이래 불교는 왕권과 긴밀히 연관되어왔기에 국가와의 관계는 당연할 수도 있었겠지만, 특히 정토교의 타력他力이나 선의 무無 사상은 자기를 무력화함으로써 무비판적이 되면서 멸사봉공으로 이어졌다고 생각된다.

국체 명징에 의해 천황기관설이 배제되고 천황이 '현인신'이라고 강조되는 가운데 천황을 신앙의 대상으로 삼기에 이른다. 일례로 스기모토 고로杉本五郎의 『대의大義』(1938)를 들 수 있다. 군신軍神으로 추앙받다가 중국 전선에서 격렬히 전사한 스기모토의 유서는 베스트셀러가 되었고 영화로도 만들어졌다. 스기모토에게 '천황=아마테라스오미카미'는 우주 최고의 유일신이자 삼라만상 모든 것이 천황의 현현顕現이라고 한다. 그런 천황 앞에서라면 '사私'를 무無로 하여 천황의 뜻에 따를 수밖에 없다는 것이다. 스기모토는 임제종 붓쓰지仏通寺에서 참선에 전념했기 때문에 황도선皇道禅이라고도 일컬어지는데, 오히려 천황 신앙을 극한으로까지 추구했다는 점에서 특징을 찾아야 할 것이다.

3 격동 속의 철학

여성의 자각

도쿠토미 로카德冨蘆花(도쿠토미 소호德冨蘇峰의 동생)의 베스트셀러 소설 『호토토기스不如帰』(1898~1899)는 서로 사랑하는 사이면서도 가부장제적 이에家 제도에 억압당할 수밖에 없던 여성의 비극을 묘사하고 있다. "아아, 괴로워라! 괴롭기 그지없어라! 다시는 여자 따위로 태어나지 않으리!"라는 나미코浪子의 대사는 여성들의 깊은 공감을 불러일으켰다. 주인공 나미코를 괴롭히며 이혼하도록 종용했던 것은 시어머니였고, 친아버지는 상심에 잠긴 그녀를 다정하게 감싸준다. 가부장제하에서 여자가 여자를 괴롭힌다는 굴절된 구조를 예리하게 그려내고 있다.

대역사건과 노기 장군의 순사는 구세대에겐 거대한 시대의 종언을 의미했지만 젊은 세대에게는 희망으로 가득 찬 새 출발을 의미했다. 그리고 보면 《시라카바白樺》(1910), 《세이토青鞜》의 창간(1911)과 새로운 시대를 만드는 흐름은 분명이 무렵부터 생겨나고 있다. 시라카바파는 설령 가쿠슈인学習院의 귀한 도련님들의 도락이라는 측면이 있었다고는 해도 가쿠슈인 원장인 노기 마레스케에 의

〈그림 21〉《세이토青鞜》
창간호(히라쓰카 라이초平塚らいてう
구장본[旧蔵本)

해 체현된 가부장적 권력에 대한 반발은 개인의 책임에 바탕을 둔 새로운 논리에 대한 자각이었으며 인격주의나 민본주의와 맥을 같이 하는 밝은 근대의 방향을 보여준 것이었다.

《세이토》도 처음엔 따가운 비판을 받았다. 히라쓰카 라이초를 비롯한 양갓집 사모님, 규수들의 스캔들로 얼룩진 사랑 타령에 불과하다며 세인들의 차가운 눈길이 쏟아졌다. 그녀들 스스로 '현모양처'에 반항하며 '새로운 여자'를 자칭했고 터부를 깨뜨리려는 돌출행동으로 세간의 이목을 집중시켰다. "태초에 여성은 태양이었다"라고 말한 히라쓰카 라이초의 선언문은 결코 그 내용이 단순

하지 않다. 라이초의 참선 경험이나 영적(심령적인)인 표현이 담겨있으며 논리적 문장이라기보다는 정신적 고양 가운데 작성된 시적 문장이었다. 그야말로 이제 막 도약하려 하고 있던 여성들을 북돋우기에 충분한 박력을 갖추고 있었다. 《세이토》에서는 입센의 『인형의 집』의 노라를 시작으로 여성의 자립, 남녀평등, 연애의 자유 등이 논의되었다. 특히 편집자가 이토 노에伊藤野枝로 바뀌면서(1915) 정조, 낙태, 매춘 등 여성들과 직접 연관될 수밖에 없는 절실한 문제들에 관해 논쟁이 진행되었고 사회 문제에도 깊숙이 파고들게 되었다. 하지만 이토 노에가 오스기 사카에와 동거를 시작하고 가미치카 이치코神近市子 등과의 '문어발 연애'로 갈등을 빚으면서 결국 폐간되었다(1916).

《세이토》폐간 후 라이초는 결혼이나 육아를 경험했고 모성보호논쟁으로 요사노 아키코에게 도전했다(1918). 라이초는 여성의 임신·출산·육아는 국가에 의해 보호될 필요가 있다고 주장했는데, 자신의 펜의 힘만으로 많은 자녀를 길러낸 아키코는 국가에 의한 모성 보호를 부정하며 여성도 남성과 마찬가지로 국가에 의존하지 않고 자립해야 한다는 논리를 펼쳤다, 출산과 육아를 둘러싼 문제를 어떻게 해결해야 할지는 전쟁 중 후방에서 펼쳐졌던 "낳으라, 늘려라"[135] 정책 등을 거쳐, 오늘날에도 여전히 중요한 화두이다. 이후 여성운동은 여성참정권 요구를 중심으로 전개되어 한때는 의회에서 인정되는 방향으로 진전을 보였지만(1931), 전쟁이 격해지면서 다시 정체되었다. 이치카와 후사에市川房枝 등은 적극적으로 전쟁에 협력함으로써 여성의 지위를 인정시키려는 방침을 취했고, 대일본부인회를 통해 '익찬 체제' 안으로 휘말려 들어갔다.

정치냐 예술이냐

다이쇼 시대는 도시생활자가 증가하면서 도회지형 생활이 정착되었다. 특히 다케히사 유메지竹久夢二가 상징하는 것처럼 유행에 민감하고 세련된 센스를 가진 다이쇼로망, 다이쇼모던 등으로 일컬어진 문화가 꽃을 피웠다. 간토대지진(1923)은 수도 도쿄를 폐허로 만들었지만, 도쿄 시장 고토 신페이後藤新平의 지휘 아래 단기간에 재건되어 새로운 문화의 중심지 긴자를 모던 보이나 모던 걸이 활보했다. 엔본円本이라고 일컬어지는 비교적 값싼

---

135) 태평양전쟁 당시 출산장려 캠페인 표어이다.

문학, 미술 전집이 다수 출판되었고 이와나미문고의 창간(1927) 등을 통해 교양이 시민 생활 속으로 침투해간다. 전쟁의 군화 소리가 점점 가까이 들려오기 시작했지만, 도회지 속에서 영위되던 소시민들의 소박한 삶은 오즈 야스지로小津安二 감독의 영화에 잘 묘사되고 있다.

문학의 세계를 돌아보자. 나쓰메 소세키나 모리 오가이의 문학 세계에서는 삶에 대한 탐구와 예술적 탐구가 한데 어우러져 있었는데, 이후 각각의 방향으로 분리되어간다. 윤리적 인생 탐구의 방향이 강했던 시라카바파는 그 방향을 극한까지 파고들어 갔고, 쇼와 초기의 프롤레타리아 문학은 정치성을 정면에 내세웠다. 최전성기는 잡지 《전기[센키]戰旗》를 중심으로 고바야시 다키지小林多喜二와 도쿠나가 스나오德永直가 활약했던 나프(NAPF, 전일본무산자예술연맹) 시대(1928~1931)였는데, 고바야시 다키지가 경찰에게 학살당하고(1933) 공산당에 대한 탄압이 강해지면서 종식되었다. 프롤레타리아 문학에서는 자연주의 이후로 리얼리즘 수법이 더더욱 세련되어져 갔다.

이처럼 문학이 정치화하는 것에 저항하면서도 단순한 리얼리즘에는 비판적 시각을 내비치며 예술성을 내세운 흐름도 존재한다. 이들 중 다니자키 준이치로谷崎潤一郎,

아쿠타가와 류노스케芥川龍之介, 가와바타 야스나리 등이 탁월한 작품들을 창작해갔다. 가장 예리한 문제의식을 지니고 출발했던 아쿠타가와 류노스케가 점차 정신적으로 한계에 도달에 결국 자살로 내몰렸던 것은 앞으로 올 시대를 예견했기 때문이다. 아울러 이 시대에는 문학평론도 중요한 장르로 독립해 프롤레타리아 문학에서는 구라하라 고레히토蔵原惟人 등이 이론적 지도자로 활약했으며 예술주의 흐름에서는 고바야시 히데오小林秀雄가 데뷔했다.

공산당이 괴멸되고 전시 체제의 압박이 심해지자 일본적 전통으로 회귀하면서 정치와 일선을 긋고 예술성을 담보한 운동도 생겨났다. 이런 경향을 보였던 《일본낭만파日本浪漫派》(1935~1938)는 문학에 마음을 두었던 젊은 이들의 공감을 모았는데, 그 이론적 리더는 야스다 요주로保田與重郎였다. 독일낭만파에 경도되었던 야스다는 반근대성과 농후한 미의식을 화려하고 복잡한 문장으로 표현해내면서 『일본의 다리日本の橋』(1936), 『고토바인後鳥羽院』(1939) 등 일본의 고전에서 제재를 가져온 작품을 세상에 내놓았다. 전후 야스다는 전쟁을 고무시킨 이념가로 오롯이 죄를 뒤집어썼지만, 기실은 그의 평론이 전의를 고양시켰다기보다는 오히려 전쟁에 대한 염세적 기분에 가득 차 있었다고 할 수 있다. 야스다가 공감하며 묘사했던 것은 덧없는 이름의 아름다움이었으며 패자의 정신이었다. 떠들썩한 정부의 구호 소리 밑에서 야스다가 전쟁기의 정신적 지주가 될 수 있었던 것은, 애당초 무리한 전쟁에 내몰려 젊은이들이 죽어가야 한다는 '부조리한 상황' 때문이었다.

교토학파와 근대의 초극

메이지가 끝나가던 시기는 철학 세계에서도 중요한 전환점이 되었다. 획기적인 계기를 만들었던 것은 니시다 기타로西田幾多郎의『선의 연구善の研究』(1911)였다. 니시다는 베르그송이나 제임스 등의 최신 서양철학을 도입해 아카데미즘 철학의 입장에 서면서도, 한편으로는 어떻게 살아가야 할지에 대한 인생철학적 측면을 지님으로써 번민하는 청년들에게 심대한 영향을 끼쳤다. 그의 철학이 널리 알려지게 되는 것은 구라타 햐쿠조倉田百三의『사랑과 인식의 출발愛と認識との出発』(1921)에 의해서였기 때문에, 실은『선의 연구』가 간행된 지 10년이 경과된 시점이었다.『선의 연구』의 기본적 입장은 순수 경험을 추구한

다. 그것은 개인의 의식 근저에 흐르는 것이었으며 그야말로 생명주의적 원리라고 말할 수 있다.

　니시다 기타로는 교토제국대학의 조교수(1910)를 거쳐 교수가 되었고 철학을 추구하는 젊은이들은 니시다를 흠모해 도쿄보다는 교토제국대학에 모여들었다. '니시다西田 철학'이라는 호칭은 경제철학자 소다 기이치로左右田喜一郎의 논문「니시다 철학의 방법에 대해西田哲学の方法について」(1926)에서 시작된다. 그 무렵 니시다는 '장소'의 철학으로 전환 중이었으며 정년퇴임(1928) 후에는 '절대 모순적 자기 동일' 등 독자적인 개념을 구사해 사색을 심화시켰다. 만년에는『일본문화의 문제日本文化の問題』(1940) 등에서 신중한 태도를 취하면서도 국책에 관여된 발언을 했다.

　니시다 기타로의 후계자가 된 것은 다나베 하지메田辺元였는데,「니시다 선생님의 가르침을 받들다西田先生の教を仰ぐ」(1930)에서 니시다 비판으로 선회했으며「종의 논리種の論理」를 통해 니시다 철학에서 취약했던 국가나 사회문제를 도입했다. 다나베는 수많은 학생을 전쟁터로 내몰았다는 회한 때문에 전쟁 말기에는 '참회도懺悔道'를 주창했다. 정년퇴임 후(1945)에는 가루이자와軽井沢에서 은거했으며 만년에는 '죽음의 철학死の哲学'을 구상했다.

니시다의 훈도를 받았던 젊은 연구자들은 이른바 교토학파로 불린다. 사천왕으로 평가받는 니시타니 게이지西谷啓治·고사카 마사아키高坂正顕·고야마 이와오高山岩男·스즈키 시게타카鈴木成高는 좌담회 내용을 정리한『세계사적 입장과 일본世界史的立場と日本』(1943)에서 서양 중심의 역사가 종언되었다며 '대동아공영권'의 정당성을 주장해 전쟁 수행의 이념가로 활약했다. 한편 교토학파의 좌파로는 도사카 준戸坂潤이나 미키 기요시가 있다. 도사카는 마르크스주의 유물론의 입장에서 사이구사 히로토와 유물론연구회를 결성했으며(1932), 반종교 투쟁을 지도했고,『일본이데올로기론日本イデオロギー論』(1935)을 통해 교토학파 등의 관념론을 비판했다. 미키 기요시는 1920~1930년대의 서양철학을 수용했다. 쇼와연구회와도 관계하면서 사회철학적인 이론을 구상했지만, 실현하지 못한 채 결국 옥중에서 사망한다(1945). 교토학파 주변에는『'이키'의 구조「いき」の構造』(1930)에 의해 일본적 아름다움의 구조를 분석한 구키 슈조九鬼周造나 동서에 걸친 폭넓은 학식을 바탕으로 윤리학 체계를 구축한 와쓰지 데쓰로 등이 있다.

1차 세계대전 이후의 서양은 오스발트 슈펭글러Oswald

Spengler의 『서양의 몰락』(1918~1922)을 비롯해 서양문명, 근대문명에 대한 강한 위기감에 지배당하고 있었다. 일본에서는 그런 이론을 도입해 선전하는 동시에 그것을 뛰어넘는 것은 일본, 혹은 동양의 문화라는 식의 아전인수격 언설이 전개되었다. 교토학파 철학자만이 아니라 문학자나 음악가 등까지 참여했던 좌담 《근대의 초극近代の超克》(1943)은 당시 세간의 평판이 자자했지만, 오늘날 다시 읽어보면 시종일관 위기감이 결여된 잡담에 그치고 있다. 당시의 사상계(라고 부를 만한 것이 있었는지 자체도 모호하지만)의 한계를 보여주는 예라고 할 수 있다.

12장 평화의 이상과 환상

1 평화와 민주

전후 헌법의 이상과 천황

1945년 '무조건 항복'을 받아들인 일본에 연합국총사령부GHQ가 설치되면서 최고사령관으로 더글라스 맥아더 Douglas MacArthur 원수가 부임했다. 다음 해(1946), '일본국 헌법'이 제국의회를 통해 의결되면서 공포된다. 헌법의 전문은 매우 격조 높게 이상을 내세우고 있다. 주목할 점은 여기에 '보편'이라는 단어가 두 번이나 나온다는 사실이다. 우선은 '주권재민'의 원칙에 관해 그것이 "인류 보편의 원리"라고 선언하고 있다. 두 번째로 '항구평화'를 염원하는 부분에서 "자국에만 전념해 타국을 무시해서는 안 된다"라고 하며 "정치 도덕의 법칙은 보편적"이라고 하고 있다. 즉 전후 헌법의 중심원리인 주권재민과 평화주의 모두 '보편성'을 가진 원리임을 선언하고 있다.

전후 헌법이 외부로부터의 강요였는지에 대한 논의는 일단 차치하고, 전후 헌법의 이상에 대해 말하자면 '보편성'의 강조가 가장 특징적이며 메이지 헌법과 가장 큰 차이점이다. 메이지 헌법은 문명국가 중 하나로 서구와 어깨를 나란히 한다는 원칙에 서면서도, 어디까지나 만세일계의 천황이라는 일본의 특수성에 근거를 두고 있었다. 이런 특수성은 역사에서 발견되는 일관성이었으며, '중전통'적으로 변용된 것이었지만, 일본의 역사와 전통에 뿌리내리려고 하고는 있었다. 그런데 전후 헌법은 그 근본 원리의 근거로 느닷없이 '보편성'이 강조되며 더 이상의 탐구는 허락되지 않는다. 보편적 원리라면 언제 어디서든 통용되어야 해서 거기에는 역사성이나 특수성이 비집고 들어올 여지가 없었다. 전후의 '소전통'은 '중전통'과도, 심지어 그 이전의 '대전통'과도 단절된 보편성에 바탕을 둔 상태로 구축되게 된다.

그런데 기묘하게도 헌법의 본문을 보면 첫 부분인 1조부터 8조까지를 차지하고 있는 것은 다름 아닌 '천황'에 관한 규정이었다. 전문에서부터 계속해서 읽어가다가 느닷없이 '천황'이 나타난다는 사실에 당황할 것이다. 천황이 어째서 '보편성'과 연결된단 말인가. 심지어 널리 알려진 1조에서 "천황은 일본국의 상징이자 일본 국민 통합의 상징이며 이 지위는 주권을 가진 일본 국민의 총의에 바탕을 둔다"라고 되어있는데, '상징'이 무엇을 의미하는지 확실하지 않으며, '국민의 총의'가 어떻게 확인되는지도 알 수 없고 그에 대한 설명조차 없다. 이런 천황 관련 조항은 어떻게든 천황제를 유지하고자 메이지 헌법을 급히 손보는 바람에 생겨난 것으로, 전후 헌법이 외부의 강요라기보다는 구세력과 GHQ가 타협한 산물임을 여실히 보여주고 있다.

1946년의 새해 첫날, 천황은 이른바 '인간 선언'이라고 일컬어지는 조서를 공포했다. 여기서 천황은 '현어신'이라는 개념을 '가공의 관념'으로 부정하며 천황의 지위가 '단순히 신화와 전설'에 의한 것이 아니라고 하고 있다. 그렇다면 도대체 어디에 근거가 있단 말인가. 천황은 "짐과 국민들 사이의 유대는 시종일관 상호 간 신뢰와 경애에 의해 맺어져"라고 말하며 국민과의 신뢰 관계에서 그 근거를 찾고 있다. 그것이 헌법 1조의 '국민의 총의'로 이어진다고 생각된다. 천황제는 '국민의 총의' 이외의 근거를 가지지 않은 채, 총의가 어떻게 움직이는지에 의존하고 있다는 위태로움을 내포하고 있다. 실제로 쇼와 시대의 마지막은 물론, 헤이세이 시대에 들어와서도 이른바 진보적이라고 일컬어지는 지식인 사이에서 천황제는 머지않아 사라져야 마땅한 제도로 여겨지고 있었다. 9조에 관한 '호헌파'가 천황 조항에 관해서만은 '개헌주의'라는 아이러니가 생겨나게 되었다. 이런 탓에 헌법의 근간에 관한 상징 천황의 존재 양식에 관한 논의는 거의 진전되지 못했다.

평화·경제·재군비

헌법 전문의 사상은 바야흐로 9조에 이르러 드러난다. 문제가 되는 '전쟁 포기'와 '전력 미보유' 조항이다. 이것이 일본의 무장 해제를 노린 것이라는 점은 분명하다. 실제로 냉전 구조가 형성되는 가운데 GHQ 내부에서 이미 헌법을 개정해 일본을 군사적으로 재무장시켜야 한다는 논의가 시작되었다. 하지만 모든 것을 승전국 입맛대로 강요했다고도 말할 수 없다. 2차 세계대전 후 너무나 비참한 전쟁 경험으로 인해 세계적으로 평화에 대한 희구가 절실히 요구되었다. 전쟁 직후 채택된 유네스코 헌장은 "전쟁은 인간의 마음속에서 태어난 것이기에 인간의 내면에 평화의 요새를 만들어야 한다"라고 격조 높게 부르짖었다. 이는 1차 세계대전 이후부터 점차 형성되어왔던 휴머니즘에 바탕을 둔 것이었는데, 유물론 입장에 선 마르크스주의자에게는 관념론에 불과하다는 이유로 평판이 그리 좋지 못했다.

극동군사재판 판결(1948), 샌프란시스코 강화회의(1951) 등 반대파를 제지하며 전후처리가 이어졌다. 그러는 동안 동서 냉전은 점점 심각해졌다. 중국에서는 공산당이 지배하는 중화인민공화국이 성립되었고(1949), 한국전쟁도 시작되었다(1950). 한국전쟁을 계기로 미국의 요청에 따라 경찰예비대가 창설되었고(1950), 보안대를 거쳐 자위대로 바뀌었다(1954). 이렇게 일단 재군비가 실현되었지만, 헌법 9조와의 관계 때문에 자위대의 위치를 어떻게 규정해야 할지 난감한 상황이었다. 국제법상으로는 분명 군대였지만, 국내적으로는 어디까지나 자위를 위한 조직으로 규정되어 1992년이 될 때까지 해외파병이 인정되지 못했다. 그 점을 방패 삼아 일본은 한국전쟁에도, 이후의 베트남 전쟁에도 파병하지 않은 채, 오히려 전쟁 특수를 지렛대로 삼아 경제발전을 일궈낼 수 있었다.

하지만 그로 인해 경제적으로나 군사적으로 미국에 대

한 의존을 강화했다. 샌프란시스코 평화조약 당시 체결된 미일안전보장조약에서는 미군의 주둔을 인정했다. 일본은 극동에서 미군 전개의 중요 거점이 되었다. 1960년 미일안보조약개정 당시에는 광범위한 반대운동이 분출했지만, 기시 노부스케岸信介 내각이 내각 퇴진을 조건으로 강행해 이를 통과시켰다. 이와 동시에 성립된 미일지위협정에서는 미군 병사에 대한 1차 재판권 포기 등 일본의 종속성이 확정되었다. 오키나와는 일본에 반환된(1972) 이후에도 미군 기지의 중심이 되었으며 오늘에 이르기까지 기지 문제 해결의 기미가 보이지 않는다.

이리하여 전후 체제는 표면적으로는 인류 보편의 이념을 강조하면서도 이면의 진실에서는 군사적으로나 경제적으로나 미국에 의존하며 냉전 구조하에서 서방측에 편입되는 체제가 굳혀졌다. 보수 정권이 표면적으로 내세운 논리와 이면에 감춰진 속내를 구분하면서 사용했던 것에 반해, 혁신 세력 측은 점차 호헌주의를 강화하며 헌법 9조의 평화주의를 기치로 내걸고 표면적 논리를 전면에 내밀게 되었다. 단, 혁신 세력 측이 내걸고 있는 인류 보편의 이념주의 근저에 대중들의 소박한 휴머니즘 감각이 있다는 사실을 간과해서는 안 된다.

'55년 체제'의 정착

전후 보수 체제에서 수상이 된 요시다 시게루吉田茂, 하토야마 이치로鳩山一郎, 이시바시 단잔石橋湛山 등은 태평양전쟁 이전부터 활약했던 올드 리버럴리스트였다. 반면 기시 노부스케는 전쟁 중 관료를 역임해 전후 한동안 공직에서 추방당했다가 훗날 부활한 경우였다. 농지 개혁으로 농지가 소작농에게 해방되고 미작 보호 농업 정책이 취해졌기 때문에 당초 보수 정권은 농촌을 중심으로 지반을 굳혔다. 점차 인구가 도시에 집중되면서 도시생활자가 새롭게 주목받게 되었다. 1960년 안보 투쟁 당시 국회의사당을 에워싼 데모대에 대해, 기시 노부스케는 그것이 국민의 극히 일부에 불과하므로 긴자銀座나 고라쿠엔後楽園 구장에 있는 '소리 없는 목소리'를 듣겠노라며 조약 개정을 강행했다. 여기서 '침묵하는 다수silent majority'로 표현되던 도시 지역 정치적 무관심층이 정권의 지지 기반으로 새롭게 주목되었다.

이에 대항하는 혁신파는 전쟁 직후 공산당이 합법화되었을 뿐만 아니라 도쿠다 규이치德田球一 등 투옥당하거나 망명했던 간부들이 열렬한 환영을 받으며 돌아왔기 때문에, 머지않아 혁명이 일어날 것 같은 열광적 분위기였다. 하지만 폭력혁명을 향해 거침없이 나아가는 과격함 때문에 광범위한 지지를 상실하게 되면서 결국 무장투쟁 노선을 포기하게 된다(1955). 그해 보수 합동에 의한 자유민주당이 정권을 장악했고 좌우 양파가 합동한 일본사회당이 제1야당이 되면서 이른바 '55년 체제'가 완성되었다. 이 체제는 1990년대 초까지 40년 이상 지속된다. 냉전 구조를 배경으로 '보수 대 혁신', '우익 대 좌익', '자본가 대 노동자'라는 이항대립 도식이 고정되었고 좌우의 균형에 의해 안정 상태가 유지되었다. 야당 측의 운동은 종종 공산당 계열과 사회당 계열로 분열해 대립했고 사회당 우파에서 민주사회당(민사당)이 떨어져 나가는 바람에 일부 세력을 상실하게 되었다. 결국 보수 정권의 보완 세력에 불과하게 되어 정권을 잡을 수 없었다.

　야당 측의 중심적 지지 세력은 노동조합이었다. 패전 후 노동운동은 분위기가 크게 고조되었는데 2월 1일로 예정되어있던 '2·1 총파업'이 GHQ의 명령으로 중지당하면서(1947) 차츰 진정되었다. 이후 총평(일본노동조합총평의회)이 결성되면서(1950) 사회당을 지지해 오랫동안 노동운동의 중심이 되었다. 노동운동은 노동자의 노동조건 개선과 생활 안정을 최우선의 목표로 춘투(봄 정기투쟁)의 임금투쟁에 중심을 두었다. 따라서 체제를 부정하는 성격을 가졌다고는 단정 짓기 어렵다. 특히 1960년 안보 투쟁과 시기를 같이 하면서 격렬한 투쟁을 벌였던 '미쓰이 미이케 투쟁三井三池鬪爭'이 결국 패배로 끝남으로써 급진주의가 후퇴하게 되었다.

공산당이 온건해진 이후, 폭력혁명파는 반공산당 계열의 신좌익으로 학생운동을 중심으로 세력을 강화했다. 1960년 안보투쟁 당시에는 밴드(공산주의자 동맹)가 전학련全学連을 이끌었지만 결국 패배했다. 이후 1969년을 정점으로 전공투全共鬪 운동이 고조되었지만, 내부적 폭력 사태가 반복되면서 지지기반을 잃게 되었고, 연합적군連合赤軍의 아사마浅間산장 사건(1972)으로 거의 괴멸되었다. 신좌익은 고정화된 좌익운동에서 벗어나 교조적 마르크스 해석에 대해 자유로운 시점을 도입했다. 나리타 투쟁이나 반기지 투쟁 같은 지역 운동에도 신좌익 계열의 운동가가 관련되어있었다. 정당 대립이나 폭력주의를 끌고 들어온 이런 운동들과 대조적으로, 베평련ベ平連(베트남에 평화를!시민연합)처럼 이데올로기를 배제함으로써 폭넓은 영향력을 보여준 새로운 시민운동도 시작되었다. 또한 미즈마타병水俣病 고발 운동에서는 정치운동이 되지

않은 채 공해 고발, 그 원인 규명을 위한 재판 투쟁, 피해
자 구제까지 끈질긴 운동이 계속되었다. 이런 노정 속에
서 이시무레 미치코石牟礼道子의『고해정토苦海浄土』(1969) 같
은 심오한 정신성을 갖춘 작품도 잉태되었다.

2 정치와 종교의 새로운 관계

신도지령과 정교분리

전후의 종교개혁은 GHQ의 신도지령神道指令(1945)으로
시작된다. 세부적으로 살펴보면 "국가신도, 신사신도에
대한 정부의 보증, 지원, 보전, 감독 및 홍포弘布의 폐지
에 관한 건"이라는 것이다. 오늘날 폭넓게 사용되고 있는
'국가신도'라는 단어는 이에 의해 널리 알려지게 되었다.
국가신도라는 용어는 "종파신도 혹은 교파신도와 구별
되는 신도 일파, 즉 국가신도 혹은 신사신도로 일반에게
알려진, 비종교적인 국가적 제사로 구별되는 신도 일파"
라고 정의된다. 이 신도지령은 제목 그대로 신도를 국가
로부터 분리하고자 한 것으로 "본 지령의 목적은 종교를

국가로부터 분리하고자 함에 있다"라고 명확히 언급되고 있다. 이것이 정령 정책의 중요한 핵심이 된 것은 국가신도가 전쟁 수행의 중핵적 '이데올로기'였다는 인식 때문이다.

지령을 받고 신사계는 크게 동요했다. 아시즈 우즈히 코葦津珍彦의 지도로 황전강구회皇典講究所·대일본신기회大日本神祇会·신궁봉재회神宮奉斎会 등 세 조직이 합동해서 종교 법인으로 신사본청神社本庁이 결성되었고(1946), 신사 대부분을 산하에 거느리게 되었다. 오리쿠치 시노부 등은 신도의 종교화를 적극적으로 평가했지만, 신사본청은 그 헌장(1980)에서 "제사의 진흥과 도의의 앙양"을 내걸고 "경신존황敬神尊皇의 교학"을 진흥시키는 것을 목적으로 하는 등 태평양전쟁 이전의 국가신도의 방침을 답습하고 있다.

그런데 신사지령에서는 종교와 국가의 연결을 배제하고 있는데 그 안에서도 언급되고 있는 것처럼 국가신도는 종교가 아닌 것으로 여겨졌다. 만약 그렇다면 그것을 종교로 보고 국가로부터 분리한다는 것은 모순된 표현이다. 그 근저에는 애당초 서양의 그리스도교를 모델로 한 종교개념을 일본의 신불에 적용하는 것이 적절한지에 대한 문제가 내재해있다. 쓰津시 지진제地鎭祭 소송에서는 바로 이 점이 문제가 되었다. 쓰시의 체육관 건축 당시 지진제가 신도식으로 거행된 것에 대해 공금이 지불되었는데, 이것이 정교분리에 반한다며 제소된 것이다. 최고재판소 판결에서는 종교와 관련이 있다손 치더라도 사회적 관습의 범위 안이라며 소송이 기각되었다(1977). 그러나 반대편의 소수 의견이 덧붙인 것처럼 논의의 여지가 있는 문제였다. 일본의 종교적 의례가 어디까지 근대적 종교개념과 합치되는지, 혹은 합치되지 않는지의 문제는 메이지 초기에 종교개념이 일본에 수입된 이후 시종일관 결론을 내리기 어려운 문제였다. 이는 애당초 명쾌한 결론을 내릴 수 있는 게 아니라 애매함을 남기면서도 더더욱 깊이 고민해야 할 문제라고 할 수 있다.

전후 헌법 20조의 '정교분리 조항'의 특징은 종교의 자유라기보다는 국가가 특정 종교에 관여하는 것을 엄격히 금지한다는 점에 존재한다. 그렇다고 해서 종교가 정치에 관여하는 것을 금했던 것은 아니다. 신사본청이 중심이 되어 신도 정치연맹을 결성했고(1969), 그 강령에 "신도의 정신으로 일본국 국정의 기초를 확립하고자 할 것을 기한다"라고 명기해 정치에 대한 직접적 관여를 강화했다. 신도 정치연맹 국회의원 간담회에는 자유민주당 소속을 비롯한 국회의원 다수가 참가하고 있으며 내각에도 참여해 정책 실현에 큰 영향력을 발휘하고 있다.

대중의 종교, 지식인의 종교

패전 후 공산당 등이 진출하면서 종교의 힘이 약해진 듯한 인상을 자칫 주기 쉽지만, 이는 잘못된 생각이다. 오히려 패전 후 '신들의 러시아워'라고 일컬어질 정도로 종교가 엄청난 붐을 이루었고 혼란스러운 와중에 사람들의 심적 지주가 되었다. 전쟁 직후 붐을 이루면서 주목받았던 것은 '춤추는 종교'로 평판이 자자했던 기타무라 사요北村サヨ의 덴쇼코타이진구교天照皇大神宮教나 지코손 사건을 일으켰던 지우璽宇이다. 지코손璽光尊(나가오카 나가코長岡良子)은 천황의 신성을 이어받은 성천자聖天子라 칭했으며 스모의 후타바야마双葉山, 바둑의 오청원呉清源 등도 신자가 되어 대대적으로 활동했다. 그러나가 결국 경찰이 개입되는 사건으로까지 발전했다(1947).

전후 기성불교 교단은 전쟁 협력 체제를 그대로 이어갔지만, 진종의 오타니파에서 전시 교학의 중심이었던 아케가라스 하야가 종무총장이 된 후 교단 재건을 꾀했던 것처럼(1951), 전쟁 책임 문제는 훨씬 훗날이 될 때까지 문제시되지 않았다. 그 와중에 소규모이지만 니혼잔묘호지日本山妙法寺 후지이 닛타쓰藤井日達의 비폭력평화운동이 주목을 받았던 것이 고작이었다. 오히려 신종교교단新宗教教団이 신일본종교단체연합회新日本宗教団体連合会(신종련新宗連)를 결성해 적극적인 활동을 시작했다(1951).

창가학회는 마키구치 쓰네사부로의 후계자 도다 조세이가 창가교육학회에서 이름을 바꾼 후(1946) 절복대행진折伏大行進[136]을 시작했고(1951), 그의 사후 3대 회장 이케다 다이사쿠池田大作가 이를 이어받았다(1960). 창가학회는 원래 니치렌정종의 신자 단체였지만(1991년 파문당하면서 분리), 현세 이익과 다른 종파 비판으로 신자를 획득해갔다. 지식인보다는 도시로 유입된 일반 대중에게 광범위하게 받아들여졌고, 니치렌 불법을 국제화하여 국립계단国立戒壇을 설립할 목적으로 공명당을 설립해 정계로 진입했다(1960). 이처럼 원래는 왕불명합王仏冥合, 정교일치를 지향

---

136) 당시 니치렌정종 신도단체였던 '창가학회'가 2대 회장이었던 도다 조세이의 지도하에 1951년부터 추진했던 대규모 권유 운동으로, 시작할 당시 2000~3000세대였던 신자가 6년 후에는 75만 세대로 늘어났다고 한다. 2020년 기준으로 회원 세대가 약 827만(공칭)이라고도 전해지는데 현재(2021년) 창가학회의 홈페이지에 공개된 공식자료에 의하면 세계 192개의 국가 및 지역에 회원이 존재하며 해외 회원만 280만 명에 이른다고 나와 있다.

했는데 언론출판방해사건을 일으켜 사회문제가 되는 바람에 창가학회를 기반으로 하면서도 정교분리에 바탕을 둔 세속정당으로 재출발했다(1970). 헤이세이 시대에 들어와 신도 정치연맹을 모체로 하는 자민당과 창가학회를 모체로 하는 공명당이 연립해서 정권을 담당하게 되었기 때문에(1999~2009, 2012~), 오늘날의 일본은 정교분리를 원칙으로 하면서도 종교를 기반으로 한 세력에 의해 국가가 운영되고 있는 셈이다.

전후 지식인 세계에서는 이런 대중 종교들을 경멸하면서 상대하지 않았으나, 그 대신 심대한 영향력을 가졌던 것이 우치무라 간조로 거슬러 올라가는 무교회파 그리스도교였다. 난바라 시게루南原繁, 야나이하라 다다오矢内原忠雄, 오쓰카 히사오大塚久雄 등이 대표적인데, 굳이 신자가 아니더라도 이들을 통해 개신교에 대해 공감하게 된 지식인이 적지 않았다. 특히 오쓰카를 중심으로 막스 베버의『프로테스탄티즘의 윤리와 자본주의 정신プロテスタンティズムの倫理と資本主義の精神』이 중점적으로 다뤄져 각광을 받게 되었다. 마르크스주의 유물론에 동조할 수 없는 지식인은 '프로테스탄티즘'이 서양 특유의 '근대적 합리주의 정신'을 잉태시켰다는 막스 베버의 학설에서 논거를 찾으려 했다. 이에 따라 '마르크스 vs 베버'는 전후 사회과학의 거대한 논쟁이 되었다. 오쓰카는『근대화의 인간적 기초近代化の人間的基礎』(1948)에서 막스 베버가 말하는 '주술(마술)로부터의 해방'이야말로 근대적 정신의 바탕이된다고 논하면서 종래 일본의 종교가 가진 주술성을 벗어나야 한다고 강조했다.

야스쿠니와 히로시마의 전후

야스쿠니신사는 원래 보신戊辰전쟁으로 목숨을 잃은 '관군'을 기리기 위한 쇼콘샤招魂社(1869)에서 유래하는데 나중에 야스쿠니신사靖国神社로 이름이 바뀌면서 국가를 위해 공로가 인정되는 사람들을 모시는 신사 중 하나로 정비되었다(1879). 청일전쟁, 러일전쟁 이후 전사자가 증가함에 따라 제사를 모시는 신의 숫자도 늘어났고 특히 쇼와 시대에 일어났던 대규모 전쟁으로 모시는 신의 숫자가 246만 주를 넘어서고 있다. 이처럼 매우 특이한 성격을 가진 신사이다. 메이지유신의 공신들을 기린다는 현창신적인 신사와 비슷한 구석도 있지만, 일반 병사에 대한 제사도 지내고 있어서 위령적인 요소도 갖추고 있다. 영령英靈이라는 단어가 그 중층적 성격을 드러내고

있다. 하지만 애당초 '막부군' 사
망자는 제사의 대상이 되고 있
지 않다. 즉 중세 이래의 '원친평
등怨親平等[137]' 원칙과 완전히 동
떨어져 있다. 군부가 운영에 관
여하는 군사 묘지적 성격을 띠
고 있지만, 유해나 유골을 모신
묘지가 아니라 어디까지나 그
영령을 신으로 모시고 있다는

〈그림 22〉 야스쿠니신사를
참배하는 전사자 유족들(1951년)

부분이 상이하다. 유골은 고향에 있는 사원 묘지에 매장
하는 것이 보통이라서, 결국 사망자가 이중으로 모셔지
고 있다는 말이 될 것이다. 야나기타 구니오의 『선조 이
야기先祖の話』(1946)는 종전이 다가올 무렵에 작성되었다가
전후 출판된 책이다. 이 책에서는 후손을 남기지 않은 채
젊은 나이로 세상을 떠난 전사자의 영혼은 야스쿠니에서
기려져도 누군가의 조상으로 모셔질 수 없다는 위기감이
존재했다고 언급하면서, 조상을 신으로 모시는 일본인의
신앙에 대해 논하고 있다.

　야스쿠니신사는 신도지령 후 정교분리에 의해 국가호

---

137) 적군과 아군을 평등하게 대한다는 원칙을 가리킨다.

지国家護持를 벗어나 종교법인이 되었으나 이후에도 후생성이 전몰자의 이름을 야스쿠니에 송부하는 등 국가와의 관계를 지속해갔다. 다시금 야스쿠니신사를 국가호지로 되돌리려는 야스쿠니신사 법안이 국회에 종종 제출되었는데, 결국 실현되지 못했다. A급 전범을 합사(1978)하게 되면서, 수상이나 각료의 참배는 국내만이 아니라 중국이나 한국의 비난을 받으며 종종 외교 문제가 되기도 했다. 이처럼 전후에 있어서 '정치와 종교의 관계 설정'이 얼마나 어려운지를 상징하고 있는 것이 바로 야스쿠니 문제이다.

야스쿠니신사와 대조적으로 히로시마 원폭 사상자의 위령은 종교와 무관하게 진행되고 있다. 평화기념공원의 중심에 있는 원폭사망자위령비에 사망자 명부가 담겨있는데 정식 명칭은 히로시마평화도시기념비広島平和都市記念碑로 '위령'이라는 단어가 들어가 있지 않다. 이유는 헌법 20조를 엄밀히 지켰기 때문이라고 설명되고 있다. 덕분에 히로시마는 '위령'보다는 원폭의 비극을 되풀이하지 말라는 '평화운동'의 원점으로 파악되었다. 도게 산키치峠三吉의 『원폭시집原爆詩集』(1951)의 "인간을 돌려줘"는 원자폭탄과 수소폭탄에 반대하는 운동의 슬로건으로 인구에 회자되었다. 하지만 이 평화운동도 공산당 계열의 원수협原水協과 사회당 계열의 원수금原水禁으로 결국 분열되었고(1965), 정치가 개입됨으로써 충분한 힘을 발휘할 수 없었다. 아울러 히로시마와 대조적으로, 똑같이 피폭지라도 나가사키의 경우 우라카미천주당浦上天主堂을 중심으로 한 지역이 피해를 받았기 때문에 가톨릭을 중심으로 한 그리스도교가 부흥이나 평화운동의 중심이 되었다. 나가이 다카시永井隆의 『나가사키의 종長崎の鐘』(1949)이 베스트셀러가 되는 등 히로시마와는 다른 전개를 보여주었다.

3 지식인에서 대중문화로

전후 지식인의 다양한 모습

전쟁 직후에는 해방된 마르크스주의 계열의 정치가나 사상가가 영향력이 컸던 한편 전쟁이 시작되기 전, 자유주의적 입장에서 전쟁에 대해 회의적이었던 이른바 '올드 리버럴리스트' 계열의 정치가나 사상가들이 활발한 활동을 전개했다. 사상계에서는 쓰다 소키치, 와쓰지 데쓰로, 스즈키 다이세쓰 등이 천황제를 유지하면서 반공적, 보수적인 자유주의 태도를 보였다. 처음엔 이와나미 서점의 잡지《세카이世界》를 기반으로 했지만(1945) 그 보수주의가 신선미를 가지지 않는다는 것에 실망해 잡지《고코로心》로 옮겨갔다(1948).

이를 대신해 전후 사상계의 중심에 인상적으로 등장했던 인물이 바로 마루야마 마사오였다. 《세카이》에 발표된 데뷔작 「초국가주의의 논리와 심리超国家主義の論理と心理」(1946)는 일본의 초국가주의의 특징을 공사를 분리하지 못하는 점에서 포착해 예리하게 분석한 것이었다. 서양 정치사를 베이스에 두면서도 마르크스주의나 올드 리버럴리스트와 완전히 차별화된 논점이었다. 태평양전쟁 이전의 체제를 탁월한 시각으로 해명했던 부분에 공감이 모아졌다. 오쓰카 히사오의 경우 오로지 서양 경제사에서 근거를 찾았던 반면, 마루야마의 논점은『일본 정치 사상사 연구』(1952)에서 엿볼 수 있는 것처럼 일본 근세 이후의 사상사 흐름을 파악하면서도 동시대까지 포착할 수 있었다는 점에 큰 특징이 있었다. 그 근본은 오규 소라이를 통해 자연의 질서와 상이한 '작위의 논리'가 성립했다는 사실을 발견한 대목을 통해서도 알려진 것처럼, 명확한 책임이 있는 개인이 바탕이 되어 사회와 국가의 질서를 만들어야 한다는 부분에 있었다. 이 점은『일본의 사상日本の思想』(1961)에서 '이다である'에 반해 '하다する'라는 것을 중시한 부분에서 알기 쉽게 논해지고 있다.

마루야마가 어디까지나 아카데믹한 장에 기반을 둔 채 지식인으로서의 긍지를 유지했던 것에 반해, 이와 다른 타입의 지식인으로 쓰루미 슌스케鶴見俊輔가 있다. 쓰루미는 미국과 일본이 전쟁을 시작하던 와중에 하버드 대학을 졸업한 후 일본으로 귀국했다. 귀국 후 미국의 실용주의pragmatism를 가장 먼저 도입해『미국 철학アメリカ哲学』(1950)으로 본격적으로 데뷔했다. 일본의 대미 종속에 시종일관 반대하는 동시에 교조주의적 마르크스주의도 채택하지 않았고, 그런가 하면 아카데미즘에도 갇혀 있지 않은 채 대중문화와의 접점을 끊임없이 찾아가려고 했다. 마루야마도 동인으로 맞이해 누나인 쓰루미 가즈코鶴見和子 등과 잡지《사상의 과학思想の科学》을 창간했고(1946), 공동연구『전향転向』(1962)으로 높은 평가를 받았다. 오다 마코토小田実 등과 베평련(베트남에 평화를!시민연합)을 결성하거나(1965),『한계예술론限界芸術論』(1967)에서 만

화 등을 포함한 대중문화를 평가하는 등, 아카데미즘의 경직화를 부정하며 직접 행동하는 지식인으로 일본 사회에 계속해서 신선한 문제를 제기했다.

전후 지식인 중에는 마루야마 문하의 후지타 쇼조藤田省三나 하시카와 분조橋川文三, 독자적인 아시아주의자 다케우치 요시미竹内好, 교토대학京都大學 인문과학연구소人文科学研究所의 공동연구를 주도한 구와바라 다케오桑原武夫, 마르크스주의의 주체성을 제기한 우메모토 가쓰미梅本克己, 서양 문화에 대한 소양을 갖춘 가토 슈이치加藤周一, 사회학자 시미즈 이쿠타로清水幾太郎 등이 널리 알려져 있다. 보수 계열은 열세였지만 부활한 교토학파의 고사카 마사아키 외에도 고이즈미 신조小泉信三, 후쿠다 쓰네아리福田恆存 등이 활약했고 《분게이슌주文藝春秋》가 그 거점이 되었다. 아울러 미국 측 시점에서 루스 베네딕트Ruth Benedict의 『국화와 칼菊と刀』(1946, 일본어 번역 1948)이 큰 반향을 불러일으켜 서양의 '죄의식 문화'에 대한 일본의 '부끄러움의 문화'라는 규정은 이후 활발해진 일본론의 효시가 되었다.

지식인의 종언

1960년 안보투쟁은 전후 지식인이 집결해 학생운동, 대중운동과 연결되면서 분위기가 고조되었다. 특히 신진 문학자들의 모임인 '젊은 일본의 모임若い日本の会'이 주목을 끌었다. 오에 겐자부로大江健三郎, 이시하라 신타로石原慎太郎, 에토 준江藤淳, 데라야마 슈지寺山修司, 다니카와 슌타로谷川俊太郎 등 청년 작가나 평론가들이 집결했다. 그들은 특정한 정치적 입장에 선다기보다는 오히려 구세대에 대한 신세대의 어필이라는 측면을 강하게 지니고 있었다. 실제로 이후 좌익적 입장을 견지했던 오에 겐자부로와 대조적으로 이시하라나 에토는 보수적 경향을 강화시켜 미시마 유키오三島由紀夫 등과 함께 우파 문화인의 중핵으로 활약했다.

1960년 안보투쟁의 패배는 그때까지 논단을 이끌어왔던 전후 진보파 지식인의 한계를 드러냈고 그 영향력도 낮아졌다. 전후 부흥에서 고도 경제성장으로 바뀌면서 "더 이상 전후가 아니다"(『경제백서経済白書』, 1956)라든가 '쇼와 겐로쿠昭和元禄'(1964)라는 표현이 회자되었다. 그런 와중에 대학의 아카데미즘 세계도 크게 변용되었다. 태평양전쟁 이전에는 3년제 구제고등학교旧制高等学校를 거쳐

대학도 3년제였으며 아홉 개의 제국대학이 중심이 된 '소수 엘리트 교육'에 의해 '국가나 학계의 지도자 양성'을 목적으로 했다. 학생들은 고등학교 과정에서 교양을 익히고 인격을 수양한 후 대학에서의 전문교육에 의해 엘리트 지도자로 성장해

〈그림 23〉 전공투운동
(도쿄 야스다安田강당 앞, 1968년 6월)

갔다. 그러나 전후의 교육제도는 학교교육법(1947)으로 6·3·3·4년제가 채택되었고 구제고등학교가 했던 역할은 대학 교양과정에 맡겨졌다. 제국대학 이외에 각지의 사범학교나 전문학교가 국립대학이 되었고, 다수의 사립대학도 설립되었다. 이 때문에 1970년대 남성의 대학 진학률은 30퍼센트대에 이르러 에키벤대학駅弁大学이라는 야유를 받게 되면서 순식간에 '대학의 대중화'가 진전을 보였다. 구제고등학교 이래 지속되던 '인격 형성'과 일체화한 '교양이념'은 무너졌고, 그런 이념 아래 지적 총합의 레벨에서 거시적인 안목을 지니고 발언할 수 있는 '지식인'이라는 장르도 사라졌다. 그것은 마치 문학의 세계에서 가와바타 야스나리나 미시마 유키오 이후 '문호'라는

말이 사라지게 된 것과 궤도를 같이한다. 대학은 특정 전문지식이나 기술을 익힌 테크노크라트technocrat 양성이 목적이 되었다.

마침 그 거대한 전환기를 이루었던 1960년대 후반, 전공투 운동이 활발해졌다. 1960년 안보투쟁이 학생운동을 하나의 핵으로 하면서도 '대중적 정치운동'이었던 것과 대조적으로, 전공투 운동은 1970년 안보개정 반대운동과 관련이 있으면서도 기본적으로는 대학개혁을 지향하는 '학내 운동'이라는 양상을 보였다. 가장 격렬한 운동이 일어났던 것이 구제국대학 계열을 대표하는 도쿄대학과 대중대학의 대표격이라고 할 만한 니혼대학日本大学이었다는 사실은 매우 상징적이었다. 아울러 전후 지식인의 대표격인 마루야마 마사오가 전공투에서 집중포화를 받았던 것은 시대적 전환을 여실히 드러내고 있다.

마루야마를 대신해 전공투 세대에게 카리스마적 인기를 누렸던 인물이 바로 요시모토 다카아키吉本隆明였다. 요시모토는 좌익운동 안에서 출발하면서도 마르크스주의의 교조화를 부정하는 한편, 마루야마 등 지식인도 비판했을 뿐만 아니라 대학 직책도 바라지 않은 채 자립된 사상 형성을 지향해 학생들에게 공감을 얻었다. 『공동환

상론共同幻想論』(1968)에서는 국가를 허구로서의 공동환상으로 보고 그것이 소규모 공동체에서 국가로 형성되는 여러 양상을 민속학적 이론을 활용해 전개해나갔다.

여성참정권에서 페미니즘으로

전후 주요한 사상 전개는 여전히 남성이 중심이 되었다. 하지만 전쟁 직후 여성참정권이 인정된 결과, 최초의 중의원 의원선거(1946)에서 여성의원 서른아홉 명이 탄생하면서 여성의 진출을 인상 깊이 각인시켰다. 헌법 14조는 모든 국민이 법에 따라 평등하다는 사실을 주창하며 성별을 포함한 모든 차별을 금지했다. 구체적으로 중요한 의미를 지녔던 것은 민법의 개정(1947)이었다. 민법 개정으로 태평양전쟁 이전의 가독권이 모두 폐지되었고 그로 인해 이에家 제도는 붕괴되었다. 상속 대상은 가독이 아니라 재산뿐이었으며 심지어 남녀 불문하고 균등하게 분배 상속된다. 이리하여 일단 법적 측면에서 태평양전쟁 이전의 가부장제는 붕괴되었다. 교육 면에서도 교육기본법으로 남녀 모두가 원칙적으로 똑같이 배울 수 있게 되었으며 전쟁 이전에는 일부에게만 한정되었던 여성의 대학 진학도 일반적이 되었다. 물론 과거의 여자사범학교나 여자전문학교가 여자대학으로 바뀌었기 때문에 남녀 공학의 이념이 반드시 실현되었다고는 할 수 없었다.

이처럼 위에서부터의 여성 해방이 이루어졌기 때문에 "전후 질겨진 것은 여성과 양말뿐"이라는 야유를 받으며 남성 우위 의식은 오래도록 변하지 않았다. 1960년대에는 종래의 농촌형 대가족을 대신해 도회지 샐러리맨의 핵가족이 표준적 가정이 되었다. 농촌형 대가족에서는 여성도 중요한 노동력이었다. 전쟁 직후에는 여성이 일하지 않으면 경제적으로 성립할 수 없었으나 도회형 핵가족에서는 대도시 교외 단지에서 생활하며 남편은 회사로 출근하고 아내는 전업주부로 가사와 육아를 담당한다는 분업이 가장 표준적인 형태가 되었다. TV·세탁기·냉장고 등 '삼종의 신기'의 보급으로 가사 노동이 경감되어 전업주부 혼자서 가능해졌다. 이처럼 태평양전쟁 이전의 가부장적인 체제나 의식은 변했지만, 남성 우위의 분업 체제는 여전했다.

남성 우위는 1970년을 전후로 한 전공투나 신좌익에서도 마찬가지였다. 이런 와중에 이에 대해 의문을 품은 여성들에 의해 우먼 리브 운동이 발생되었다. 이 운동은 동시대 해외에서 받은 자극의 결과로 시작되었다. 최초의 기수 다나카 미쓰田中美津의 '변소에서의 해방'(1970)을 구호로 여자는 남자의 변소가 아니라며 여성 스스로 자립적인 삶을 촉구했다. 하지만 발생 당시엔 일부 여성들만의 과격한 돌출행동으로 여겨지며 사회적으로 널리 침투할 수 없었다.

1970년대의 우먼 리브 운동을 이어받아 1980년대의 페미니즘 운동을 주도한 사람은 우에노 지즈코上野千鶴子였다. 1980년대는 신좌익 운동도 수습되었고 소수의 가벼운 뉴아카데미즘 사상이 선호되어 사상계는 침체기를 맞이하고 있었다. 그런 와중에 우에노 지즈코는 성적인 어휘를 서슴없이 사용한 자극적이고 도발적인 글로 물의를 일으키면서도 남성 우위 사회 안에 비수를 꽂았다. 1970년대부터 '1억 총중류'라고 일컬어지는 시대 속에서 어느 정도 경제적으로 안정된 계층에 있던 여성들의 불만이나 문제의식을 담아내며 그녀들의 공감을 불러일으켰다. 이론적으로 주요 저서인『가부장제와 자본주의家父長制と資本制』(1990)에서는 마르크스주의 페미니즘의 입장에서 가부장제와 자본주의 제도라는 두 가지 원리가 뒤섞인 일본의 근대를 읽어내며 신선한 문제 제기를 시도

했다.

　남녀고용기회균등법의 성립(1985) 등으로 여성의 노동 환경은 일단 법적으로 정리가 되었지만 헤이세이를 지나 레이와슈和 시대가 된 오늘에도 여전히 여성을 둘러싼 다양한 문제는 해결의 기미를 보이지 않고 있다. 또한 LGBT라고 일컬어지는 성적 마이너리티 문제가 새롭게 주목받게 되면서 젠더 문제는 오늘날 더더욱 거대해지고 있다.

맺음말

상징 천황이라는 이야기

연호가 바뀌었다고 거대한 시대적 전환이 과연 가능할 지는 모르겠지만, 쇼와 천황의 죽음(1989)에 의해 쇼와에 서 헤이세이로 바뀐 것은 일본인의 의식에도 상당히 거 대한 각인을 남겼다. 여태까지 애써 논의를 피하며 마치 언젠가 '자연 소멸'에 이를 것처럼 생각되던 천황제가 새 삼 묵직한 문제로 드러나면서, 헌법에 규정된 상징 천황 이 과연 무엇을 의미하는지를 깊이 고민해야 할 상황에 놓이게 되었다.

아마도 그것을 가장 심각하게 받아들였던 것은 새롭게 즉위한 천황 자신이었을 것이다. 즉위 중 쇼와 시대에 전 쟁이 일어났던 격전지를 순례하듯 돌며 위령 여행을 계 속했고, 또한 대재해가 발생하면 피해자를 격려하고자 몸소 그곳으로 행했다. 이는 헌법에 규정된 국사 행위를 벗어난 것이었지만, 천황 스스로 '상징으로서의 책무'로 인식하고 있었다. 이것은 마치 쇼와 천황이 가까스로 면했던 전쟁 책임에 대한 속죄의 여행 같은 것이었다. 이런 여행은 국사 행위의 범주를 벗어난 것이었기 때문에 사적 행위였다고 말할 수 있을까. 그리 말할 수는 없을 것이다. 국사 행위도 아니었으며 그렇다고 사적 행위도 아닌 '공적 행동'이 '상징'의 내실이 되면서, 거기에 '국민의 총의'가 형성된다는 암묵의 규칙이 만들어지게 되었다. 이리하여 상징 천황이 무엇인가에 대해 천황 측으로부터는 적극적으로 방안이 제시되었다고 할 수 있지만, 그것을 받아들이고 논의해갈 토양은 결코 충분했다고 말할 수 없다.

그와 함께 천황의 자리가 다음 천황으로 바뀔 때, 그것과 관련된 다양한 의례가 재인식되면서 주목받는 계기가 된다. 특히 즉위하는 해에 행해지는 다이조사이大嘗祭는 천황의 전통에서 가장 중요한 의식으로 간주한다. 물론 국사 행위에는 포함되지 않는데, 그렇다면 과연 순연한 사적 행위라고 할 수 있을까. 그렇다고도 말할 수 없을 것이다. 천황의 일상은 다양한 궁중 제사를 핵으로 성립된다. 그런 것들 대부분이 메이지 시대 이후 재구축된 것이지만 원래 의례의 계승은 대전통 이후로 천황의 가장 중심적인 직무였다. 그런 것들을 국민 측에서 어떻게 받아들여야 할지도 여태껏 논의된 적이 없는 상태이다.

퇴위 문제에 관해서도 천황 스스로 자발적으로 제기할 때까지 논의된 바 없었다. 그런 모든 것들을 포함해 상징 천황의 논의는 이제 막 논의가 시작된 걸음마 단계이다. 천황은 헌법상 정치적 행위가 금지된 상태이다. 하지만 천황을 둘러싼 논의 대부분은 정치적 입장과 이어지기 쉽고 아울러 거대한 궁중 행사는 정부의 정치적 선전과 이어질 가능성이 있다. 그런 모든 것들을 뛰어넘어 어떻게 유효한 논의가 가능할 수 있는지가 향후의 과제라고 할 수 있다.

냉전과 '55년 체제'의 종결

'쇼와의 마지막'이란 것은 당연히 일본 국내에 한정된 일이긴 했지만, 전혀 예기치 못하게 세계적인 대변동과 때를 같이 하게 되었다. 바로 냉전의 종결이었다. 헤이세이가 시작된 바로 그해(1989), 베를린 장벽이 무너졌고 다음 해에는 동서 독일이 통일되었다. 동시에 동유럽 공산당 정권이 연이어 붕괴되었고 마침내 1991년, 소비에트 연방이 해체되어 러시아 연방이 되면서 옐친이 최초의 대통령이 되었다. 중국, 북한, 쿠바 등 소수의 국가만이 사회주의 체제를 남기고 있지만, 종래의 동서 대립은 사라졌으며 냉전도 종결되었다.

냉전의 종결은 프란시스 후쿠야마Francis Fukuyama에 의해 '역사의 종말'이라고 칭해졌는데 그렇다고 결코 바람직한 상태가 된 것은 아니었다. 오히려 그때까지는 동서 대립으로 상호 견제하고 긴장 상태 안에서 평화가 유지되었는데, 대항 축이 무너짐으로써 세계 각지에서 제어하기 어려운 분쟁이 발발하게 되었다. 이미 1991년에는 전년의 이라크에 의한 쿠웨이트 침공에 대항해 미국을 중심으로 한 다국적군이 이라크를 공격해 걸프전이 발발했다. 걸프전이 종결된 후에도 중동의 긴장은 이어졌다. 9·11 동시다발 테러 사건(2001) 충격을 계기로 증오의 연쇄가 더더욱 증폭해 이라크 전쟁(2003)에 이르렀다. 일시적인 '아랍의 봄'(2010~2012)에 희망을 품었던 적도 있었지만, 이슬람 과격파 활동이 활발해지는 등 거의 수습이 불가능한 상태가 지속되고 있다.

새뮤얼 헌팅턴Samuel Phillips Huntington의 『문명의 충돌』(1996)은 냉전 이후의 세계구조를 일곱 혹은 여덟 문명권

사이의 상호충돌로 파악하는 이론을 제시했다. 하지만 실제로는 그런 거대한 블록이 제대로 뭉쳐질 리도 없거니와, 블록 내에서조차 치열한 접전이 계속되어 거의 이념이 부재한 투쟁 상태에 빠져들고 있다. 미국이라는 단일 국가의 독주에 대해, 새롭게 아시아를 중심으로 중국이 세력을 확장하며 제어 불가능한 패권주의가 횡행해지게 되었다.

냉전의 종결은 일본 국내의 정치 상황에도 즉각 영향을 미쳤다. 정권 여당인 보수 계열의 자유민주당과 그에 대항하는 야당의 일본사회당이 서로 대립하며 안정을 구축해갔던 '55년 체제'는 냉전의 종결과 거품경제 붕괴의 영향으로 크게 흔들렸다. 1993년에는 일본신당의 호소카와 모리히로細川護熙를 수반으로 비자민연합정권이 탄생해 자민당은 난생처음 하야하는 사태에 이른다. 이로써 '55년 체제'는 완전히 종결되었다. 이후에도 정당의 이합집산에 의해 정치적으로 불안정한 상태가 이어졌지만 1999년 공명당이 자민당과 연립하게 되면서부터는, 일시적으로 민주당이 정권을 잡았던 시기(2009~2012)를 제외하고는, 자민당과 공명당 연립 정권이 점차 안정감을 증대시키며 아베 신조安倍晋三 수상에 의한 장기 정권(2012~)

이 이어지고 있다.[138]

이상의 소멸

　사상사적으로 보면 냉전과 '55년 체제'의 종결은 20세기 내내 세계를 주도해왔던 마르크스주의의 패배라는 점에서 큰 의미가 있다. 마르크스주의는 카를 마르크스와 맹우 프리드리히 엥겔스의 사상에 바탕을 두면서도 러시아혁명을 지도한 레닌의 사상을 가미해 마르크스 레닌주의로 확립되었다. 이는 과학적 사회주의를 표방한다. 근대 서양 사상의 발전 위에서, 합리주의적 유물론 철학의 기반 위에서, 역사도 과학적으로 해명된다고 생각했다. 즉 원시공산제에서 고대 노예제·중세봉건제·근대 자본제로 발전했고 그를 넘어서면 이상적 사회주의사회가 실현된다는 것이다. 현실 속에 존재하는 사회주의국가가 반드시 이상적이라고 말할 수 없는 이유는 아직 '혁명의 도상'에 있기 때문이라고 설명되었다.

　특정 사상에 바탕을 두고 다수의 국가가 존립했던 것

---

138) 2006년에 수립된 1차 아베 정권은 1년 만에 무너졌지만, 5년 후인 2012년부터 시작된 2차 아베 정권은 2020년 8월까지 이어져 아베는 일본 역사상 최장 임기의 내각 총리대신이라는 기록을 남겼다. 총리직에서 물러난 이후에도 그는 자민당 최대 파벌을 이끌며 막후에서 권력을 행사했으나 2022년 7월 8일 참의원 선거 유세 중 총격을 당해 사망했다.

은 근대 세속 국가 출현 이후 한 번도 없었던 일이었다. 그런 점에서 장대한 실험이었으나 자본가의 착취에서 해방되어 크게 발전할 것으로 예상되었던 경제는 오히려 정체되었고, 정치적으로도 개인의 자유가 용인되지 않는 강권적인 전체주의 체제에 불과했다. 결국 체제적으로 한계에 도달해 붕괴에 이르게 되었다.

이런 사실은 국제정치상의 균형 붕괴에 그치지 않고 사상적으로도 엄청난 의미를 지니게 되었다. 마르크스주의는 전후의 철학·경제학·역사학 등의 분야에서 거의 주류라고 해도 좋을 정도의 힘을 가지고 있었다. 엄격한 마르크스주의자가 아니더라도, 혹은 마르크스주의의 비판자더라도 어떤 형태로든 마르크스주의를 곁눈질하면서 부분적으로 섭취하거나 수정해서 활용하는 경우가 종종 있었다. 거시적 시점에서 과거 역사를 포착하거나 미래에 대한 전망을 제시하고자 한다면 마르크스주의는 매우 적합한 이론이었다. 어쨌거나 미래에 이상사회를 그려내 그곳을 향해 노력한다는 것은 우리들의 행위에 희망과 목표를 제시해준다. 지금 사회주의를 표방하는 특정 국가가 엉망이라고 해도 목표 그 자체가 잘못된 것은 아니다. 말하자면 산에 올라가긴 해야 하는데 길을 잠깐 잘못 들어서 잠시 막막해졌을 뿐, 다른 루트를 찾아가면 되기 때문에 등산 자체를 포기할 필요는 없다는 말이다.

그런데 마르크스주의를 채용한 거의 모든 나라가 모조리 실패했다는 말은 어떤 루트를 택해도 목표로 삼고 있는 산에 오르는 것이 곤란하다는 사실을 의미한다. 어쩌면 거기에 산이 있었다는 사실 자체가 착각이었을지도 모른다. 모든 사람이 자유롭고 평등하고 평화롭고 만족할 수 있는 사회 따위는 어차피 실현 불가능한 유토피아에 불과하기에 꿈을 꾼 사람이 오히려 어리석다는 말이 될 것이다. 나아가 마르크스주의만이 아니라 그 근본인 근대적 진보주의 전체가 의문시된다는 의미이다. 세상의 온갖 나라들이 평화를 지향해 국제연합에 모여들었던 열기는 이미 과거의 것이 되어가고 있다. "인간의 내면에 평화의 요새를 만들어야 한다"라는 유네스코 헌장의 이상도 거의 잊히고 말았다. 1990년대 이후 그야말로 이상과 희망과 전망을 상실한 시대로 빠져들고 있다.

세계 전체가 협력하며 지향해야 할 방향성을 잃어버린 오늘, 아마도 앞으로는 모든 나라의 자국중심주의가 강해지며 약육강식의 패권주의나 이민족·약자·소수자를 배척하려는 동향이 더더욱 현저해질 것이다. 일본 역시 예외는 아니다. 그런 상황에서 자기중심적인 자존주의에 매몰되지 말고 냉정하게 자국의 과거 사상을 돌아보고 현재 상황을 적확하게 인식하는 것이야말로 진정한 미래를 열어가는 길이지 않을까.

재해·테러와 대량참사

헤이세이 시대에 들어와 또 하나 현저한 사실은 재해나 테러 행위로 일거에 많은 사람이 사망하는 대량참사가 잇달아 발생하고 있다는 점이다. 물론 대량참사의 가장 큰 원인은 전쟁이다. 앞장에서 살펴본 것처럼 쇼와 시대의 전쟁 사망자의 문제는 여태껏 해결되지 않은 상태이다. 하지만 전후에는 죽은 자들에 대한 위령보다는 일단 부흥이 급선무였기 때문에 사망자 문제는 자칫 그 그늘에 가려지기에 십상이었다. 반면 발전이 어느 정도 일단락된 이후, 헤이세이에 들어온 이후의 대량참사 문제는 전쟁 시기도 아닌 평상시였던 만큼 더더욱 큰 충격을 주었다.

첫 번째 사건은 1995년의 한신阪神·아와지淡路 대지진이었다. 그 충격이 채 가시기도 전에 이번엔 도쿄에서 옴진리교에 의한 지하철 사린 사건이 발생했다. 한신·아와지 대지진에서는 6,000명이 넘는 사망자가 나왔다. 엄청난 규모의 재해였지만 가장 피해가 극심했던 곳이 고베라는 대도시였기 때문에 그나마 교통이 편리해서 순식간에 수많은 자원봉사자가 달려와 구조나 부흥에 힘을 보태주었다. 이는 이후의 자원봉사활동의 모델 케이스가 되었다. 또한 가까운 혈육이 바로 자신의 눈앞에서 목숨을 잃는 것을 보고도 아무것도 할 수 없었던 유족들의 PTSD(심적 외상후 스트레스 장애)가 심각한 사회문제가 되어 정신과 의사들이 대응에 임했다.

옴 진리교는 교조 아사하라 쇼코麻原彰晃(마쓰모토 지즈오松本智津夫)가 1980년대에 일으킨 새로운 종교 교단 중 하나였다. 이런 새로운 종교는 신신종교新新宗教라고도 일컬어지며 1970년대부터 학생들이나 청년층을 중심으로 퍼져갔던 영성주의(심령주의, spiritualism) 계보를 이어받고 있다. 종종 오컬트를 연상시키는 초능력이 매력적으로 여겨졌다. 그중에서도 가장 활발한 활동을 벌였던 옴 진리교에는 열렬한 신자로 고학력 청년들이 모여들었다. 그러나 차츰 과격해지면서 살인조차 서슴지 않게 되었으며 마침내 도쿄 지하철에 맹독성의 사린을 살포해 열세 명의 사망자를 내는 사건을 일으켰다(1995). 이것은 정치 테러를 대신한 종교적 테러로 어떤 의미에서는 미국의 동시다발 테러인 9·11(2001)로도 이어지는 측면을 지니고 있었다.

2011년 3월 11일 동일본 대지진은 지진에 동반된 쓰나미, 또 후쿠시마 원자력 발전소 사고가 겹쳐져 역사상 미증유의 대재해가 되었다. 지역적으로도 교통이 불편한 과소지역(거주 인구의 감소에 따른 인구 희박 지역-역주)이 포함되어있어서 구조나 부흥이 매우 어려웠다. 그 가운데 사망자 매장이나 공양이라는 문제가 중요한 과제가 되었으며 종교·문학·사상과도 관련된 심각한 문제를 일으켰다. 원자력 발전소의 폐연료봉 문제와 맞물려 지금까지도 여전히 해결되지 않은 채 많은 문제가 남겨진 상태이다.

이렇게 살펴보면 헤이세이 시대는 차츰 어려움이 심화된 시대로 파악될 것이다. 국내 평화는 유지되었지만, 전후 '소전통'의 정점을 지나 저출산 고령화나 지구환경의 악화 등의 문제까지 포함해, 근대에 해결을 미뤄왔던 것들에 대해 대가를 치러야 할 상황으로 내몰리고 있다. 하지만 레이와 시대가 되었다고 당장 해결될 것이라고는 생각되지 않는다. 그 정도의 단기적이고 임시변통의 어설픈 대응이 아니라 좀 더 긴 호흡으로, 일본인이 어

떤 사상을 구축해
왔는지를 되돌아
보고 이후 우리가
어떻게 살아야 할
지를 성찰하며 방
법을 구축해갈 필
요가 있다.

〈그림 24〉
후쿠시마福島 제1원자력 발전소(2011년 3월)

사상은 결코 단순하게 진보하지 않는다. 언뜻 보기에 근대적 합리화 과정에서 사라져 버린 것처럼 보였던 죽음의 문제도 다시금 중세를 출발점으로 재검토해본다면 실은 근대 이후에도 신장제神葬祭에서 야스쿠니까지 중요한 흐름을 이루고 있었다는 사실을 알게 될 것이다. 동일본 대지진에서 목숨을 잃은 사람들의 문제도 이런 거시적인 사상적 흐름을 전제로 생각해나가야 한다.

언뜻 보기에 멀리 돌아가는 것처럼 보이지만 이렇게 과거를 하나씩 꼼꼼히 파고들어 가 확인해가는 작업이야말로 지금 당장 진정으로 요구되는 일이다. 과거에 대한 철저한 고찰을 통해 자칫 한계에 다다른 것처럼 보이는 현대의 어려운 상황 속에서 이번에야말로 새로운 미래를 향한 희망과 전망이 반드시 펼쳐질 것이다.

참고문헌

원전

- 『일본사상대계日本思想大系』 전67권, 이와나미쇼텐岩波書店, 1970~1982
- 『일본의 사상日本の思想』 전20권, 지쿠마쇼보筑摩書房, 1968~1972
- 『일본의 명저日本の名著』 전50권, 주오코론샤中央公論社, 1969~1982
- 『일본근대사상대계日本近代思想大系』 전23권 및 별권1권, 이와나미쇼텐, 1988~1992
- 『근대일본사상대계近代日本思想大系』 전36권, 지쿠마쇼보, 1975~1990
- 『현대일본사상대계現代日本思想大系』 전35권, 지쿠마쇼보, 1963~1968
- 『리딩스 전후 일본의 사상 수맥リーディングス戦後日本の思想水脈』 전8권, 이와나미쇼텐, 2016~2017

개설

- 이시다 이치로石田一良 편, 『일본 사상사 개론日本思想史概論』, 요시카와코분칸吉川弘文館, 1963
- 이시다 이치로 편, 『사상사思想史』(체계일본사총서体系日本史叢書) 전2권, 야마카와슛판샤山川出版社 1976, 2001
- 이마이 준今井淳·오자와 도미오小澤富夫 편, 『일본 사상 논쟁사日本思想論争史』, 페리칸샤ぺりかん社, 1979
- 가루베 다다시苅部直, 『일본 사상사로의 길 안내日本思想史への道案内』, NTT슛판NTT出版, 2017
- 가루베 다다시, 『일본 사상사 명저30日本思想史の名著30』, 지쿠마신서ちくま新書, 2018
- 가루베 다다시·가타오카 류片岡龍 편, 『일본 사상사 핸드북日本思想史ハンドブック』, 신쇼칸新書館, 2008
- 가루베 다다시 외 편, 『일본 사상사 강좌日本思想史講座』, 전5권, 페리칸샤,

2012~2015

- 가루베 다다시 외 편, 『이와나미강좌 일본의 사상岩波講座日本の思想』, 전8권, 이와나미쇼텐, 2013~2014
- 고야스 노부쿠니子安宣邦 편, 『일본 사상사日本思想史』(북가이드시리즈 기본30책ブックガイドシリーズ基本の30冊), 진분쇼인人文書院, 2011
- 사토 히로오佐藤弘夫 편집대표, 『개설 일본 사상사概説日本思想史』, 미네르바쇼보ミネルヴァ書房, 2005
- 시미즈 마사유키清水正之, 『일본 사상 전사日本思想全史』, 지쿠마신서, 2014
- 스에키 후미히코末木文美士, 『일본의 사상을 읽다日本の思想をよむ』, 가토카와쇼텐角川書店, 2016
- 후루카와 뎃시古川哲史·이시다 이치로 편, 『일본 사상사 강좌日本思想史講座』 전8권 및 별권 2권, 유잔카쿠雄山閣出版, 1975~1978

사전辞典·사전事典
- 이시게 다다시石毛忠 외 편, 『일본 사상사 사전日本思想史辞典』, 야마카와쇼판샤, 2009
- 이시다 이치로·이시다 다다시 편, 『일본 사상사 사전日本思想史事典』, 도쿄도쇼판東京堂出版, 2013
- 고야스 노부쿠니 감수, 『일본 사상사 사전日本思想史辞典』, 페리칸샤, 2001
- 일본 사상사학회日本思想史学会 편, 『일본 사상사 사전日本思想史事典』, 마루젠丸善, 2020

특정 분야·관련 분야에 관한 것
※최근의 문고본이나 신서를 중심으로 최대한 광범위하게 다룬 일본어 논저를 제시한다. 원칙적으로 부제는 생략했다. 본문 중에서 거론한 책은 생략했다. 동일 저자의 것은 두 권까지 수록했다. 상세한 목록으로 『일본 사상사 강좌』(페리칸샤) 제5권에 수록된 「일본 사상사 관계 문헌 일람日本思想史関係文献一覧」이 있다.

- 아시즈 우즈히코葦津珍彦, 『신판 국가신도란 무엇이었나新版国家神道とは何だったのか』, 진자신포샤神社新報社, 2006

- 아베 야스로阿部泰郎,『중세일본의 세계관中世日本の世界像』, 나고야다이가쿠슛판카이名古屋大学出版会, 2018
- 아미노 요시히코網野善彦,『일본 사회의 역사日本社会の歴史』 전3권, 이와나미신서岩波新書, 1997
- 이에나가 사부로家永三郎,『일본 도덕 사상사日本道徳思想史』, 이와나미전서컬렉션岩波全書コレクション, 2007
- 이시이 고세이石井公成,『동아시아 불교사東アジア仏教史』, 이와나미신서, 2019
- 이시카와 구미코石川公彌子,『〈연약함〉과 〈저항〉의 극대국학〈弱さ〉と〈抵抗〉の近代国学』, 고단샤선서메티에講談社選書メチエ, 2009
- 이토 사토시伊藤聡,『신도란 무엇인가神道とは何か』, 주코신서中公新書, 2012
- 이마타니 아키라今谷明,『무로마치의 왕권室町の王権』, 주코신서, 1990
- 이로카와 다이키치色川大吉,『메이지 정신사明治精神史』 전2권, 이와나미현대문고岩波現代文庫, 2008
- 우에무라 가즈히데植村和秀,『쇼와의 사상昭和の思想』, 고단샤선서메티에, 2010
- 오쿠와 히토시大桑斉,『사단의 사상寺檀の思想』, 교이쿠샤역사신서教育社歴史新書, 1979
- 오스미 가즈오大隅和雄 외,『일본 사상사의 가능성日本思想史の可能性』, 헤이본샤平凡社, 2019
- 오타니 에이치大谷栄一 외 편저,『일본 종교사의 키워드日本宗教史のキーワード』, 게이오기주쿠다이가쿠슛판카이慶應義塾大学出版会, 2018
- 오쓰 도루大津透 외,『천황의 역사天皇の歴史』 전10권, 고단샤학술문고講談社学術文庫, 2017~2018
- 오쓰 도루 편,『왕권을 생각하다王権を考える』, 야마카와슛판샤, 2006
- 오카다 쇼지岡田荘司 편,『일본신도사日本神道史』, 요시카와코분칸吉川弘文館, 2010
- 오가와 도요오小川豊生,『중세일본의 신화·문학·신체中世日本の神話·文学·身体』, 신와샤森話社, 2014
- 오구마 에이지小熊英二,『〈민주〉와 〈애국〉〈民主〉と〈愛国〉』, 신요샤新曜社, 2002
- 오구라 기조小倉紀蔵,『조선 사상 전서朝鮮思想全史』, 지쿠마신서, 2017

- 가사야 가즈히코笠谷和比古, 『무사도의 정신사武士道の精神史』, 지쿠마신서, 2017
- 가타야마 모리히데片山杜秀, 『근대일본의 우익 사상近代日本の右翼思想』, 고단샤선서메티에, 2007
- 가노 마사나오鹿野政直, 『일본의 근대 사상日本の近代思想』, 이와나미신서, 2002
- 가루베 다다시, 『유신혁명으로의 길維新革命への道』, 신초선서新潮選書, 2017
- 간다 지사토神田千里, 『전국시대와 종교戦国と宗教』, 이와나미신서, 2016
- 가와무라 구니미쓰川村邦光, 『성가족의 탄생性家族の誕生』, 지쿠마학예문고ちくま学芸文庫, 2004
- 간노 가쿠묘菅野覚明, 『신도의 역습神道の逆襲』, 고단샤현대신서講談社現代新書, 2001
- 기시모토 미오岸本美緒, 『동아시아의 '근대'東アジアの「近世」』, 야마카와숫판샤山川出版社世界史リブレット세계사리브레토, 1998
- 김문경金文京, 『한문과 동아시아漢文と東アジア』, 이와나미신서, 2010
- 구노 오사무久野収·쓰루미 슌스케鶴見俊輔, 『현대일본의 사상現代日本の思想』, 이와나미신서, 1956
- 구노 오사무·쓰루미 슌스케·후지타 쇼조藤田省三, 『전후 일본의 사상戦後日本の思想』, 이와나미현대문고岩波現代文庫, 2010
- 구로즈미 마코토黒住真, 『문화 형성사와 일본文化形成史と日本』, 도쿄다이가쿠숫판카이東京大学出版会, 2019
- 구로다 도시오黒田俊雄, 『일본 중세의 국가와 종교日本中世の国家と宗教』, 이와나미쇼텐, 1975
- 고지마 쓰요시小島毅, 『주자학과 양명학朱子学と陽明学』, 지쿠마학예문고, 2013
- 고지마 쓰요시, 『증보 야스쿠니 사관増補靖国史観』, 지쿠마학예문고, 2014
- 고야스 노부쿠니子安宣邦, 『귀신론鬼神論』, 하쿠타쿠샤白澤社, 2002
- 고야스 노부쿠니, 『에도 사상사 강의江戸思想史講義』, 이와나미현대문고, 2010
- 곤노 노부유키昆野伸幸, 『근대일본의 국체론近代日本の国体論』, 페리칸샤, 2008
- 사카이 나오키酒井直樹, 『일본 사상이라는 문제日本思想という問題』, 이와나미쇼

텐, 1997

• 사카모토 고레마루阪本是丸, 『근대의 신사신도近代の神社神道』, 고분도弘文堂, 2005

• 사카모토 신이치坂本慎一, 『라디오의 전쟁 책임ラジオの戦争責任』, PHP신서PHP 新書, 2008

• 사토 데쓰로佐藤哲朗, 『대아시아 사상 활극大アジア思想活劇』, 산가サンガ, 2008

• 사토 히로오, 『'신국' 일본「神国」日本』, 고단샤학술문고, 2018

• 사토 마사히데佐藤正英, 『일본 윤리 사상사日本倫理思想史』, 도쿄다이가쿠슛판카이, 2003

• 시마우치 게이지島内景二, 『야마토다마시의 정신사大和魂の精神史』, 웻지ウェッジ, 2015

• 시마조노 스스무島薗進, 『국가신도와 일본인国家神道と日本人』, 이와나미신서, 2010

• 시마조노 스스무, 『신성 천황의 미래神聖天皇のゆくえ』, 지쿠마쇼보, 2019

• 시미즈 가쓰유키清水克行, 『전국 다이묘와 분국법戦国大名と分国法』, 이와나미신서, 2018

• 신무라 다쿠新村拓 편, 『일본 의료사日本医療史』, 요시카와코분칸, 2006

• 스에키 후미히코, 『근세의 불교近世の仏教』, 요시카와코분칸, 2010

• 스에키 후미히코, 『일본 사상사의 사정거리日本思想史の射程』, 게이분샤敬文舎, 2017

• 스즈키 사다미鈴木貞美, 『'생명'으로 읽는 일본 근대「生命」で読む日本近代』, NHK 북스NHKブックス, 1996

• 스즈키 사다미 편, 『다이쇼 생명주의와 현대大正生命主義と現代』, 가와데쇼보신샤河出書房新社, 1995

• 세키구치 스미코関口すみ子, 『'어일신'과 젠더御一新とジェンダー』, 도쿄다이가쿠슛판카이, 2005

• 소네하라 사토시曽根原理, 『신군 이에야스의 탄생神君家康の誕生』, 요시카와코분칸, 2008

• 다키이 가즈히로瀧井一博, 『문명사 안의 메이지 헌법文明史のなかの明治憲法』, 고단샤선서메티에, 2003

• 다케우치 게이이치竹内整一, 『'저절로'와 '스스로'「おのずから」と「みずから」』, 순주

샤春秋社, 2004

- 다지리 유이치로田尻祐一郎, 『에도의 사상사江戸の思想史』, 주코신서, 2011
- 단조 히로시檀上寛, 『천하와 천조의 중국사天下と天朝の中国史』, 이와나미신서, 2016
- 쓰지모토 마사시辻本雅史, 『'배움'의 복권「学び」の復権』, 이와나미현대문고, 2012
- 쓰치다 겐지로土田健次郎, 『에도의 주자학江戸の朱子学』, 지쿠마선서筑摩選書, 2014
- 나카지마 다케시中島岳志 『보수와 '대동아전쟁'保守と大東亜戦争』, 슈에이샤신서集英社新書, 2018
- 나카무라 슌사쿠中村春作 외 편, 『'훈독'론「訓読」論』, 벤세이슛판勉誠出版, 2008
- 나지타 데쓰오ナジタテツオ・히라노 가쓰야平野克弥 편역, 『Doing 사상사Doing 思想史』, 미스즈쇼보みすず書房, 2008
- 니시무라 료西村玲, 『근세 불교론近世仏教論』, 호조칸法蔵館, 2018
- 노구치 다케히코野口武彦, 『에도의 역사가江戸の歴史家』, 지쿠마학예문고, 1993
- 하야카와 노리요早川紀代, 『근대천황제와 국민국가近代天皇制と国民国家』, 아오키쇼텐青木書店, 2005
- 하라 다케시原武史, 『'이즈모'라는 사상〈出雲〉という思想』, 고단샤학술문고, 2001
- 하라 다케시, 『가시화된 제국 증보판可視化された帝国増補版』, 미스즈쇼보, 2011
- 헤르만 옴스Herman Ooms・구로즈미 마코토黒住真 외 역, 『도쿠가와 이데올로기德川イデオロギー』, 페리칸샤, 1990
- 비토 마사히데尾藤正英, 『일본문화의 역사日本文化の歴史』, 이와나미신서, 2000
- 비토 마사히데, 『에도 시대란 무엇인가江戸時代とはなにか』, 이와나미현대문고, 2006
- 후지타 사토루藤田覚, 『막부 말기의 천황幕末の天皇』, 고단샤학술문고, 2013
- 후지타 마사카쓰藤田正勝, 『일본 철학사日本哲学史』, 쇼와도昭和堂, 2018
- 존 브린John Breen, 『의례와 권력 천황의 메이지유신儀礼と権力天皇の明治維新』,

헤이본샤平凡社, 2011

- 마에다 쓰토무前田勉, 『병학과 주자학·난학·국학兵学と朱子学·蘭学·国学』, 헤이본샤, 2006
- 마에다 쓰토무, 『에도 후기의 사상 공간江戸後期の思想空間』, 페리칸샤, 2009
- 마쓰자와 유사쿠松沢裕仁, 『자유민권운동自由民権運動』, 이와나미신서, 2016
- 마쓰모토 산노스케松本三之介, 『메이지 정신의 구조明治精神の構造』, 이와나미 현대문고, 2012
- 마쓰모토 산노스케, 『메이지 사상사明治思想史』, 이분샤以文社, 2018
- 미조구치 유조溝口雄三 외, 『중국 사상사中国思想史』, 도쿄다이가쿠슛판카이, 2007
- 미타니 다이치로三谷太一郎, 『일본의 근대는 무엇이었나日本の近代とは何であったか』, 이와나미신서, 2017.
- 미나모토 료엔源了圓, 『도쿠가와사상소사德川思想小史』, 주코신서, 1973
- 무라이 사나에村井早苗, 『천황과 기리시탄 금제天皇とキリシタン禁制』, 유잔카쿠슛판雄山閣出版, 2000
- 무라이 쇼스케村井章介, 『분열에서 천하통일로分裂から天下統一へ』(시리즈일본중세사4シリーズ日本中世史4), 이와나미신서, 2016
- 무라카미 시게요시村上重良, 『국가신도国家神道』, 이와나미신서, 1970
- 무라카미 시게요시, 『천황의 제사天皇の祭祀』, 이와나미신서, 1977
- 모모 히로유키桃裕行, 『상대학제의 연구上代学制の研究』, 요시카와코분칸, 1983
- 모리 가즈야森和也, 『신도·유교·불교神道·儒教·仏教』, 지쿠마신서, 2018
- 야쓰키 미키오八木公生, 『천황과 일본의 근대天皇と日本の近代』 전2권, 고단샤현대신서, 2001
- 야스마루 요시오安丸良夫, 『일본의 근대화와 민중사상日本の近代化と民衆思想』, 헤이본샤라이브러리平凡社ライブラリー, 1999
- 야스마루 요시오, 『근대 천황상의 형성近代天皇像の形成』, 이와나미현대문고, 2007
- 야마 요시유키山泰幸, 『에도의 사상 투쟁江戸の思想鬪争』, 가도카와선서角川選書, 2019
- 요시다 다카시吉田孝, 『역사 속의 천황歴史のなかの天皇』, 이와나미신서, 2006

- 요시다 미쓰쿠니吉田光邦, 『일본과학사日本科学史』, 고단샤학술문고, 1987
- 와카오 마사키若尾政希, 『'다이헤이키 읽기'의 시대「太平記読み」の時代』, 헤이본샤라이브러리, 2012
- 와지마 요시오和島芳男, 『중세의 유학中世の儒学』, 요시카와코분칸, 1965
- 와타나베 히로시渡辺浩, 『동아시아의 왕권과 사상 증보신장판東アジアの王権と思想増補新装版』, 도쿄다이가쿠슛판카이, 2016
- 와타나베 히로시渡辺浩, 『일본정치사상사―17~19세기日本政治思想史―十七~十九世紀』, 도쿄다이가쿠슛판카이, 2010

영문

- J. Heisig, Th. Kasulis & J. Marald(ed.), *Japanese Philosophy: A Sourcebook,* University of Hawai'i Press, 2011
- Thomas P. Kasulis, *Engaging Japanese Philosophy: A Short History,* University of Hawai'i Press, 2018
- Bret W. Davis(ed.), *The Oxford Handbook of Japanese Philosophy,* Oxford University Press, 2019

도판 출전

<그림 1>~<그림 5> 저자 작성

<그림 6> 『이와나미 불교사전岩波仏教辞典』 제2판, 이와나미쇼텐岩波書店, 2002
년, p.1092

<그림 7> 쓰키시마 히로시築島裕 『훈독어휘집성訓点語彙集成』 제1권, 규코쇼인
汲古書院, 2007년 p.168

<그림 8> 모리야 히사시 컬렉션守屋壽コレクション·히로시마현립역사박물관広島
県立歴史博物館 기탁, 동도서관 제공

<그림 9>, <그림 11> 국문학연구자료관国文学研究資料館

<그림 10> 쇼조코지清浄光寺(유교지遊行寺)

<그림 12> 요네자와시우에스기박물관米沢市上杉博物館

<그림 13> 교토京都 만푸쿠지萬福寺

<그림 14> 모토오리 노리나가 기념관本居宣長記念館

<그림 15> 『일본사상대계41 미우라 바이엔日本思想大系41三浦梅園』, 이와나미쇼
텐, 1982년, p.553

<그림 16> 『오시오 헤이하치로와 민중大塩平八郎と民衆』, 오사카인권역사자료
관大阪人権歴史資料館, 1993년, p.28

<그림 17> 류코쿠대학도서관龍谷大学図書館

<그림 18> 교토도립중앙도서관東京都立中央図書館

<그림 19> 도쿄대학대학원東京大学大学院 법학정치학연구과法学政治学研究科 부
속 근대일본법정사료센터近代日本法政史料センター 메이지신문잡지문
고明治新聞雑誌文庫

<그림 20> 이케다 아키라池田昭 편, 『오모토사료집성Ⅲ 사건편大本史料集成Ⅲ 事
件篇』, 산이치쇼보三一書房, 1985년, 구전

<그림 21> 일본여자대학나루세기념관日本女子大学成瀬記念館

<그림 22>, <그림 23> 마이니치신문사毎日新聞社

<그림 24> Getty Images

후기

　나는 불교학 전공자로서 헤이안, 가마쿠라 시대라는
극히 좁은 범위 안에서의 불교사상을 전문적으로 연구해
왔다. 연구를 진행하면서 일본 사상의 전체적 흐름을 파
악하기 어려워서 그것을 제대로 파악해볼 필요성을 절실
히 느끼게 되었다. 그즈음 근무하고 있던 도쿄대학 문학
부와 대학원 인문사회계 연구과에서 일본학 전공의 틀을
넓혀 일본 사상과 종교사 전공을 설치하자는 방안이 부
상했다. 나는 학내 조직 운영에 어두운 사람이었지만 이
때만큼은 새로운 방안의 실현을 위해 열심히 움직이고자
했다. 하지만 결국 설득에 실패하는 바람에 계획은 빛을
보지 못하게 되었고 이후에도 부활시킬 수 없었다. 실은
과거 전시하의 문학부에서 일본 사상사 강좌가 개설되어
황국사관의 히라이즈미 기요시가 담당했다가 전후에 없
어진 경위가 있었다. 이로 인해 일본 사상사가 터부시되
면서 결국 그 벽을 넘을 수 없었던 것이다. 그런 좌절이
자그마한 원인이 되어 정년을 마치기도 전에 도쿄대학을

떠나게 되었다.

　이와나미신서로『일본종교사日本宗教史』(2006)를 펴낸 후, 『이와나미 강좌 일본의 사상岩波講座日本の思想』전8권(이와나미쇼텐, 2013~2014), 『일본 사상사 강좌日本思想史講座』전5권(페리칸샤, 2012~2015)의 편집위원이 되었다. 종교에만 국한되지 않고 일본 사상사를 거시적으로 파악할 필요성을 더더욱 절실히 느끼게 되었다. 그런 관점에서 독서안내서 격인『일본의 사상을 읽다日本の思想をよむ』(가도카와쇼텐, 2016. 가도카와소피아문고角川ソフィア文庫, 2020), 테마별로 일본 사상의 가능성을 논한『일본 사상사의 사정거리日本思想史の射程』(게이분샤, 2017)를 출판했다. 왕권과 신불을 양극에 두고 사상을 이해한다는 아이디어는 실은『겐지모노가타리源氏物語』를 읽어내는 과정에서 얻어진 것이었다. 해당 논고는『불교를 통해 읽는 고전문학仏教からよむ古典文学』(가도카와선서角川選書, 2018)에 수록했다.

　이 책『일본 사상사』는 자그마한 저서에 불과하다. 그렇지만 이토록 기나긴 우여곡절을 거쳐 비로소 완성된 책이다. 급하게 다루느라 개인적으로 충분히 소화하지 못한 측면도 적지 않겠지만 기본적인 구조로는 제법 유효한 시점을 제시할 수 있었다고 여겨진다. '들어가며'의

글은 약간 과격하게 보일지도 모르겠으나 개인적으로는 온 힘을 다해 소망했던 그대로의 내용이다.

이 책에서는 원전이 이와나미문고로 나와 있는 것은 최대한 그것을 사용하려고 했다. 이와나미문고에는 일본 사상사 관련 원전들이 적지 않게 포함되어있는 것이 사실이다. 하지만 놀랍게도 대부분이 태평양전쟁 이전에 교정된 것들이었다. 그것이 그대로 현재도 종종 복각되고 있다. 고전문학 분야는 새로운 연구 성과를 반영해 신판으로 교체하고 있기 때문에, 일본 사상사에 대한 인식이 얼마나 뒤처져있는지 여실히 알 수 있다. 그런 경향이 조금이나마 바뀌는 계기가 되면 좋겠다고 생각한다.

일본 사상사의 거대한 전망이 확립되었기에 이 시점에서 향후 꼭 해내고 싶은 것은 일본 사상사를 바탕으로 한 철학의 구축이다. 서양에서 문득 빌려온 철학이 아니라, 나 스스로의 피와 살이 되어있는 사상의 축적을 바탕으로, 진정 자신에게도 이해가 가는 세계관, 인간관을 체계화해야 할 것이다. 그 중간과정은 『타자/죽은 자/나他者/死者/私』(이와나미쇼텐, 2007), 『철학의 현장哲学の現場』(트랜스뷰トランスビュ-, 2012)을 거쳐 『명현의 철학1 죽은 자와 보살의 윤리학冥顕の哲学1 死者と菩薩の倫理学』(푸네우마샤ぷねうま舍, 2018),

『명현의 철학2 지금 일본에서 일으키는 철학冥顯の哲学2 い
ま日本から興す哲学』(푸네우마샤, 2019)에서 거의 방향이 정해졌
다. 거기에서 좀 더 앞으로 나아가 일본 사상이 비판을
충분히 감당할 수 있는 철학의 소재가 될 수 있다는 사실
을 보여주고 싶다. 그렇게 되었을 때 비로소 일본 사상사
는 일부 호사가의 취미가 아니라 진정으로 일본인 모두
에게도 필수적인 학문 학문이라는 점이 분명해질 것이
다. 미력하나마 거기까지 결판을 내보는 것이 이제는 늙
어버린 돈키호테의 꿈이다.

아울러 근년에 영문으로 'Japanese Philosophy'라는 식
으로 고전 사상까지 포함된 대규모 출판이 이어지고 있
다(참고문헌 말미에 기록해두었다). 이후 이런 동향도 병행해
고찰해가야 할 것이다.

이 책의 편집은 한다 다케루飯田建 씨가 담당해주셨다.
색인 작성, 도판 선정 등 한다飯田 씨의 역량에 따른 부분
이 크다. 이 책의 아이디어가 숙성을 거치는 과정에서 많
은 벗들이 토론 상대가 되어주었다. 그런 모든 분께 진심
으로 감사의 말씀을 전하고 싶다.

2019년 11월

스에키 후미히코

옮긴이 후기

사람이든 세상일이든 마찬가지지만, 살다 보면 그럴 때가 있지 않나? 내가 알고 있던 어떤 것이 과연 맞았던 가 싶은 생각이 불현듯 들거나, 문득 이 사람이 내가 알 던 그 사람이 맞았나 싶기도 하다. 일본을 생각할 때 가 끔 그런 마음이 든다.

1985년 중학생 때부터 일본을 오갔으니 생각해보면 일본과의 인연은 이제 곧 40년이 되려고 하고 있다. 그 사이에 석사 논문 두 편과 박사 논문을 포함하여 무수한 논문을 썼고 다수의 번역서를 냈으며 일본에서 오랫동 안 체재한 경험이 있고 많은 일본인을 만났다. 그래도 항 상 스스로 자문하곤 한다. 일본에 대해 정말 잘 알고 있 는 걸까? 일본인들이 무슨 생각을 하며 사는지 정말로 알고 있나? 이를테면 이런 불안감이다. 코끼리를 그려야 하는데 내가 혹시 40년간 코끼리 다리만, 엉덩이만, 발톱 만 그리고 있으면 어쩌나 싶은 것이다. 세상은 움직이고 있고 역사는 흘러가고 있는데 일본의 특정한 단면만 보고 본질을 놓친다면 제대로 알고 있다고 말할 수 없을 것이다.

이 글을 읽고 계신 분은 내가 일기장이나 자서전에 써야 할 내용을 후기에 쓰고 있다며 의아해하실지도 모르겠다. 하지만 이 책의 후기를 살펴보면 저자인 스에키 후미히코 씨도 나와 비슷한 생각을 한 것 같다. 저자는 불교사상 분야의 굴지의 석학으로 널리 알려져 있는데 후기에도 나와 있는 것처럼 헤이안, 가마쿠라 시대의 불교사상에 관한 연구를 진행하면서 종교에만 국한하지 말고 일본 사상의 전체적 흐름을 파악해야 할 필요성을 절실히 느끼게 되었다고 한다. 따라서 이 책에서는 저자의 전공 분야인 종교사상에 매몰되지 않고 일본 사상사 전체를, 나아가 일본 역사 전체를 거시적인 안목으로 파악해 보려고 하고 있다. 그를 위해 '왕권'과 '신불'을 양극의 키워드로 잡고 시대의 흐름에 따라 '대전통' '중전통' '소전통'이 어떻게 전개되고 있는지를 매우 입체적으로 포착한다. 즉 '왕권'과 '신불'의 상보적 긴장 관계 속에서 다양한 사상이나 문화가 형성되었던 구조(대전통)에서 천황을 정점으로 하는 중앙집권적 일원 구조(중전통)로 전환되었다가 패전 후 인류 보편의 이상을 바탕으로 상징 천황제를 통해 새롭게 '소전통'이 형성되었다. 이런 '소전통'조차 해체되는 가운데 탈근대의 사상적 붕괴상태에 이르고 있다고 파악하고 있다. 아울러 거시적인 흐름은 대략 이러하지만, 시대별로 좀 더 들여다보면, '왕권' 자체도 시대에 따라 천황과 섭관, 천황과 상황, 조정과 막부 등으로 중층 구조를 이루고 있으며 '신불' 측도 토착신과 외래신의 관계가 복잡하게 전개되고 있다.

물론 이런 구조는 저자가 사상사의 논점을 전개하고 그 거대한 흐름의 전체상을 파악하기 위해 가설적으로 제시한 구조를 바탕으로 한다. 역사는 살아있는 생명체이니 이런 틀만으로는 설명이 되지 않는 부분도 있을 것이며, 도식적으로만 이해하려고 했다가는 본질에서 벗어날 우려도 있겠지만, 이런 거시적인 파악 방식을 통해 일본에 대해 새삼 많은 것들을 알게 된다는 점에서 상당히 유효한 시점을 제시하고 있다고 생각한다. 예컨대 중국이나 한국에는 존재하지 않는 '천황제'가 일본 사회에 어떤 의미가 있는지, '천황제'가 일본의 역사적 전개와 어떻게 유기적으로 연관되었는지를 이해할 수 있다. '천황제'는 그야말로 '왕권'과 '신불'이라는 양쪽 모두와 긴밀히 연관된 것이기에 더더욱 일본을 이해하는 키워드라고 할 수 있다. 이는 최근 이와나미신서 시리즈에서 출판된 『무가와 천황』(이마타니 아키라 지음, 이근우 옮김, 에이케이커뮤니케이션즈)과 연계하여 읽으면 좀 더 깊이 있는 독서가 가능할지도 모른다. 혹은 이른바 매뉴얼 사회로 불리는 일본의 보수성이 선례를 중시하는 '유직고실'의 오랜 전통과도 연관이 있을 수 있어, 일본에 대한 좀 더 깊이 있는 이해를 위해서는 좋은 길잡이가 될 것이다. 한국과 일본은 언뜻 보기에 비슷한 나라처럼 보이지만, 알면 알수록 배우면 배울수록 전혀 다른 시스템에 의해 움직이고 있다는 사실을 이해할 수 있을 것이다.

아울러 이 책 『일본 사상사 - 과거를 통해 미래를 응시하다』의 번역은 학생들에게 좀 더 깊이 있는 일본 역사를 가르치고 싶다는 열정에서 시작되었음을 고백한다. 피상적인 일본의 역사가 아니라, 일본인들이 어떤 생각을 하며 살아왔는지를 꼼꼼히 살펴봄으로써 일본과 일본인에 대한 이해를 심화시키고 싶었다. 특히 저자도 도입부에서 밝히고 있는 것처럼 일본의 경우, 일본 사상이 철학이나 종교사상은 물론 문학이나 예능 방면의 사상들과도 맞물려있기 때문에 이를 종합적으로 파악해야 비로소 온전한 이해가 가능하다. 때문에 왕권과 신불을 양극에 두고 일본 사상을 거시적으로 파악해본다는 아이디어가 문학작품인『겐지모노가타리』를 읽어내는 과정에서 얻어질 수 있었다. 일본 역사만이 아니라 일본의 사상과 사회적 변천, 그 속에서 살아갔던 사람들의 생활 모습까지도 엿볼 수 있게 해주는 좋은 책이었다.

상대부터 오늘날에 이르기까지 온갖 방면의 지식이 망라되다 보니 번역 작업이 쉽지는 않았다. 특히 규범 표기가 미확정 상태인 수많은 전문용어, 인명, 서명들이 나왔기에 고심에 고심을 거듭하며 번역 작업을 이어나갔다. 예를 들어 한국 사회에서 제법 자리를 잡은『겐지모노가타리』등 문학 관련 서명들은 어느 정도 시민권을 얻었다고 판단되어『원씨물어』라고 번역하지는 않았지만, 역사학 쪽에서는 여전히『고지키』『니혼쇼키』보다는『고사기』『일본서기』가 보편적이라고 판단하여 한자음을 살리는 쪽으로 방향으로 잡았다(참고로 찾아보기에서 일부 원음을 달아두는 형식을 취했다). 이는 한국에서 연구되는 일본 관련 학문 전체에 해당하는 문제이기 때문에 역자 혼자 감당해야 할 무게는 아니겠지만, 일본과 관련된 다양한 요소들에 대한 규범 표기가 하루라도 빨리 확정되어야 한다는 것은 학문적으로나 사회적으로나 시급한 과제라고 새삼 느끼는 계기가 되었다.

　가장 큰 즐거움은 일본의 진정한 모습과 일본인들의 진짜 생각을 알고 싶다는 개인적 열망에서 출발한 번역 작업 자체가 역자의 삶과도 긴밀히 이어져 있었다는 점이었다. 전공인 『겐지모노가타리』를 일본 역사 속에서 다시금 바라보는 것도 자그마한 개인적 즐거움이었지만, 패치워크나 레고의 한 조각을 연상시키는 다양한 요소들에 대해 새롭게 발견해나가며, 미끄러지듯이 그 시대로 잠깐씩 빠져버리곤 했던 의미 있는 '한눈팔기'도 은밀한 즐거움이었다. 일본의 불교에 대해서도 좀 더 명확히 이해할 수 있게 되면서 영적으로 좀 더 구제받았다는 충만감이 밀려들었다. 일본을 깊이 이해하기 위해 꼭 필요한 책이라는 의견을 수용해주시고 번역의 기회까지 주신 이동섭 대표님께 이 자리를 빌려 진심으로 감사의 말씀을 전한다.

옮긴이 김수희

찾아보기

서명書名

인명人名

ㄱ

ㅎ

IWANAMI 078

일본 사상사

-과거를 통해 미래를 응시하다-

초판 1쇄 인쇄 2022년 12월 10일
초판 1쇄 발행 2022년 12월 15일

저자 : 스에키 후미히코
번역 : 김수희

펴낸이 : 이동섭
편집 : 이민규
책임편집 : 조세진
디자인 : 조세연
표지 디자인 : 공중정원
영업 · 마케팅 : 송정환, 조정훈
e-BOOK : 홍인표, 최정수, 서찬웅, 김은혜, 이홍비, 김영은
관리 : 이윤미

㈜에이케이커뮤니케이션즈
등록 1996년 7월 9일(제302-1996-00026호)
주소 : 04002 서울 마포구 동교로 17안길 28, 2층
TEL : 02-702-7963~5   FAX : 02-702-7988
http://www.amusementkorea.co.kr

ISBN 979-11-274-5762-4 04150
ISBN 979-11-7024-600-8 04080 (세트)

NIHON SHISO SHI
by Fumihiko Sueki
Copyright © 2020 by Fumihiko Sueki
Originally published in 2020 by Iwanami Shoten, Publishers, Tokyo.
This Korean print edition published 2022
by AK Communications, Inc., Seoul
by arrangement with Iwanami Shoten, Publishers, Tokyo

지성과 양심 이와나미岩波 시리즈